Die Mitbürgschaft.

Mit Beiträgen zur Lehre von Bürgschaft und Gesamtschuld.

Von

Dr Heinrich Kremer,

Referendar zu Strassburg in Els.

Strassburg
Karl J. Trübner
1902.

Völcker'sche Buchdruckerei, Saargemünd.

Inhaltsangabe.

Einleitung. Seite.

§ 1. Bürgschaft und Mitbürgschaft . . . 1— 26

Hauptgegenstand.

I. Rechtsverhältnis der Mitbürgen zum Gläubiger.

Vorbemerkung . . . . 27— 29

§ 2. A. Geschichtliches . . . . . . 29— 58

B. Dogmatisches.

1. Die Mitbürgen-Obligationen in ihrer Entstehung.

§ 3. a. Die einzelne Haftung des Mitbürgen . . . . 58— 62

§ 4. b. Das Verhältnis ihrer Haftungen. 62— 76

§ 5. 2. Die fr. Obligationen in ihrer Entwickelung . . . . 77—102

§ 6. 3. Sonderformen der mitbürgschaftlichen Haftung . . . . 102—111

II. Rechtsverhältnis der Mitbürgen unter einander und zum Hauptschuldner.

Vorbemerkung . . . . 112—11

A. Rechtsverhältnis der Mitbürgen zum Hauptschuldner.

§ 7. 1. Vor Zahlung: das Recht auf Befreiung . . . . 114—124

§ 8. 2. Nach Zahlung: der Regress auf Ersatz . . . . 124—151

§ 9. 3. Der Weiterregress . . . . 151—158

B. Rechtsverhältnis unter den Mitbürgen.

§ 10. 1. Geschichtliches . . . . . . 158—172

§ 11. 2. Dogmatisches . . . . 172—212

Druckfehler 213

Allgemeines: Begriffe und Gegenstand.

§ 1. **Bürgschaft und Mitbürgschaft.**

»Mitbürgen« heissen schon nach früheren Gesetzen[1]), in der Rechtswissenschaft[2]) und nach den Motiven zum B. G. B.[3]) mehrere Bürgen für dieselbe Hauptschuld.

Den Fall der Mitbürgschaft in diesem Sinne regelt § 769 B. G. B., freilich ohne hier die erwähnte technische Bezeichnung anzuwenden. Allein § 774 Abs. 2 B. G. B. gebraucht den Ausdruck »Mitbürgen« offenbar von den Fällen des § 769 B. G. B.

---

1) Den gemeinrechtlichen lateinischen Ausdruck confideiussio enthalten die Quellen. Vergl. z. B. l. 10 pr. u. l. 43 D. (46. 1). Die technische Bezeichnung des französischen Rechts „cofidéjusseurs" findet sich z. B. im C. c. B. 3. T. 14 K. 2 Abschn. 3 vor a. 2033 als Titelüberschrift. Das preussische A. L. R. Th. I. T. 14. § 374 gebraucht die Bezeichnung „Mitbürgen" und unterscheidet zwischen solchen, die sich „gemeinschaftlich" und solchen, die sich „besonders" verbürgt haben. Das B. G. B. für das Kgr. Sachsen § 1458 spricht von „gemeinschaftlichen Bürgen". Das C. G. B. f. d. oest. St. § 1359 gebraucht keine technische Bezeichnung.

2) Theorie und Praxis verwendete in Deutschland als deutschen Ausdruck: „Mitbürge". Vergl. Windscheid, P. § 479, Dernburg P. (5) § 81 S. 221, Zachariae-Crome, Fr. C. R. (8) § 405, 407. S. 728 u. 733, Dernburg Pr. Pr. R. (5) § 246 S. 756, Foerster-Eccius, Pr. Pr. R. (5) § 144 VI a. S. 393.

3) Mot. II S. 666 § 673.

Die Begriffsbestimmung erfordert ein Eingehen auf das Wesen der Bürgschaft.[1])

I. Bürgschaft ist die vertragliche Haftung für Erfüllung einer fremden Verbindlichkeit gegenüber dem Gläubiger.[2])

---

[1]) Das römische Recht kannte zwei Bürgschaftsarten: 1. Die fideiussio, die eigentliche Bürgschaft in Form der Stipulation d. h. eines dem strengen Recht unterstehenden Vertrags, der durch kurze mündliche Frage des Gläubigers und ebensolche Antwort in gewissen korrespondierenden Ausdrücken geschlossen wurde; 2. das constitutum debiti alieni d. h. ein formloses, bürgschaftliches Versprechen, das freieren Grundsätzen unterstand. — Windscheid, Pand. § 476 wollte in diesen beiden Formen zwei verschiedene mögliche Willensrichtungen erkennen: 1. Ausdehnung der Hauptverbindlichkeit auf den Bürgen als Correal-, d. h. Gesamtschuldner aus demselben Verpflichtungsakt. — (Ueber die Unhaltbarkeit der Grundauffassung einer einheitlichen Obligation des Bürgen und Hauptschuldners und überhaupt einer einheitlichen Verbindlichkeit für verschiedene Subjekte, vergl. jedoch Anm. 1 S. 3 und unten § 4 B. I); 2. Verpflichtung darauf, dass die Hauptschuld erfüllt werde.

Für den Gegensatz sei allerdings das heutige Rechtsbewusstsein unempfindlich. Es ist übrigens in der That wohl Oertmann, Com. z. R. der Schuldverhältnisse, Vorbem. § 765 Abs. 2 S. 491 zuzustimmen, dass kaum anzunehmen sei, dass das Leben zwischen einem Versprechen des Einstehens für eine fremde Schuld und der Zahlung der fremden Schuld einen Unterschied machen wird. Für die gemeinrechtliche und die heutige Bürgschaft wurde das Recht der fideiussio grundlegend. Die verschiedenen Ansichten über diesen Punkt bezüglich des Gemeinen Rechts s. b. Girtanner, Bürgsch. S. 163. 373 ff., Hasenbalg Bürgsch. S. 817 ff., v. Vangerow, P. III § 579 a. E., Arndts, P. § 353, Brinz, P. 2 S. 195 ff. bes. 202, Dernburg, P. II § 77, 1 a. E. S. 210, bezügl. des heutigen: Mot. II S. 658. Oertmann, C. Vorbem. vor § 765, 2. Abs. 1. u. 2. S. 491. Planck C. Vorbem. III Abs. 3. S. 509.

Der Bürge verpflichtet sich behufs Sicherung des Gläubigers, diesem zur Leistung für den Fall, dass der Schuldner nicht leistet.

[2]) Eine wesentliche Verschiedenheit unter den gesetzlichen und wissenschaftlichen Definitionen der Bürgschaft für die modernen Rechte ist kaum vorhanden, wenn auch die Formulierungen von einander erheblich abweichen.

Es handelt sich hierbei um zwei Obligationen, nicht etwa um eine einzige mit doppelter subjektiver Beziehung. [1])

1. Nach dem B. G. B. haftet der Bürge dem Gläubiger nicht dafür, dass die Verbindlichkeit des Dritten überhaupt erfüllt werde, als für einen bestimmten materiellen Erfolg, auch nicht für Schadenersatz wegen Nichterfüllung, sondern für Erfüllung seitens des *Schuldners*. [2])

2. Die Bürgschaft setzt voraus eine Hauptschuld[3]) und zwar zunächst eine auf eine vertretbare Leistung gerichtete, [4]) bei der es also auf die Person des Leistenden nicht ankommt, sodann aber auch überhaupt jede, die sich etwa durch Nichterfüllung in eine Schuld auf vertretbare Leistungen, besonders in eine Geldschuld verwandeln kann, [5]) denn sie muss ja begrifflich eben auch durch den Bürgen erfüllbar sein oder werden können.

Der Bürge verpflichte sich vertraglich neben dem Hauptschuldner zur Leistung des von diesem Geschuldeten für den Fall, dass dieser seine Verbindlichkeit selbst nicht erfüllen werde (Zachariae-Crome (8) II § 403. S. 717, C. c. a. 2011); Bürgschaft sei die behufs Sicherung der Erfüllung der Forderung dem Gläubiger gegenüber übernommene persönliche Verbindlichkeit, neben dem Hauptschuldner zu haften. (Dernburg Pr. Pr. R. (5) § 241. 1 Abs. 1 S. 742), Bürgschaft sei der Vertrag mit dem Gläubiger, wonach man sich zu dessen Sicherheit neben dessen Schuldner verbinde. (Dernburg, P. (5) § 76 n 1 S. 207).

[1]) Nicht una obligatio, plures rei (Dernburg, Pr. Pr. R. § 241. Anm. 2. S. 742). Mit Recht bemerkt Dernburg, P. § 76. S. 209 Anm. 6 und bei Anm. 4: „Die Verbindlichkeit des Bürgen ist anderer Natur, als die Hauptschuld; sie ist accessorisch und kann also nicht Verbindlichkeit des Hauptschuldners sein."

[2]) Das hebt mit Recht Planck, C. zu § 765 n 3, S. 510 hervor.

[3]) Dernburg, P. § 78, 1 S. 212, B. R. § 295 I. 1 Abs. 1. S. 343, Pr. Pr. R. § 242 n 1 S. 744, Windscheid, P. § 477, 1a. Zachariae-Crome, Fr. C. R. § 404 Abs. 3. S. 723.

[4]) Planck § 765, 2 S. 510: „Für alle Forderungen."

[5]) Aehnlich z. B. Dernburg B. R. § 285 I. 1. S. 343.

Danach könnte man fast für alle Forderungen eine Bürgschaft für zulässig erklären. Ausgenommen sind nur solche Verbindlichkeiten, besonders auf Unterlassungen, welche nur Affektionswert haben und sich nicht in Geldentschädigungsforderungen verwandeln können, seltene, unwichtige und anormale Fälle. Die Hauptforderung muss eine gültige Verbindlichkeit[1]) sein. Dass eine klaglose Forderung bisweilen genügen kann, wird fast allgemein für das Gemeine Recht[2]) angenommen, für das heutige dagegen — wohl mit Recht[3]) — meist bestritten.

3. Der Bürge kann sich nicht als solcher[4]) un-

---

[1]) Vergl. § 765 B. G. B. Keine „gültige Verbindlichkeit" ist z. B. die Schuld aus Spiel und Wette und der Ehemakellohn (vergl. B. G. B. §§ 762 u. 656) Planck, C. § 765, 4a, Oertmann, O. Vorbem. vor § 765, N. 3. S. 491. Dernburg, B. R. § 285 I 2. S. 343.

[2]) Hasenbalg, Bürgsch. S. 137 fg, 141, Windscheid, P. § 477 1 a. Dernburg B. R. § 285 I. 2 S. 344 o.

Die Bürgschaft für eine klaglose Schuld, ist soweit nicht der Gesetzgeber jede direkte und indirekte Art der Durchführung dem betr. Anspruch hat versagen wollen, deshalb einwandfrei, weil die Klaglosigkeit aus gesetzlichem Grund gerade speziell als Eigenschaft eines einzelnen Schuldinhalts sich ergiebt. Die Bürgschaft ist dann, wie die Schuldversprechen überhaupt, klagbar. (Vergl. Hasenbalg S. 141 ff. u. die S. 143 Anm. 4 angeführten). Der Bürge kann nämlich, wenn auch nicht auf mehr oder unter härteren Modalitäten, doch in stärkerem Masse als der Hauptschuldner verpflichtet sein. Nach französ. Recht ist eine gültige Bürgschaft für klaglose Schuld überhaupt nicht möglich. (Zachariae-Crome (8) § 404 S. 723).

Für das preuss. Recht ist streitig, ob man sich für eine klaglose Hauptschuld wirksam und klagbar verbürgen könne, oder nicht. (Dernburg, Pr. Pr. R. § 242 z. Anm. 4 S. 744; Foerster-Eccius, Pr. Pr. R. § 144 Anm. 22.

[3]) Nach dem B. G. B. kann die Frage, namentlich z. B. für eine verjährte Schuld wichtig werden. Vergl. für diesen Spezialfall B. G. B. § 222 Abs. 2 u. Com., Oertmann, C. zu § 765 (3) Abs. 2 S. 492. Dernburg, B. R. § 285 I 2, S. 344 o.

[4]) Dies wäre keine Bürgschaft mehr. Der Bürge muss

beschränkt zur Erfüllung einer anfechtbaren Hauptschuld oder für den Fall, dass sie dies werden sollte, [1]) verpflichten. Begrifflich muss er ferner, kraft des Bürgschaftsvertrags alle gegenwärtigen und künftig entstehenden Einreden des Hauptschuldners, selbst die dilatorischen, haben. [2]) Im Anschluss an eine verbreitete gemeinrechtliche Theorie [3]) spre-

---

begrifflich alle Einreden aus der Hauptschuld haben. Das im Text Gesagte würde sich anscheinend schon daraus ergeben, dass, wenn der Schuldner sich durch Anfechtung befreit, auch der Bürge frei werden muss.

[1]) Von vornherein kann der Bürge auch nicht auf künftige Einreden aus der Hauptschuld verzichten.

[2]) Ebenso Planck, C. § 768, 1 c, auch Oertmann, C. § 768 n. 3, Mot. II S. 662; Dernburg, B. R. § 287 III Abs. 3, S. 350. A. M.: Schollmeyer, Vortr. über das R. der Schuldverh. (2) S. 84: Nur wenn durch Verzicht auf die Einrede die accessorische Natur abgestreift sein würde. Allein das Letztere trifft selbst schon bei Verzicht auf dilatorische Einreden regelmässig zu: nicht minder, wie etwa — anerkanntermassen — bei unbefristeter Verbürgung für befristete Hauptschuld. Wenn Schollmeyer meint, wie durch das Gesetz, müsse auch durch Vertrag für den Bürgen als solchen eine Einrede ausgeschlossen werden können, so ist darauf Folgendes zu erwidern: Die Einreden, die das Gesetz selbst ausnahmsweise dem Bürgen versagt, sind nur solche aus höchst persönlichen Gründen und stellen nicht eine untrennbar dem Inhalt der Hauptschuld anhaftende Eigenschaft dar. Vertraglich kann man sich aber nicht unbeschränkt für eine mit Einrede behaftete Hauptschuld verpflichten. Die Annahme Schollmeyers dürfte der accessorischen Natur und dem Sicherungszweck der Bürgschaft weniger entsprechen.

[3]) Ebenso für das Gemeine Recht, ausser für „exceptiones personae cohaerentes": Windscheid, P. § 477, 1 a, für das französ. R. Zachariae-Crome, Fr. C. R. § 404, S. 723. Es gab übrigens gemeinrechtliche Autoren, welche in Verkennung des Prinzips behaupteten: Der Bürge habe die Einreden des Hauptschuldners überhaupt nur im Falle eines Regressrechts gegen denselben. Sie stützten sich zu Unrecht auf l. 9 § 3 D. (14. 6). Vergleiche dagegen Windscheid a. a. O. Anm 9. Für eine Hauptschuld, deren Wirksamkeit durch peremtorische Einrede geradezu aufgehoben ist, ist eine wirkliche Bürgschaft wohl überhaupt gar nicht möglich.

chen die Motive zum B. G. B.[1]) diesen Satz ausdrücklich aus.

Für eine befristete,[2]) bedingte,[3]) ja sogar eine künftige[4]) Hauptschuld, so für die aus einem Kontokorrent- oder aus einem Gesellschaftsverhältnis oder innerhalb bestimmter Frist zwischen Geschäftsleuten sich ergebenden Schulden,[5]) kann

---

Verpflichtet sich jemand hier zur Leistung für den „Schuldner", so liegt ein bürgschaftähnliches Schuldversprechen vor. Für eine durch blosse dilatorische Einrede gehemmte oder durch Einrede bis zur Klaglosigkeit abgeschwächte Hauptschuld kann dagegen ein Bürge eintreten und durch besonderen Zusatzvertrag dann auch wirksam auf die Einrede verzichten. (Aehnlich wohl auch Dernburg, B. R. a. a. O.). Ein wirksamer Verzicht liegt in der Verbürgung in Kenntnis der Einrede. (So Windscheid, P. a. a. O. Anm. 10). Von diesem Gesichtspunkt widerspricht dann auch B. G. B. f. d. Kgr. S. § 1459 dem obigen Prinzip nicht.

[1]) Mot. S. 662. Ein weiteres Argument für die im Text vertretene Anschauung.

[2]) [3]) § 765 Abs. 2 B. G. B Der erste Entwurf sprach unnötigerweise auch aus, die Schuld brauche nicht zahlenmässig bestimmt zu sein. Das im Text Gesagte ergiebt sich aus dem Begriff der Bürgschaft und widerspricht in keiner Weise der „Accessorietät". Vergl. Dernburg, B. R. § 285 I 1 Abs. 3 S. 343. Oertmann, C. § 765, 3.

[4]) Eccius II § 144 Anm. 22 S. 377: nur, wenn die Entstehung des Anspruchs dem Gläubiger gesichert sei. Diese Einschränkung ist wohl nicht haltbar. Der Bürge kann sich ja doch auch für eine suspensiv bedingte Schuld verpflichten und doch ist auch hier die Entstehung einer eigentlichen Schuld noch unsicher. Gegen Eccius denn auch Dernburg, Pr. Pr. R. § 242 Anm. 2 S. 744.

[5]) Dernburg, Pr. Pr. R. § 242. 1 Anm. 3 S. 744. So kann sich also der Bürge auch wirksam für spätere rechtsgeschäftliche Erweiterungen der Hauptschuld verpflichten, die er als Bürge allein der Hauptschuld an sich nach § 767 Abs. 1 S. 3 B. G. B. nicht zu tragen hätte. Wir können die Konstruktionsfrage übergehen, ob es sich bei der suspensiv bedingten Leistungspflicht schon um eine wirkliche Schuld handelt oder ob erst und nur dann eine Schuld entsteht, wenn die Bedingung eintritt und ob bei aufschiebend befristeter Leistungspflicht eine eigentliche Schuld bezüglich

eine Bürgschaftsverpflichtung begründet werden, denn es besteht hier, wenn nicht eine eigentliche Schuld, doch jedenfalls ein Gebundenheitsverhältnis, aus dem sich solche entwickeln muss oder kann.

Natürlich muss aber dann hier auch die Schuld des Bürgen notwendig bedingt oder befristet sein. Sonst wäre die Haftung des Bürgen erschwert; solche Erschwerung aber ist, wie nach Gemeinem Recht[1]) auch nach heutigem unstatthaft, weil sie den Sicherungszweck der Bürgschaft widerspräche.

---

des Leistungsgegenstandes schon jetzt oder erst nach Eintritt des Leistungstermins begründet ist. Während der Schwebe der Bedingung und vor Eintritt des Termins ist zweifellos schon ein Rechtsverhältnis vorhanden, aus dem sich Forderung und Schuld ergeben kann oder muss und in geringem Umfang auch eine Pflicht zu einem gewissen Verhalten. Während der Schwebe der Bedingung ist aber überhaupt noch kein, vor Eintritt des Termins wenigstens noch kein unmittelbares sofortiges Leistenmüssen vorhanden. Der Schuldner kann besonders durch Mahnung noch nicht in Verzug gesetzt werden. Er kann sich jedoch normalerweise, wenn der Gläubiger die Leistung annimmt, schon befreien, also erfüllen. Ja, der Gläubiger muss sogar schon vor der Leistungszeit die Leistung annehmen, wenn er nicht in Annahmeverzug geraten will. Wird die Leistung vor der Zeit gemacht, so ist sie gültige unanfechtbare Erfüllung; selbst bezüglich der Zwischenzinsen findet keine Rückforderung statt. In Anbetracht dieser Sätze wird anzunehmen sein, dass eine noch befristete Verpflichtung als eigentliche Schuld zu bezeichnen ist, dagegen nicht eine noch suspensiv bedingte Schuld.

[1]) l. 8 § 7 D. (46. 1) Vergl. Windscheid P. § 477 n. 2. Bezüglich der Bedingung, Befristung und des Leistungsorts, sowie bezüglich des Wahlrechts bei der Wahlschuld dürfe der Bürge nicht schlechter gestellt sein, als der Hauptschuldner. Dernburg, P. § 78, 1 Abs. 3, S. 3; vergl. jedoch auch Abs. 4, S. 4: Das heutige Recht sei freier, als das römische. Der Bürge könne sich unter härteren Bedingungen verpflichten. Aehnlich Dernburg, Pr. Pr. R. § 243, 1 S. 747: Der Gläubiger könne sich vom Bürgen günstigere Modalitäten ausbedingen. Vergl. auch C. c. a. 2013 und Zachariae-Crome, Fr. C. R. § 403 Abs. 3 S. 718.

Der erste Entwurf[1]) sprach dies auch ausdrücklich aus. Die Bestimmung wurde von der zweiten Kommission gestrichen, aber nur, weil man sie für selbstverständlich hielt.

Weitergehendes Eintreten für die Hauptschuld ist in allen vorbezeichneten Fällen recht möglich, aber insoweit keine Verbürgung.[2])

4. Der Gegenstand der Bürgschaftsschuld ist begrifflich mit dem der Hauptschuld, zu der evtl. auch die stipulierten Zinsen mit gehören,[3]) identisch.[4]) Denn nur, wer eine Leistung schuldet, mit der die fremde Schuld erfüllt werden kann, steht für deren Erfüllung ein, wie es die Definition des § 765 B. G. B. erfordert. »Identität der Vermögenspost«[5]) genügt

---

[1]) E. I § 670. Vergl. auch Planck, C. § 765 n. 6. S. 511. Dernburg, B. R. § 285 n. 3 Abs. 2 S. 344. Der Bürge könne insofern schwerer haften, als die Modalitäten verschieden sein könnten. Vergl. auch dessen in Anm. 5 u. gewürdigte Ansicht.

[2]) Wenn auch i. G. deren Wirkungen als gewollt eintreten.

[3]) Wir denken hier nur an den Fall der Verbürgung für eine verzinsliche Hauptschuld, also den Fall, dass die Zinsen durch denselben Akt wie das Kapital vom Schuldner geschuldet sind. Natürlich kann sich aber der Bürge darauf berufen, dass er doch für die Zinsen nicht habe einstehen wollen, weil er z. B. die Verzinslichkeit gar nicht gekannt hat. Für die durch besondere Versprechen des Schuldners bedungenen Zinsen lässt sich dagegen eine allgemeine Regel nicht aufstellen. Ein Antrag, die Haftung des Bürgen allgemein auch auf die Zinsen zu erstrecken, wurde aus diesem Grunde abgelehnt. Com. Prot. (Spahn) II S. 467 und Planck C. § 767 1 b. S. 518.

Dernburg, B. R. § 286 n 3 S. 347 bemerkt mit Recht, dass die Haftung des Bürgen in Zweifel die bereits bedungenen Vertragszinsen mit umfasse.

[4]) Der Inhalt muss identisch sein. Vergl. Dernburg, B. R. § 285 I 4 S. 344, Oertmann, C. Vorbem. 3b, Abs. 2, S. 491, Planck, C. § 765 n. 6. S. 509.

[5]) Diesen nicht ganz fest bestimmten, ökonomischen Gesichtspunkt hält Dernburg, B. R. § 285 I 4 S. 344 u. P. § 78

nicht. Beispielsweise muss auch, wenn die Hauptschuld etwa eine Wahlschuld[1]) ist, der Inhalt der

---

1 Abs. 4, S. 2 S. 213 hier auch für juristisch entscheidend. Aus der gesetzlichen Definition dürfte sich jedoch wohl nur das im Text Gesagte mit logischer Notwendigkeit folgern lassen.

[1]) B. G. B. § 262 ff.: Auf die Streitfrage über die Natur solcher Schulden braucht hier nicht eingegangen zu werden. Die Wahlschuld ist nach dem B. G. B. und ebenso nach Gemeinem Recht zu konstruieren als Schuld mit alternativ bestimmtem Inhalt; alle Leistungen sind zunächst geschuldet, zu bestimmen ist aber noch, welche gemacht werden soll. Nach der Wahl ist nur noch ein Objekt geschuldet. So mit Recht Schollmeyer, C. Vorbem. zu §§ 262—265 S. 60. Aehnlich charakterisiert Oertmann, C. Vorbem. 1 zu §§ 262 bis 265 S. 23 die Wahlschuld, ohne ihr Wesen erschöpfen zu wollen, als eine Schuld mit unbestimmtem Inhalt.

Bernstein, Lehre vom alternativen Willen, sucht eine ausreichende Erklärung mit Hülfe einer juristisch etwas ungewohnten suspensiven und resolutiven „Pendenz des Gegenstandes". Fitting, Correaloblig. S. 136—169 irrt wohl darin, dass auch vor der Wahl nur ein Gegenstand in obligatione sei, wobei noch latent sei, welcher.

Andere Schriftsteller dachten sich wohl unrichtigerweise die Wahlschuld als eine Mehrheit von Verbindlichkeiten. Adickes, Lehre von den Bedingungen und ähnlich Pescatore, alternative Obligation, bezeichneten die Wahlschuld als eine Mehrheit von in gegensätzlichem Bedingungs- oder Konsumtions-Verhältnis stehenden Verbindlichkeiten. Allein zur erschöpfenden Erklärung aller Erscheinungen mit dieser Theorie Adickes wäre anzunehmen, dass jede Obligation suspensiv durch die Wahl ihres Leistungsgegenstandes bedingt und resolutiv durch die Wahl eines der anderen Leistungsgegenstände bedingt sei und das enthält doch wohl einen Widerspruch in sich. Ryck spricht etwas unbestimmt von mehreren Obligationen in gegenseitigem Konsumtionsverhältnis. Allein, wenn mehrere verschiedene Ansprüche unter denselben Personen nebeneinander bestehen, die sämmtlich erlöschen, wenn einer befriedigt wird, so ist dies eine Klagen- oder Anspruchskonkurrenz, aber keine Alternativobligation. Vergl. über die Frage der Wahlschuld auch Windscheid, P. II § 255 1 S. 14, wo sich die genaueren Litteraturcitate finden und Regelsberger, Jb. für Dogm. XVI., S. 159 ff.

Bürgschaftsschuld in gleicher Weise alternativ bestimmt sein.[1])

Eine Verpflichtung auf eine andere Leistung ist nicht ungültig, aber keine Verbürgung.[2]) Dieser auf Grund der l. 42 D. (46. 1) für die gemeinrechtliche fideiussio (Verbürgung in Stipulationsform) allgemein angenommene Grundsatz[3]) gilt nach den Motiven,[4]) nach welchen ja das Recht der fideiussio überhaupt für unser neues Bürgschaftsrecht massgebend ist,[5]) auch für die heutige Bürgschaft.[6])

---

1) Windscheid, P. § 477, Anm. 21 stellt auf, der Bürge dürfe inbezug auf das Wahlrecht nicht schlechter gestellt sein, als der Schuldner, indem er vom Grundsatz ausgeht, der Bürge dürfe nicht unter härteren Modalitäten haften, als der Schuldner. Allein man muss wegen der begrifflich notwendigen Gegenstandsidentität zwischen der Haupt- und Nebenschuld noch mehr verlangen, nämlich: dass die demnächstige Wahl des Bürgen auch thatsächlich auf das vom Hauptschuldner demnächst geschuldete Objekt fällt.

2) Daher würde sich vielleicht z. B. auch das Constitutum deb. al. nicht immer ganz unter unseren heutigen Bürgschaftsbegriff subsumieren lassen.

3) Den Quellensatz, dass eine auf »alia res« gerichtete fideiussio nichtig sei, erklärte man freilich auch als Konsequenz aus der besonderen Strenge der Stipulationsform, so dass er mit dieser Form hätte stehen und fallen müssen. Vergl. Girtanner, Bürgsch. S. 29. Dagegen mit ausführlicher und guter Begründung: Hasenbalg, Bürgsch. S. 168 ff. 850 ff. Unser Satz ergiebt sich aus dem Wesen der Bürgschaft. S. auch Dernburg, P. § 78, 1 Abs. 3 S. 1 u. Abs. 4 S. 2 S. 213, Windscheid, P. § 477 n. 2 S. 3 Zachariae-Crome, Fr. C. R. § 408 Abs. 3 S. 718, welcher jedoch eine Verbürgung auf Geld für eine Sachschuld zulässt (Anm. 6) und Dernburg, Pr. Pr. R. § 243 1 Abs. 3 S. 747.

4) Mot. II S. 658 d.

5) Vergl. Windscheid, P. § 476 Anm. 6 u. 7 etwas modifiziert: im Zweifel liege eine fideiussio vor, Dernburg, P. § 77, 1 a. E. § 78 Vorbem. Vergl. auch Anm. 1 S. 2 betr. die Rolle von fideiussio und constitutum deb. al. im heutigen Recht.

6) Oertmann, C. Vorbem. zu § 765 3 b. Abs. 2 S. 491.

Bisweilen kann aber der Bürge von vornherein auf das verpflichtet sein, was der Hauptschuldner als Ersatz bei Nichterfüllung zu leisten haben wird,[1]) besonders wenn z. B. der Bürge subjektiv das gar nicht leisten k a n n, was der Hauptschuldner in erster Reihe zur Erfüllung zu leisten hat.[2])

Auf m e h r als die Hauptschuld kann die Bürgschaftsschuld nicht gehen,[3]) wohl aber auf w e n i g e r.[4]) Freilich ist auch der Teil unleugbar etwas anderes als das Ganze.[5]) Gleichwohl wird — und wohl mit gutem Grunde — schon für das Gemeine[6])

Planck, C. § 765 n. 6, S. 511. Dernburg am oben angegebenen Ort. Vergl. oben Anm. 28.

1) Dies bestreitet mit Unrecht Eccius, Pr. Pr. R. § 144. Anm. 33 S. 380 mit Berufung auf Quellenstellen über die fideiussio. Dagegen Dernburg, Pr. Pr. R. § 243 n. 1 S. 1 auch Anm. 3 S. 747. Ebenso wie Windscheid, P. § 477, 2 a. E. S. 723.

2) z. B. wenn die Hauptschuld auf eine höchstpersönliche Leistung oder auf eine Unterlassung geht.

3) Windscheid, P. 477 n. 2, Dernburg, P. § 78, 1. Abs. 4, S. 213 meint: Auf mehr könne die Bürgschaft gehen, wenn der überschiessende Teil als Entschädigung aufgefasst werden könne. Dernburg, Pr. Pr. R. § 243 n. 1 S. 747, a. 2013 C. c., Zachariae-Crome, § 403 Abs. 3 S. 718, Oertmann, C. Vorbem. 3, § 765, 3 b., S. 491, Planck, C. § 765 n. 6, S. 511, Dernburg, B. R. § 286 Abs. 2 S. 346.

4) Windscheid, P. § 477 n. 3 S. 723, Dernburg, P. § 78 1 Abs. 3 S. 213, Dernburg, Pr. Pr. R. § 243 n. 1 l. S. S. 747, Zachariae-Crome, § 403. Abs. 3 S. 2 S. 718, Oertmann, C. Vorbem. zu § 765 3 d. S. 491, Planck, C. § 765 S. 511, Dernburg, B. R. § 286 II S. 347—348.

5) Diese Bedenken hatten schon die Römer. Dass der Quantitätsunterschied vielfach nicht so eklatant scheinen werde, als der Qualitätsunterschied, wie Hasenbalg, Bürgsch. S. 235 ff. meint, ist doch sehr bestreitbar. Wiewohl Verkehrsanschauung u. Recht zwischen einem qualitativen aliud und einem quantitativen minus vielfach unterscheidet, kann doch gerade von der Regel, dass der Bürge nichts anderes schulden dürfe, infolge ihrer ratio nicht behauptet werden, dass sie nur für das Verschiedene, nicht für das blosse »Weniger« anwendbar sei.

6) Vergl. l. 8 § 7, l. 6 § 1, l. 9, l. 68 § 1 D. (46. 1) Windscheid, P. § 477 n. 3 u. Anm. 25 S. 724.

und ebenso für das heutige Recht[1]) angenommen, dass die Haftung des Bürgen sich nicht auch quantitativ mit der Hauptschuld decken müsse. Der wahre Grund[2]) hierfür liegt wohl darin, dass, wie für die völlige, so auch für die teilweise »Erfüllung« einer fremden Schuld eingestanden werden kann, weil ja das Gesetz in § 765 das Letztere nicht ausgeschlossen hat.

Praktische Beispiele bieten der Ausschluss der Haftung des Bürgen für Vertragszinsen der verzinslichen Schuld,[3]) ferner die »Zinsenbürgschaft«:[4]) für die Zinsen, die bis zur Erlangung oder Feststellung der Unerlangbarkeit des Kapitals aufgelaufen sind,[4]) die Bürgschaft für eine, bis zu einem bestimmten Zeitpunkt aufgelaufene Schuldsumme,[5]) für die innerhalb bestimmter Frist entstehenden Schulden,[6]) endlich die »Schadlosbürgschaft«.[7]) Letztere ist nämlich von vornherein gerichtet auf den erst später sich herausstellenden Betrag des Ausfalls, den der Gläubiger trotz sorgfältiger Ausklagung des Hauptschuldners erleiden wird.

---

1) Dernburg, Oertmann, C. und Planck, C. an den in Anm. 4 S. 11 angeführten Orten.

2) Hasenbalg's in Anm. 5 S. 11 berührte Erklärung dürfte nicht unanfechtbar, jedenfalls nicht ausreichend sein.

3) Sofern diese an sich zur verzinslichen Schuld mit gehören. Vergl. Anm. 3 S. 8.

4) Dernburg, B. R. § 286 II 2 S. 347: Der Zinsenbürge verpflichtet sich hiermit im Zweifel nur für diese Zinsen, nicht für die Zinsen für alle Zeiten, (da er ja sonst wie ein Bürge für das Kapital haften würde).

5) Dernburg, P. § 78 n. 1 Abs. 2 u. Anm. 6 S. 213.

6) Dernburg, B. R. a. a. O. II 3 S. 348.

7) So kann eine Schadlosbürgschaft wenigstens gemeint sein, dass sie z. B. als Bürgschaft für das Ganze mit Erweiterung des Vorausklagerechts gemeint sein kann, wird nicht bestritten. Ueber die Natur der Schadlosbürgschaft bemerkt Oertmann, C. Vorbem. zu § 765 3 d Abs. 2 S. 491 im Anschluss an Geib, Bürgschaftsrecht S. 18 ff.: es handle sich um eine Bürgschaft für den Ausfall, wobei letzterer jedoch eine vom Gläubiger zu beweisende Klagebedingung sei; Dernburg, § 288 VI S. 353 bemerkt: Die Vorausklage sei hier

Wenn nun auch der Bürge dieselbe Leistung wie der Hauptschuldner schulden muss, ist doch keineswegs auch notwendig, dass er mit derselben Leistung auch erfüllen müsse.[1]) Bei der Verbürgung kann vielmehr — gleichzeitig oder auch später — zwischen dem Gläubiger und dem Bürgen eine bloss für den Letzteren wirkende Nebenabrede getroffen werden, nach welcher derselbe sich auch durch eine bestimmte andere Leistung oder nur durch dieselbe soll befreien können,[1]) so z. B., dass er statt einer Quantität Fungibilien Geld leisten soll. Solche Abrede ist aufzufassen als Vereinbarung einer sogenannten facultas alternativa für den Bürgen, beziehungsweise als eigentlicher Vorvertrag auf Abschluss eines zweiseitigen, solutorischen Realvertrags, wie ihn § 364 Abs. 1 B. G. B. gestattet. Denn nur dann kann eine andersartige Leistung des Bürgen als ein Eintreten für die Hauptschulderfüllung erscheinen, wenn sie an Erfüllungsstatt für die Hauptschuldleistung geschieht. Ferner kann auch die Haftung eines Bürgen, der an sich für völlige Schulderfüllung einstent, im Wege der Nebenabrede derart beschränkt sein, dass er jeweils immer nur bis zu einem gewissen Betrage in Anspruch genommen werden soll oder kann.

Seiner Natur und, wie später zu zeigen, seinen Wirkungen nach ist dieser Fall von einer Verbürgung für teilweise Erfüllung völlig verschieden.

---

nicht Rechtswohlthat, sondern Vertragsbedingung. Planck, C. Vorbem. zu § 765 II 4 Abs. 1 S. 509 charakterisiert die Schadlosbürgschaft als Bürgschaft für den Ausfall, bei der das Vorausklagerecht erweitert sei. Vergl. weiter: Windscheid, P. § 478 Anm. 1 u. Dernburg, § 79 n. 2 Abs. 2 S. 216.

[1]) Solche Vereinbarung tritt selbstständig zur Bürgschaft hinzu und lässt die Hauptschuld an sich ganz unberührt. Mit Unrecht verwirft daher im Gegensatz zu Dernburg, Pr. Pr. R. § 243 Anm. 2 S. 747, Foerster-Eccius, Pr. Pr. R. II § 144 Anm. 33 S 380 diese Möglichkeit einer bürgschaftlichen Vereinbarung dahin, dass der Bürge sich nur durch eine gewisse andere Leistung soll befreien können. Diese Möglichkeit ist heute wohl meist anerkannt. Mot. II S. 661. Oertmann, C. Vorbem. zu § 765, 3 b. Abs. 2 S. 491.

Der Leistungsort für den Bürgen ist nicht notwendig derselbe wie für den Hauptschuldner.[1]) Bezüglich des ersteren entscheidet vielmehr der Bürgschaftsvertrag und im Zweifel das Gesetz aus der Person des Bürgen. Eine Erschwerung soll jedoch für den Bürgen auch hierin nicht stattfinden.

5. Der Bürge kann kraft besonderer Abmachung nur unter aufschiebender oder auflösender Bedingung oder nur von oder bis zu einem bestimmten Zeitpunkte sich verpflichten, wenn auch die Hauptschuld unbedingt oder unbefristet ist, sofern er nämlich seine Haftung gegenüber der des Hauptschuldners erleichtern kann.[2])

Einen praktisch wichtigen Beispielsfall bedingter Bürgschaftsschuld bietet auch wieder die Schadlosbürgschaft. Die Bedingung ist, dass der Gläubiger trotz aller Sorgfalt bei Ausklagung des Hauptschuldners einen Ausfall erleidet. Ein Ausfall ist in Anbetracht der steten Veränderlichkeit der Vermögenslage ein künftiges, ungewisses Ereignis. Der Ausfall ist Voraussetzung des Anspruchs des Schadlosbürgen.

---

[1]) R. G. in Gruch. Beitr. 37 S. 1181. Diese Verschiedenheit der Leistungsorte wird u. A. von Bedeutung für den Gerichtsstand des Erfüllungsortes im Sinne des § 29 C. P. O.

[2]) Wenn die Hauptschuld unbedingt ist, kann die Bürgschaftsschuld bedingt sein, (wogegen jedoch eine Bürgschaftsschuld für eine bedingte Schuld nur als bedingte gelten kann, siehe oben 3). Wenn die Hauptschuld durch die Thatsache a bedingt ist, kann die Bürgschaftsschuld durch das Zusammentreffen der Thatsachen a und b bedingt sein. (Dagegen kann die Bürgschaftsschuld für eine vom Zusammentreffen gewisser Bedingungen abhängig gemachten Hauptschuld nur als durch das Zusammentreffen bedingte Schuld gelten. S. oben 3). Einen späteren, aufschiebenden Termin verträgt die Bürgschaftsschuld (aber nicht einen früheren, siehe oben 3). — (Unter einem andern dies incertus quando als der Hauptschuldner kann sich der Bürge nur in dem Sinn verpflichten, dass er erst haftet, sobald beide eingetreten sind. S. oben 3).

Verpflichtet sich ferner z. B. der Bürge für eine Wahlschuld zu einer bestimmten oder einer von ihm zu wählenden Leistung, so muss die Schuld des Bürgen hier gleichfalls dadurch bedingt sein, dass auf diese Leistung auch die Wahl des wahlberechtigten Gläubigers oder Schuldners falle.[1]) Bei dieser Betrachtung der möglichen Qualitätsverschiedenheiten zwischen Haupt- und Bürgschaftsschuld mag auch darauf hingewiesen werden, dass wie unten[2]) auszuführen, die Bürgschaftsschuld für eine wirksame Hauptschuld aus selbstständigen Gründen nichtig oder anfechtbar sein kann. Es können ferner für den Bürgen aus Vertrag oder kraft Gesetzes selbstständig Einwendungen bestehen oder entstehen;[3]) so z. B., dass der Gläubiger bei der Kreditgewährung an den Schuldner den Weisungen entgegengehandelt hat, von deren Einhaltung die Haftung des Bürgen abhängig sein sollte.

6. Die Haftung des Bürgen ist meistens, aber nicht begriffsnotwendig eine subsidiäre, d. h. gemildert durch die anspruchshemmende Einrede der Vorausklage.[4]) Der Bürge hat nämlich das Recht, die Befriedigung des Gläubigers zu verweigern, bis derselbe gegen den Hauptschuldner fruchtlos die Zwangsvollstreckung — für Geldschulden wenigstens in das Mobiliarvermögen am Wohnsitz des Schuldners —

---

[1]) Dies ergiebt sich aus dem Erfordernis der Gegenstandsidentität zwischen Haupt- und Bürgschaftsschuld. Unseren Beispielsfall berührt auch Windscheid, P. (vergl. dessen in Anm. 1 S. 7 und Anm. 1 S. 9 behandelte Aeusserung) aber wohl ohne diesen Gesichtspunkt genügend zu beachten.

[2]) Vergl. unten 9 und Anm. 1 S. 21.

[3]) Vergl. Dernburg, B. R. § 287 II S. 349.

[4]) Windscheid, P. § 478, Dernburg P. § 79, 2 S. 214, 216, 217, Dernburg, Pr. Pr. R. § 241, 1 Abs. 2 a. E., S. 743 u. § 244 S. 751 ff., Zachariae-Crome, § 405 S. 724 fg., § 403 S. 719, l. Abs., Oertmann, C. Vorbem. zu § 765, 3 d., Planck, Vorbem. II S. 508, Dernburg, B. R. § 285 I n. 4 S. 344, § 288 S. 351 ff.

versucht hat, ausser wenn der Bürge auf dieses Recht ausdrücklich oder stillschweigend verzichtet hat. Die Einrede kann auch nachträglich aus besonderen Gründen wegfallen. Ueber dieselbe: B. G. B. §§ 771 bis 773. Sie ist auch ausgeschlossen, wenn die Bürgschaft für den Bürgen ein Handelsgeschäft und ausserdem der Bürge Vollkaufmann ist. §§ 349 u. 351 Hgb.

7. Ihrem Wesen nach ist die Bürgschaftsverbindlichkeit eine besondere Nebenverpflichtung,[1]) die nicht getrennt von der Hauptschuld betehen kann,[2]) welche sich mit der Hauptschuld ändert, erweitert, beschränkt, wenn durch Verzug, Verschulden und dergl. letztere sich ändert und welche endigt,

---

[1]) Dernburg, § 78, 1 S. 212 bezeichnet sie als »Accession.« Oertmann, C. Vorbem. zu § 765, 3 S. 491, Dernburg, B. R. § 285 I n. 4 S. 344.

[2]) Vergl. Dernburg, B. R. § 285 I n. 4 Abs. 1 u. Anm. 7 sowie die dort Citierten Jur. Wochenschrift 1886 S. 122 n. 47, Deutsche Juristenzeitung 1898 S. 104. Mit Uebertragung der Hauptschuld geht auch das accessorische Sicherungsmittel, die Bürgschaftsforderung auf den neuen Gläubiger über. Vergl. § 401 Abs. 1, 412 B. G. B. Schon die Analogie aus § 1153 und 1250 B. G. B. spricht hierfür. Die Bürgschaftsforderung gilt im Zweifel als in der Verfügung mit inbegriffen, ebenso wie etwa die Pertinenz in der Verfügung über die Hauptsache. Vergl. § 314 B. G. B. Grundsätzlich erlaubt offenbar der Sicherungszweck, der alleinige Daseinszweck der Bürgschaft es nicht, dass der Bürge einen anderen Gläubiger bekomme, als der Hauptschuldner. Die Forderung des X. kann nicht durch eine solche des Y. gesichert sein. Es ist also auch das nicht möglich, dass die Bürgschaftsforderung ohne die Hauptforderung übertragen werde, noch dass sie bestehen bleibe, wenn die Hauptforderung allein übergeht.

Wenn übrigens dergleichen theoretisch möglich wäre, würde es praktisch doch nie vorkommen. Hier dürfen wir unbedenklich entscheiden, wie es § 1153, 1250 B. G. B. bezüglich anderer, zur Sicherung bestellten Rechte thun, weil für die angezogenen Bestimmungen offenbar die Natur des accessorischen Sicherungsrechtes ausschlaggebend gewesen ist und die Bürgschaft diese Natur auch besitzt. Trotzdem also das Gesetz bezüglich der Bürgschaftsforderungen keine

sofern die Hauptschuld erlischt,[1]) denn ihr Inhalt ist gerade eben vertraglich von vornherein auch für die Zukunft als ein dem Hauptschuldinhalt entsprechend wechselnder bestimmt. Diese Wirkungen sind Essentialien der Bürgschaft und treten stets ein, z. B. auch, wenn der Bürge nur für teilweise Erfüllung haftet.[2]) Solcher Bürge ist frei, sofern der betreffende

---

ausdrückliche Ausnahme von der allgemeinen Cedierbarkeit der Forderungen macht, darf man annehmen, dass die Bürgschaftsforderungen ohne die Hauptschuld nicht übertragen werden können. Umgekehrt, wenn bei Uebertragung der Hauptforderung die Bürgschaftsforderung vom Uebergang ausgeschlossen wird, würde letztere Forderung, wenn sie fortbestände, ihrem Zweck entfremdet und trotzdem das Gesetz auch nirgends allgemein ausspricht, dass Verbindlichkeiten erlöschen, wenn sie ihrem Zweck entfremdet werden, darf gesagt werden, dass im fraglichen Fall der Bürge frei wird.

1) Oertmann u. Dernburg a. a. O.

2) Für die Bürgschaft für teilweise Erfüllung der Hauptschuld müssen in Ermangelung von Sonderbestimmungen offenbar dieselben Regeln wie für die Bürgschaft für völlige Schulderfüllung gelten, wenn die betreffenden Rechtssätze der Bürgschaft offenbar begriffswesentlich sind. Aus dieser Konsequenz ergiebt sich der praktische Unterschied zwischen einem Bürgen, der für die Hauptschuld etwa von 100 zwar vollständig, aber mit der Nebenabrede eintritt, dass er bloss auf einen Teil, etwa 40 haften wolle (man gestatte für diesen Fall den kurzen Ausdruck: »Limitbürgschaft«) und dem Bürgen, der für die Schuld von 100 bloss für den Teil von 40 eintritt (Teilbürge). Letzterer ist frei, sobald jener Teil von 40 geleistet ist, sei es vom Hauptschuldner oder einem Dritten. Die Leistung des Hauptschuldners oder Dritten hat, wenn nicht anders vereinbart, seine Schuld getilgt, denn der Bürge garantierte hier überhaupt nur, dass der Gläubiger 40 erhalten werde. Ersterer, der Limitbürge bleibt dagegen, wenn der Hauptschuldner auf die Schuld den fraglichen Teil von 40 geleistet hat, doch noch für die jetzt noch rückständige Schuld von 60 verhaftet, weil er auf das Ganze verbürgt war, nur kann er event. nicht auf den ganzen Rest von 60, sondern nur limitiert bis auf 40 in Anspruch genommen werden.

bestimmte[1]) Teilbetrag vom Schuldner oder für ihn oder von einem Mitbürgen geleistet ist.

Anders liegt die Sache, wenn der Bürge zwar für die völlige Erfüllung, aber mit einer Haftungsgrenze eintritt.[2])

8. Thatbestände, welche bloss für die Bürgschaftsschuld eintreten, führen dagegen eine selbstständige rechtliche Entwickelung dieser allein herbei. Man ist geneigt, anzunehmen, dass die Erfüllung der Bürgschaftsschuld an sich geeignet sei, die Hauptschuld zu tilgen. In Frage kommt dieses nur, wenn für den normalen gesetzlichen Uebergang der Hauptforderung auf den Bürgen (§ 774 B. G. B.) ausnahmsweise die erforderlichen Grundlagen fehlen, z. B. wenn der Bürge darauf verzichtet hatte. Wenn der Bürge die Hauptschuld erfüllen will,[3]) was allerdings im Zweifel dann seine Absicht sein wird, wenn er auf den Erwerb nach § 774 B. G. B. verzichtet, erlischt die Hauptschuld selbstverständlich infolge der für sie selbst eingetretenen Erfüllungsthatbestandes. Aus welchem Grunde aber soll sie erlöschen, wenn dies nicht der Fall ist? Begrifflich steht ja doch die Hauptschuld zur Bürgschaftsschuld keineswegs in dem erwähnten Abhängigkeits- und Identitätsverhältnis, welches die Gesamtwirkung der Erfüllung auch hier zur Folge haben könnte, ähnlich wie die Erfüllung der Hauptschuld das Erlöschen der Nebenforderung schon gemäss § 768 B. G. B. zur Folge

---

[1]) Obiges gilt von Bürgschaften zu bestimmtem Teil. Als Bürgschaft zu unbestimmtem und schwankendem Teil, aber nur als solche, wäre eine Vereinbarung theoretisch denkbar, wonach trotz späterer Leistungen die Schuld des Teilbürgen unter einen bestimmten Betrag nicht sinken soll.

[2]) Limitbürgschaft, den Grund s. in Anm. 2 S. 17.

[3]) Es versteht sich dies nicht von selbst. Wie jeder Schuldner tilgt vielmehr auch der Bürge normalerweise nur seine eigene, nicht die fremde Schuld des Hauptschuldners.

hat. Ob aber eine eigentliche zweiseitige reziproke Solidarität zwischen Haupt- und Bürgschaftsforderung angenommen werden darf und ob etwa aus einer Gleichheit des Zwecks der Forderungen die fragliche Gesamtwirkung sich ergebe, ist zweifelhaft und nicht unbestritten.[1]) Wenn eine verbreitete und wahrscheinlich sogar richtige gemeinrechtliche Ansicht auf Grund von Pandektenstellen die Subrogation des zahlenden Bürgen in die Rechte des Gläubigers auch noch nach der Zahlung zuliess,[2]) so wurde dabei offenbar davon ausgegangen, dass die Zahlung der Bürgschaftsschuld die Hauptschuld nicht notwendig tilge. In jedem Falle aber müsste dem Gläubiger, solange er die vom Bürgen erbrachte Leistung behält, jeder Anspruch gegen den Hauptschuldner schon nach anderen allgemeinen Rechts- und Billigkeitsgrundsätzen versagt sein.

Es wird sich immerhin wohl aufstellen lassen, dass die Erfüllung der Bürgschaftsschuld die Hauptschuld tilge, wenn auch die Möglichkeit von theoretischen Bedenken nicht ebenso ausgeschlossen ist, wie die von praktischen.

---

1) Das Gesetz sagt dies nicht, im Gegenteil: § 774 B. G. B. Die herrschende Ansicht scheint es freilich zu sein, dass zwischen Bürgschafts- und Hauptschuld wenigstens eine »accessorische« Solidarität stattfinde, welche man der gewöhnlichen »paritätischen« gegenüber stellt. Oertmann, C. zur Gesamtschuld, unterscheidet zwar förmlich zwischen »Solidarität« und Accessorietät. Er bezeichnete aber als Charakteristikum der letzteren nur, dass die accessorische Schuld in ihrer Giltigkeit von der Hauptschuld abhängig sei. Sofern nun aber der Solidaritätsbegriff das Letztere nicht ausschliesst und Oertmann überhaupt kein Begriffsmerkmal der Solidarität angiebt, das der »Accessorietät« fehlte, so ist ein Gegensatz zwischen seiner und der obigen Meinung nicht ersichtlich. Dagegen betont O. Geib Bürgschaftsrecht S. 74, freilich für das Gemeine Recht, dass eine Solidarität nicht bestehe und dass die Zahlung des Bürgen keineswegs notwendig den Hauptschuldner befreie.

2) Vergl. § 8 Anm. 4.

Ein Erlass, den der Bürge für seine Schuld vom Gläubiger erzielt, wirkt nur für den Bürgen befreiend, sofern der Gläubiger auch nur dem Bürgen persönlich einen Vermögensvorteil zuwenden wollte. Ein Erlassvertrag, der zwischen dem Gläubiger und dem Bürgen geschlossen ist, befreit den Hauptschuldner nur, soweit er vom Bürgen namens und zugunsten des Hauptschuldners, also bezüglich der Hauptschuld vereinbart ist.[1]) Succediert der Bürge dem Gläubiger oder umgekehrt, wird dem Bürgen ohne seine Schuld die Leistung unmöglich oder verjährt die Bürgschaftsforderung allein, so ist selbstverständlich nur er, nicht auch der Hauptschuldner frei,[2]) in den beiden ersten Fällen von selbst kraft Rechtens, im letzteren vermöge einer Einrede, indem er berechtigt ist, die Leistung zu verweigern.

Erfüllungsverzug und Verschulden[3]) des Bürgen, eine Kündigung an den Bürgen, der Annahmeverzug des Gläubigers gegenüber dem Bürgen nützen bezw. schaden nur ihm, nicht dem Hauptschuldner.

9. Der Thatbestand, der die Bürgschaftsobligation begründet, ist ein Vertrag[4]) zwischen dem

---

1) Nur müsste wegen des Sicherungszwecks der Erlass an den Bürgen auch für den Hauptschuldner wirken, wenn der Gläubiger sich wegen des gesicherten Vermögenspostens formell für befriedigt erklärt. Im Uebrigen ist jedoch klar, dass der Gläubiger das sichernde Nebenrecht aufgeben kann, während er zugleich seinen Hauptanspruch behält.

2) Für den Hauptanspruch ist ja der Gläubiger noch nicht befriedigt; es fällt mithin bloss der sichernde Nebenanspruch weg, ebenso wie allgemein die Forderung gegen den einen von mehreren Gesamtschuldnern wegfällt, wenn nur diesem die Leistung subjektiv unmöglich wird. Vergl. § 425 Abs. 2 B. G. B.

3) Wohl aber kann das Verschulden des Bürgen insofern auf die Hauptschuld wirken, als es vom Standpunkt des Schuldners aus sich als »Zufall« darstellt.

4) Planck, C. Vorbem. zu § 765 II. Anf. S. 508: Die Bürgschaft entstehe durch Abschluss eines Vertrags. Oert-

Bürgen und dem Gläubiger; derselbe kann gegebenenfalls nach allgemeinen Grundsätzen wegen Irrtums, auch über die Hauptschuld,[1]) Betrugs, Zwangs u. s. w. angefochten werden. Die Verpflichtungserklärung des Bürgen[2]) bedarf der Schriftform nach B. G. B. § 766 Abs. 1, ausser wenn die Bürgschaft auf Seiten des Bürgen ein Handelsgeschäft und der Bürge nicht blosser Minderkaufmann ist (§ 350, 351 Hgb.). Auf mündliche Nebenabreden kann sich der Bürge einredeweise gegen den Umfang seiner Obligation berufen.[3])

Eine eigentliche Bürgschaft entsteht durch sogen. Kreditauftrag d. h. formlosen »Auftrag«[4]) an einen Andern, einem Dritten in eigenem Namen und auf eigene Rechnung Kredit zu gewähren, nicht. Der

---

mann, C. § 765 1 u. 3 Abs. 3: §§ 571 2, 1271 2 sind dort mit Recht bloss als bürgschafts ähnliche Fälle bezeichnet; Dernburg, B. R. § 285 II S. 344, Mot. II S. 658.

1) § 119 B. G. B. § 123 Abs. 2 B. G. B. Namentlich kommen Irrtum und Täuschung über die Personen und Schuld in Betracht. Treffliche, noch brauchbare Entscheidungen hierzu bei Windscheid, P. § 477 Anm. 2 (1a) Irrtum über den Grund der Hauptschuld und die Person des Gläubigers schadet nicht, wohl aber der über die Person des Schuldners, ebenso der über den Umfang und u. U. auch über die Stärke der Verpflichtung. Vergl. Girtanner S. 339, Hasenbalg S. 31, Dernburg, B. R. § 285 II. S. 345, Oertmann, C. § 765 n. 2 S. 2 S. 492, Planck, C. § 765 n. 1 S. 510.

2) Nicht aber auch deren Annahme.

3) Dernburg, B. R. § 286 III. S. 346. Zu weitgehend wohl Planck, C. § 766 n. 2 Abs. 2 S. 512: Alle mündlichen Nebenabreden seien zulässig. Dann würde der Zweck des § 766 B. G. B. so gut wie vereitelt sein.

4) § 778 B. G. B. und Oertmann und Planck, C. hierzu. Windscheid, P. § 412 Anm. 2a, § 476 Anm. 3, Dernburg, Pr. Pr. R. § 248 S. 759, der denselben als bürgschaftsähnliche Verpflichtung bezeichnet. Ein eigentlicher Auftrag steht keineswegs überall hier in Frage. Dernburg, B. R. § 291 I Abs. 2 S. 360.

Kreditmandant wird nämlich auch dann, wenn eine gültige Obligation zwischen dem Mandatar und dem Dritten nicht entsteht, bisweilen aus eigentlichem »Auftrag« und zwar »wie ein Bürge«, doch nicht als Bürge für den Letzteren verpflichtet. Der Kreditmandant beabsichtigt ja nicht, sich zu verbürgen. Dass das Gesetzbuch den Kreditauftrag bei der Bürgschaftslehre behandelt, wie herkömmlich, ist kein Beweisgrund für das Gegenteil.[1]) Eine durch Gesetz festgesetzte Haftung von der Art der bürgschaftlichen, wie sie in zahlreichen Fällen nach dem B. G. B. eintritt, ist keine Bürgschaft; doch sind solche Fälle der Bürgschaft analog zu behandeln.[2])

II. Von »Mitbürgschaft« spricht man nun dann, wenn mehrere Nebenverpflichtungen von der geschilderten Natur für eine und dieselbe Hauptschuld begründet sind.[3]) Anlass zu Zweifeln bietet dieses Erfordernis der Identität der Hauptschuld nicht. Jede Schuld wird im Allgemeinen individualisiert durch ihren konkreten Begründungsthatbestand, das Objekt (Art, Inhalt, Umfang der Leistung und Modalitäten) und durch die Obligationssubjekte: Gläubiger und Schuldner.

---

1) Das römische Recht trennte die Bürgschaft vom Kreditauftrag und behandelte letzteren als besondere Art des Mandats. Nachdem aber zur Ermöglichung des Regresses des Bürgen der Mandatsgesichtspunkt nutzbar gemacht wurde, waren beide Institute in mannigfacher Hinsicht einander genähert und die gemeinrechtliche Wissenschaft wies vielfach dem Kreditauftrag eine Stelle in der Bürgschaftslehre an, wobei man sich freilich bewusst blieb, dass ersterer nicht ein Mandat und stets ein von der eigentlichen Bürgschaft zu sonderndes Institut sei. Das B. G. B. hat nach einigem Schwanken in den Kommissionen dem Kreditauftrag die gemeinrechtlich herkömmliche Stelle hinter dem Bürgschaftsinstitut zugeteilt und im § 778 eine sachgemässe Regelung getroffen.

2) §§ 571,2, 1271,2 und wo ähnliche Regelung stattfand, z. B. §§ 1056, 1383 B. G. B.

3) Mot. II. S. 666, Windscheid, P. § 479 S. 728, Dernburg, B. R. § 289 VII S. 368.

Eine Forderung kann durch Verschulden, Verzug des Schuldners, durch eine Wahl, durch Novation u. s. w., ohne dass dadurch ihre Identität beseitigt wird, inhaltlich geändert, erweitert, beschränkt, präzisiert, erneuert werden. Also kann, da die Bürgschaft solche Umwandlung überdauert, der Bürge, der für die ursprüngliche Schuld eingetreten ist, zum Mitbürgen den bekommen, der sich für die geänderte Schuld verbürgt hat.[1]) Der Umfang der Schuld ist zu ihrer Individualisierung wesentlich. Der Bürge einer Teilschuld ist also nicht Mitbürge des Bürgen der umfassenderen Schuld, die jene in sich schliesst. Anders, wenn Beide Bürgen der ganzen Schuld sind, aber so, dass der eine blos für die teilweise Erfüllung dieser Schuld eintritt.[2]) Besondere Hervorhebung verdient vielleicht nur, dass auch durch die Gleichheit der Obligationssubjekte die Identität der Schuld bedingt ist. Treten also mehrere als Bürgen für verschiedene Gesamtschuldner oder bei verschiedenen Gesamtgläubigern ein, so liegt eine »Mitbürgschaft« nicht vor,[3]) weil es sich hier nicht um Bürgschaften für dieselbe Verbindlichkeit handelt. Das spricht schon die l. 51 § 2 D. (46,1) aus.

---

[1]) Nachdem die bereits verbürgte ursprüngliche Schuld sich etwa durch verschuldete Unmöglichkeit in eine andere, eine Geldschuld verwandelt hat, verbürgt sich nun für letztere Schuld ein Anderer: derselbe wird dann Mitbürge dessen, der für die ursprüngliche Schuld eingetreten war. Oder ein seltenerer Fall: Für eine schon verbürgte Schuld tritt ein zweiter Bürge ein, aber nicht schlechtweg, sondern nur für den Fall, dass sie sich etwa durch Verschulden in eine Geldschuld verwandeln sollte. Aendert sich später die Hauptschuld thatsächlich, so sind beide Bürgen nun fortan Mitbürgen. In diesen Fällen haben sich beide Bürgen für dieselbe Schuld verpflichtet: Die primäre und sekundäre Schuld gehen nämlich zwar auf verschiedene Leistungen, bilden rechtlich aber doch eine und dieselbe Schuld.

[2]) Vergl. I. 4. Abs. 3.

[3]) Ebenso: Hasenbalg, Bürgsch. S. 472.

Das Gesamtschuldverhältnis darf eben hierbei nicht als eine einzige Verbindlichkeit mit Mehrheit subjektiver Beziehungen gedacht werden; vielmehr enthält dasselbe für die rechtliche Betrachtung nach der herrschenden Lehre des Gemeinen und heutigen Rechts ebensoviele selbstständige Verbindlichkeiten als Schuldner bezw. Gläubiger vorhanden sind.[1])

Eine Mitbürgschaft wird vielfach dadurch entstehen, dass durch Vertrag gemeinschaftlich und gleichzeitig von Mehreren für dieselbe Schuld Bürgschaft geleistet wird.[2]) Aber auch, wenn nachträglich und durch selbstständigen Vertrag jemand sich für eine bereits durch Bürgschaft eines Andern gesicherte Schuld, sei es auch ohne Kenntnis dieser Bürgschaft verbürgt, wird eine Mitbürgschaft begründet. Dieses ist der weite Begriff des Mitbürgen nach dem B. G. B. §§ 774 Abs. 2 und 769 und nach den Motiven. Ein ausreichender, sprachlicher Grund zur Beschränkung des Ausdrucks »Mitbürgen« auf solche, die sich zusammen für dieselbe Hauptschuld verbürgt haben, ist wohl nicht vorhanden.

Für die rechtliche Behandlung stellen §§ 769 und 774 Abs. 2. B. G. B. und ebenso schon die Entwürfe und Vorarbeiten,[3]) wie unten zu zeigen, keine Unterscheidung zwischen den Bürgen für dieselbe Schuld auf, besonders auch die nicht, ob sie sich gemeinschaftlich verpflichtet haben oder nicht.

In welchem Sinne im Gemeinen und in anderen Rechten für den Begriff der Mitbürgschaft oder confideiussio[4]) oder wenigstens für die rechtliche

---

1) Ueber Einheits- und Mehrheitstheorie vergl. Windscheid, P. § 293 ff. Litteratur in Anm. 1 daselbst, ferner Dernburg, P. § 71 S. 192, Litteratur in Anm. 1.

2) Hasenbalg, Bürgsch. S. 484 ff., Mot. II. S. 666, 667, Dernburg, Pr. Pr. R. § 246 Abs. 2 S. 5 u. 6 S. 757.

3) Mot. a. a. O.

4) Seufferts Archiv III n. 262, 263, VI n. 43, Seuffert, P. II S. 203 Note 17, vergl. Hasenbalg, Bürgsch. S. 484—485.

Behandlung[1]) bisweilen zwischen »gemeinschaftlich« und »besonders« eingetretenen Bürgen derselben Hauptschuld unterschieden wurde, ist unten zu besprechen.

Der Bürge eines Kreditauftraggebers und ebenso derjenige des Kreditempfängers ist nicht Mitbürge des Mandanten, aber ihr Verhältnis ist entsprechend zu behandeln;[2]) dasselbe gilt von den gesetzlichen Fällen einer bürgschaftsähnlichen Haftung.[3])

Von Mitbürgschaft spricht man auch dann nicht, wenn Mehrere als Erben eines Bürgen für die Erfüllung derselben Hauptschuld einstehen. Hier gelten die allgemeinen Grundsätze über die Haftung der Erben für Nachlassschulden und über die Erbteilung.[4]) Beiläufig mag bemerkt werden, dass der sogenannte »After-«, »Nach-« oder »Unterbürge« d. h. der Bürge des Hauptbürgen sich von einem für den Hauptschuldner eingetretenen Mitbürgen des Hauptbürgen nicht nur formell und begrifflich, sondern namentlich auch betreffs der materiellen rechtlichen Behandlung sehr wesentlich unterscheidet.[5])

III. Die Lehre von der Mitbürgschaft zerfällt naturgemäss in drei Abschnitte. Der erste hat das Verhältnis der Mitbürgen zum Gläubiger, der zweite die Stellung derselben zum Hauptschuldner, der dritte die Beziehungen der Mitbürgen untereinander zum Gegenstande. Auch die folgende Darstellung wird diese drei Seiten trennen

---

1) Seufferts Archiv XIV. n. 234.

2) § 778 B. G. B. vergl. Oertmann, C. § 778, b. S. 504, Planck, C. § 778, 1. S. 521, Dernburg, B. R. § 291 II b. S. 361.

3) Vergl. Anm. 2 S. 22.

4) §§ 2058—2063 B. G. B.

5) Ein Mitbürge des Hauptbürgen unterscheidet sich sogar dann theoretisch und praktisch von dessen Nachbürgen, wenn er sich, was zulässig ist, eine Einrede vorbehalten hat, vermöge deren er erst nach fruchtloser Ausklagung des Hauptbürgen haften solle. Vergl. § 3 Anm. 4 S. 61.

müssen, welche man als das Haftungsverhältnis nach aussen, das interne Regressverhältnis und das interne Ausgleichungsverhältnis bezeichnen könnte. Die beiden erstgenannten sind auch bei der Alleinbürgschaft zu unterscheiden.[1])

---

[1]) Bei Behandlung dieser beiden Seiten werden wir für den Fall der Bürgenmehrheit vielfach Fragen zu behandeln haben, welche bei der Bürgeneinheit nicht entstehen. Zunächst aber gelten für die Mitbürgen in beiden Richtungen dieselben Sätze wie für den Alleinbürgen. Nicht nur deshalb, sondern auch, weil sie zur Deduktion der speziell aus der Bürgenmehrheit sich ergebenden Konsequenzen sowohl hinsichtlich des Verhältnisses dieser Mitbürgen zum Gläubiger und Schuldner, als auch hinsichtlich des Verhältnisses der Mitbürgen unter einander erforderlich sind, müssen wir auch auf die allgemeinen Bürgschaftsrechtssätze kurz eingehen. Bei den späteren Erörterungen werden wir dann vielfach auf die gewonnene Resultate zurückgreifen.

Besonderer Teil.

Rechtsverhältnis der Mitbürgen zum Gläubiger.

Vorbemerkung.

Nach der gesetzlichen und wissenschaftlichen Begriffsbestimmung handelt es sich bei der Bürgschaft und der Mitbürgschaft um ein bezw. mehrere accessorische Haftungen, um ein Verpflichtungsverhältnis einer resp. mehrerer Personen zum Gläubiger. Im Folgenden wird zunächst entsprechend dem entwickelten Plane diese wesentliche Seite der Mitbürgschaftslehre behandelt, welche, insofern die Bürgen mit dem Hauptschuldner zusammen eine geschlossene Schuldnergemeinschaft bilden und zu einander in einem sozietätsähnlichen Rechnungsverhältnis stehen, als die äussere bezeichnet werden könnte.

Ein erster Teil hat dabei die Haftungen der Mitbürgen in ihrer Entstehung, als die Wirkungen des oder genauer der mehreren mitbürgschaftlichen Begründungsakte zum Gegenstand, und zwar betrachtet er diese Haftungen zunächst als einzelne, namentlich mit Rücksicht auf Gleichheit oder Verschiedenheit nach Inhalt, Umfang und dergl. Sodann beschäftigt er sich mit der Stellung der Mitbürgen in ihrer Gesammtheit dem Gläubiger gegenüber oder, richtiger ausgedrückt, mit dem Solidarverhältnis unter den einzelnen Verbindlichkeiten, wobei zur Darlegung von Begriff und Wesen dieser Solidarverbindlichkeiten der Bürgen auf das Gesamtschuldverhältnis im Allgemeinen in gewissem Umfang eingegangen werden muss.

Ein zweiter Teil verfolgt dann die Entwickelung der einzelnen entstandenen Bürgenverbindlichkeiten, welche eine gemeinsame oder eine verschiedene sein kann und als Folge von Thatbeständen, die für die Hauptschuld und von solchen die für einzelne oder alle Bürgschaftsschulden eintreten. Bei Betrachtung der Fälle der gemeinsamen Entwickelung wollen wir einen Versuch machen, den speziellen Begriff der Gesammtwirkung scharf zu umgrenzen, wobei wir einige jener Fälle, welche auch bisweilen unter die Gesamtwirkungsfälle gerechnet werden, aus systematischen und theoretischen Gründen ausschliessen. In diesem Teile wird auch versucht, eine theoretische Konstruktionsschwierigkeit zu überwinden, die für den Gesamtschuldbegriff aus dem Verhältnis der §§ 421, 422 einerseits und 426 B. G. B. andererseits erwächst, sofern sich diese Bestimmungen bezüglich der charakteristischen Wirkungen der Erfüllung einer solidarischen Obligation zu widersprechen scheinen.

Bevor wir jedoch in diese dogmatischen Erörterungen eintreten, soll, aus später mitgeteilten Gründen die geschichtliche Entwickelung des Mitbürgschaftsrechts in Deutschland, dabei namentlich die gemeinrechttliche Teilungswohlthat skizziert werden.

Der dogmatischen Darstellung des heutigen gesetzlichen Mitbürgschaftsrechts lassen wir dann noch eine Betrachtung über logisch mögliche Sonderformen der Mitbürgschaft, also besonders über die verschiedenen denkbaren Arten einer Teilhaftung folgen, wie sie teils in früheren, teils in noch geltenden anderen Gesetzgebungen sich thatsächlich finden und auch unter der Herrschaft des Bürgerlichen Gesetzbuchs durch ausdrückliche Vereinbarungen geschaffen werden können.

§ 2. A. Geschichtliches.

Vor Darlegung der Regelung, welche die Mitbürgschaft im B. G. B. gefunden hat, soll das frühere Mitbürgschaftsrecht in seiner geschichtlichen Entwickelung in Deutschland, dabei besonders das Gemeine Recht[1]) in Kürze und möglichst unter Vermeidung kritischer Auseinandersetzungen dargestellt werden.

Diese Betrachtung hat zunächst ein gewisses historisches Interesse und bietet Gelegenheit zu interessanten Vergleichungen der verschiedenen, zeitlich auf einander folgenden und früher räumlich neben einander bestehenden Rechte Deutschlands.

Es ist auch gewiss an sich schon nicht uninteressant, in den positiven Gesetzgebungen diejenigen Normierungsformen der Mitbürgschaft zu suchen,

---

[1]) Von der gemeinrechtlichen Litteratur über die Mitbürgschaft erwähnen wir an älteren Arbeiten: Rückert, princ. iuris Romani de exceptione quem vocant divisionis (1852), Grotefend, de except. divisionis (1852), Dedekind, de except. divisionis disquisitiones (1853), sodann mit ausführlicher Quellenforschung Hasenbalg, Bürgschaft (1870) § 27, S. 466 ff. Kurze, aber doch eingehende Behandlung bei Windscheid, P. § 479, wo weitere Litteratur über Einzelfragen zu finden ist. Namentlich sind die beiden letztgenannten Autoren zu berücksichtigen, weil in ihren Darstellungen das Mitbürgschaftsrecht in fast allen Einzelfragen behandelt und zu einem gewissen Abschluss gelangt ist.

welche man sich logisch aus dem Begriff ableiten kann. Trotz alledem verdiente die Behandlung einer geschichtlichen Entwickelung, soweit dieselbe keinen direkten Ausläufer zum geltenden Recht gehabt hat, hier keine Stelle. Allein selbst die eingehendere Erörterung derjenigen Rechte, deren System praktisch für das B. G. B. nicht grundlegend geworden ist und der für sie aufgeworfenen Kontroversen ist auch noch aus mehreren anderen Gründen praktisch bedeutsam. Einmal kann gerade unter Berücksichtigung eines solchen Rechts die praktische Brauchbarkeit des neuen Systems unseres B. G. B. von einem weiteren Gesichtspunkt geprüft werden.[1]) Andererseits sind auch besonders wegen der dispositiven Natur der Gesetzesvorschriften, der Vertragsfreiheit der Parteien über das Mitbürgschaftsverhältnis jene Rechte immer noch als Typen für vertragliche Normierungen der besagten Rechtsverhältnisse von Bedeutung. Und die streitigen Punkte stellen eben noch jetzt verschiedene mögliche Variationen der Vereinbarungen dar.[2]) In einem späteren Abschnitt werden wir uns gerade mit Rücksicht hierauf auch noch mit der Frage zu beschäftigen haben, was in solchen Fällen gilt, wenn die Parteien, was sogar gewöhnlich vorkommen mag, nicht an die Ordnung solcher Punkte gedacht haben. Teilweise sogar wird man in diesen Rechten Fragen finden, die, wenn auch in anderer Form und in anderen Zusammenhängen, auch im heutigen Mitbürgschaftsrecht auftauchen können und häufig deren Entscheidungen in unser Recht geradezu übertragen können. Eines dieser Rechte ist ausserdem, mindestens für die Abfassung unseres Gesetzes und für die Motive desselben von Einfluss gewesen.

---

1) In § 6, 3 am Ende soll in dieser Hinsicht das gemeinrechtliche System und das des B. G. B. verglichen werden.

2) Vergl. unten § 6.

A. An die Spitze stellen wir das älteste, lehrreichste und bedeutsamste, das Römische Recht.

Die römische Rechtsentwickelung ging im Allgemeinen in einem dem Gläubiger ungünstigen Sinne vor sich, indem die Verpflichtung der Mitbürgen abgeschwächt wurde. Man ging von der gewiss richtigen Erwägung aus, dass es unbillig sei, wenn von mehreren Bürgen einem allein die ganze Schuldenlast aufgebürdet werden könne. Die billig erscheinende Ausgleichung unter den mehreren führte man aber, statt im Verhältnis der Mitbürgen unter einander, ebenso unkonsequent, als auch wieder in einer andern Beziehung unbillig, im Verhältnis zum Gläubiger und zu dessen Nachteil herbei. Sein Anspruch gegen Alle auf das Ganze wurde nämlich gegen jeden dem Rechte und später — minder radikal — wenigstens der Ausübung nach auf einen gleichen Anteil beschränkt.

Wir sehen dabei ab von einer in anderen Zusammenhang gehörigen, älteren lex Appuleia, die nur für mehrere sponsores und fidepromissores galt. Der durch sie geschaffene Rechtszustand war auch nur von sehr kurzer Dauer. Durch die bald erlassenen späteren Rechtssätze, insbesondere die lex Furia de sponsu, war sie für deren Geltungsbereich nach Ansicht der römischen Juristen aufgehoben.

I. Für die — bloss Römern und Latinen[1]) zugängliche — sponsio und für die fidepromissio — d. h. für die ältesten[2]) verbürgungs-

---

[1]) H. S. 6.

[2]) H. S. 19. Die fideiussio entstand erst geraume Zeit nach der fidesponsio und fidepromissio (H. S. 5), die lex Furia wurde wahrscheinlich die Veranlassung zur Entstehung der fideiussio, weil ihre für fidesponsio und fidepromissio getroffenen Bestimmungen den Ansprüchen des Verkehrs nicht entsprachen. (H. S. 18).

artigen Verträge[1]) in Stipulationsform[2]) bestimmte die — bloss für Italien[3]) geltende — lex Furia de sponsu gegen Ende der Republik[4]) in der einen[5]) ihrer Vorschriften: Bei Mehrheit der Bürgen solle mit Fälligkeit der Schuld ipso iure, d. h. ohne einen Verteilungsakt des Gläubigers die Verbindlichkeit in eine der Zahl aller überhaupt vorhandenen Mitbürgen entsprechende Anzahl gleicher Teile zerlegt sein.[6]) Jeder Mitbürge hatte also auch dann nur seinen Kopfteil zu leisten, wenn bei den anderen dem Gläubiger ein Ausfall entstand, so dass im Effekt thatsächlich bei Mehrheit der Bürgen die Sicherheit des Gläubigers geringer war, als bei Alleinbürgschaft eines Solventen für den ganzen Schuldbetrag.[7]) Im klassischen Recht musste der Gläubiger bei Meidung der Abweisung wegen pluspetitio (Zuvielforderung) die Klage gegen jeden Mitbürgen auf einen Kopfteil beschränken; andererseits tilgte natürlich die litiscontestatio (Prozesseröffnung) gegen einen die Ansprüche gegen die übrigen nicht.[8])

Anderen Mitbürgen, den confideiussores, half erst ein Reskript, dass die herrschende Ansicht dem Kaiser Hadrian, Andere seinem Nachfolger

---

[1]) Nach unseren heutigen wissenschaftlichen Begriffen keine Bürgschaften, weil sie keine Hauptschuld voraussetzen. (Vergl. H. S. 12—16.)

[2]) H. S. 4. Stipulation? s. § 1 Anm. 1 S. 2.

[3]) H. S. 18.

[4]) H. S 17, Anm. 19.

[5]) H. S. 17. Nach der anderen Bestimmung erlosch die Verbindlichkeit des fidesponsor zwei Jahre nach Eingehung der Verpflichtung.

[6]) H. S. 18 und 23.

[7]) H. S. 20.

[8]) H. S. 23.

Antoninus Pius[1]) zuschrieben und das als epistula Divi Hadriani bekannt ist. Die epistula verfuhr weniger radikal als die lex Furia. Sie galt zunächst für die fideiussio[2]) d. h. den Verbalkontrakt, der zum Einstehen für die Schuld eines Dritten verpflichtete und wohl auch für das mandatum qualificatum[3]) d. h. den Kreditauftrag, etwa im Sinne des § 778 B. G. B.[4])

Unbedenklich wurde die Vorschrift aber auch auf consponsores und confidepromissores in den Provinzen[5]) angewendet. Kaiser Justinian endlich dehnte es auch auf das constitutum debiti alieni d. h. das formlose Versprechen der Zahlung einer fremden Schuld[6]) aus.[7]) Der energischere Schutz der lex Furia für gewisse besondere Arten von Bürgen ist dann, wie billig, weggefallen[8]), der Unterschied überhaupt gänzlich beseitigt.

II. Der Zustand hatte sich danach im Gemeinen Recht folgendermassen gestellt:

1. Allen Mitbürgen[9]) steht die durch das Reskript geschaffene Rechtswohlthat der Teilung zu. Jeder der mehreren Bürgen für dieselbe Schuld

---

[1]) H. S. 467.

[2]) H. S. 466, § 1 Anm. 1 S. 4.

[3]) l. 3 C. (4. 18), l. 7 D. (27. 7), Windscheid, P. § 479 Anm. 2, T. 1.

[4]) Vergl. § 1 I. 9.

[5]) Für welche ja die lex Furia nicht galt. H. S. 469.

[6]) H. S. 745, 750 ff.

[7]) l. 3 C. (4. 18), H. S. 784.

[8]) Stillschweigend infolge der Vereinheitlichung des Rechts, die Justinian für die fideiussio vollendet hat.

[9]) Confidesponsio und confidepromissio sind in der confideiussio aufgegangen. Die »Wohlthat« steht nunmehr allen confideiussores, aber auch mehreren Constituenten und ausserdem noch mehreren Kreditmandatoren zu.

— im obigen Sinne — haftet zum Unterschied von der lex Furia, an sich für die ganze gemeinsame[1]) Schuld solidarisch[2]) mit den übrigen. Letzteres ist durchaus nicht ohne Bedeutung.

Alle werden befreit durch eine Erfüllung, datio in solutum, Hinterlegung, vollzogene Aufrechnung, welche letztere im Allgemeinen nur mit eigenen Gegenforderungen des betr. Bürgen zulässig ist, ebenso durch eine Novation und Quittung. Haben sie sich gemeinschaftlich durch einen Vertrag verpflichtet, so sind sie wahre Correalschuldner. Jeder kann dann auch mit Gegenforderungen des andern aufrechnen, wenn dieser sein »socius« (Gesellschafter) ist. Es wirken dann auch objektiv d. i. für alle noch folgende weitere Thatsachen: Erlass, Vergleich, wenn so gewollt, die Verjährungsunterbrechung, nach der herrschenden Ansicht auch Verschulden und Verzug, nach einigen endlich noch das aberkennende Urteil, das die Correalschuld überhaupt verneint. Einzelwirkend sind die anderen Thatbestände, namentlich subjektive Unmöglichkeit, Konfusion, Verjährung, deren Beginn, Ende und Hemmung[3]) u. s. w. Vermöge des zwischen den Mitbürgen eintretenden Gesamtschuldverhältnisses könnten nun an sich alle zusammen oder getrennt auf Teile oder das Ganze belangt werden.

Allein die Solidarhaftung ist gemildert. Jeder Bürge soll, trotzdem er an sich das Ganze schuldet, doch bloss bis zu einem bestimmten Anteil zur Erfüllung herangezogen werden können. Aus der Solidarität ergab sich im klassischen römischen

---

[1]) Gai III, 121, 133, l. 3 § 2 C. (8, 40) und § 4 J. (3, 20), Windscheid, P. § 479, S. 1 Anm. 1, Dernburg, § 81 I, S 1, S. 220.

[2]) Soweit eben die Schuldbeträge für alle sich decken. Notwendig ist dies ja nicht, da ein Bürge für die ganze, der andere für eine teilweise Schulderfüllung einstehen kann.

[3]) Windscheid, P. § 295.

Recht die unpraktische Konsequenz der Befreiung aller confideiussores durch litis contestatio mit einem.[1]) Das mandatum qualificatum ist mit diesem Mangel nicht behaftet und vielleicht gerade zwecks dessen Vermeidung eingeführt oder doch später verwendet worden. Wahrscheinlich wurde auch für die confideiussores selbst der Gesamtwirkung gewöhnlich durch Anwendung irgend eines Mittels vorgebeugt,[2]) das aber thatsächlich wegen der Abschaffung der Prozesskonsumtion oder doch ihrer hauptsächlichen Härten durch l. 28 C. (8, 24), sowie wegen der Interpolation und der Ausmerzung[3]) der bezüglichen Quellenstellen wohl nicht mehr mit voller Sicherheit zu ermitteln ist. Wohl geeignet für den besagten Zweck war die fideiussio indemnitatis[4])

Gemeinrechtlich wirkte, schon wegen der C. P. O. die litis contestatio überhaupt nicht mehr konsumierend und auch das Urteil bekanntlich nur mehr für die Parteien.

Noch im Gemeinen Recht praktisch war folgende weitere Konsequenz des angegebenen Grundprinzips der Solidarhaftung der Mitbürgen:

Leistet ein Mitbürge mehr als den auf ihn entfallenden Anteil, so hat er kein Rückforderungsrecht, weil er keine Nichtschuld bezahlt hat.[5]) Die allgemeine Bedeutung des beneficium divisionis ist ausser Zweifel. Soweit der Bürge auf mehr als seinen Anteil belangt wird, kann er,

---

1) Windscheid, P. § 479 Anm. 4, 10.

2) H. S. 503, Abs. 1 und Anm. 12. Keller, Litiscont. u. Urt. S. 569, 570, Girtanner Bürgsch. S. 100.

3) Aus der uns erhaltenen, juristischen Litteratur der Römer ist wohl kein sicherer Anhalt zur Entscheidung dieser Frage mehr zu erlangen.

4) Nach einer Ansicht (Geib) half man sich gegen den angeführten Missstand durch fideiussio indemnitatis.

5) Windscheid, P. § 479 Anm. 2 T. 3 und die dort Citierten.

wenn es ihm beliebt,[1]) mit Einrede der Teilung die Abweisung des Gläubigers mit seinem Anspruch gegen ihn herbeiführen. M. a. W. der angegriffene Bürge kann die Schulderfüllung insoweit verweigern;[2]) dem Gläubiger steht es nun frei, auf das Uebrige im Prozess je nach Belieben gleichzeitig oder später anteilsmässig die Mitbürgen des Beklagten zu belangen. In fast allen einzelnen Punkten aber ist die, übrigens nie völlig erschöpfend im Zusammenhang behandelte,[3]) Lehre vom beneficium divisionis in unerfreulichster Weise bestritten gewesen. Im Folgenden sollen einige der wesentlichsten Einzelfragen mit übersichtlicher logischer Gruppierung in möglichster Kürze zusammengestellt werden.

2. Wem steht die Rechtswohlthat d. h. das Recht event. Abweisung zu verlangen, zu? Hasenbalg[4]) will sie nur solchen Mitbürgen gewähren, die für die ganze Schuld verpflichtet sind. Habe einer die Zahlung nur eines Teils versprochen, so müsse er diesen eben unbedingt auch ganz leisten. Schlüssig dürfte die Beweisführung jedenfalls nicht sein.[5])

---

1) D. h. er ist dem Schuldner und Mitbürgen gegenüber zum Gebrauch der Einrede nicht verpflichtet.

2) Der Anspruch ist gehemmt.

3) Wir haben zwei annähernd vollständige Darstellungen von Hasenbalg und von Windscheid, wovon aber die erstere die letztere gar nicht und die letztere jene nur wenig berücksichtigt und würdigt. Nur einzelne ihrer Differenzpunkte sind seither wieder berührt worden.

4) S. 469.

5) Wenn der Bürge, der sich ohne Einschränkung für das Ganze verpflichtet hat, auch ohne dass an eine Teilung gedacht war, allein schon wegen der blossen Thatsache des Vorhandenseins von Mitbürgen nur für einen Teil haften soll, ist nicht recht einzusehen, warum bei Bürgen, die sich ohne Einschränkung für einen gewissen Schuldbetrag verpflichtet haben, nicht auch schon wegen der blossen Thatsache des Vorhandenseins von Mitbürgen bezüglich des sich deckenden, von allen geschuldeten geringsten Schuldteils, ebenso eine Teilung der Haftung unter die mehreren eintreten soll.

Kontrovers war sodann, ob die Wohlthat voraussetze, dass die Bürgen »gemeinschaftlich« eingetreten seien.[1]) Zur »Gemeinsamkeit« der Verbürgung wurde allerdings dann doch Gleichzeitigkeit der Verträge, formale Einheit und Ungeteiltheit des Aktes nicht erfordert. Die Gemeinsamkeit konnte anerkanntermassen durch nachträgliche Uebereinkunft des Gläubigers und der Bürgen[2]) herbeigeführt werden.

Man nahm es auch als völlig ausreichend an, wenn die einzelnen Bürgen im Vertrauen und in der Voraussetzung der Verbürgung Anderer eingetreten seien.[3]) Die das Erfordernis verneinende Ansicht war zuletzt die herrschende und ist auch die richtige.[4])

Die alte Ansicht wird hier besonders deshalb erwähnt, weil sie auf die Abfassung der Motive zum B. G. B. und des § 769 B. G. B. von Einfluss gewesen ist.

---

1) Für Gemeinsamkeit der Verbürgung als Erfordernis: Kritz Pand. I 1 122 ff., 178 ff., Seuffert, Pand. § 385 Note 17 u. Arch. VI S. 58 Note 2, III, 263, XIII, 27 u. XIV., 234.

2) Zwischen dem Gläubiger und dem Bürgen. Eine unter den Bürgen allein getroffene Abrede aber würde doch wohl die Rechtslage für den Gläubiger jedenfalls nicht ändern können. Ein selbst hervorgetretener, noch durch nichts gerechtfertigter Gedanke des Bürgen an einen möglichen späteren Eintritt anderer würde natürlich ebensowenig ausreichen.

3) Man forderte eine gewisse »Beziehung« der fideiussores. Vergl. die genauere Darstellung dieser älteren Ansichten bei H. S. 474—475, 477—478, Mot. II S. 666.

4) Gegen das Erfordernis: Seuffert, Arch. VI, 42, XI, 40, XXV, 25 n. 1, Dedekind, § 39, Girtanner, Bürgsch. S. 466 u. Arch. f. c. Pr. XLIII, S. 275 ff., Hasenbalg, S. 478, 479, Anm. 9, Liebe, Stipulation S. 224—226, obwohl dieser es für eine theoretische Inkonsequenz schon deshalb hält, weil die Bürgen, wenn nicht gemeinschaftlich eingetreten, nicht Korrealschuldner seien. Windscheid, P. a. a. O. Anm. 2, T. 2, Dernburg, P. a. a. O. (§ 81) II. 1 Abs. 2. S. 221.

3. Zwischen wem wird nun aber geteilt? Auf welche Mitbürgen kann der angegriffene Bürge den Gläubiger verweisen? Nicht herangezogen werden nach Hasenbalg[1]) auch wieder die Bürgen, welche für die Schuld nur zu einem Teil verpflichtet sind, denn sie seien keine »confideiussores!« Nach Hasenbalg werden dagegen berücksichtigt alle Bürgen für dieselbe Schuld, in obigem Sinn, einerlei ob gemeinschaftlich eingetreten oder nicht, soweit der Gläubiger von ihnen in dem für die Teilung entscheidenden Moment Befriedigung erlangen kann.[2]) Wenn also ein Bürge im entscheidenden Augenblick nicht mehr vorhanden[3]) bezw. nicht mehr oder nur klaglos verpflichtet ist, oder wenn ihm eine peremtorische oder auch nur eine dilatorische Einrede[4]) zu Gebote steht, ist er nicht mitzurechnen, ja selbst dann nicht, wenn der Gläubiger selbst ihn befreit hatte.[5])

Nach Windscheid hingegen muss sogar ein Mitbürge, dessen Verpflichtung ungültig ist, bei der Berechnung dann doch berücksichtigt werden, wenn nur der in Anspruch genommene Mitbürge guten Grund hatte, auf die Gültigkeit von dessen Verpflichtung sich zu verlassen! [6]) Dies sei der Fall,

---

1) S. 469.

2) H. S. 486.

3) H. S. 486.

4) H. S. 487. Dernburg, P. a. a. O. (§ 81) II 1 Abs 3: Wenn die Verpflichtung der anderen Bürgen nichtig oder anfechtbar sei, trete keine Teilung ein.

5) H. S. 487. Um so unbilliger, als H. solchenfalls den Mitbürgen für den Teil des befreiten Genossen nicht einmal die exceptio cedendarum actionum gewähren will, selbst dann nicht, wenn sie infolge der Insolvenz des Schuldners keine Aussicht auf Ersatz haben! Denn der Gläubiger sei ihnen zur Bewahrung seiner Ansprüche nicht verpflichtet! Ueber die gen. exc. unten § 8.

6) Windscheid, P. a. a. O. Anm. 7 und Text dazu. Ebenso wie er Brinz, P. 2. 190 Anm. 7, Goldschmidt, Jahrb. f. Dogm., XXVI S. 354 ff., 370 ff. W. folgert dies aus l. 48

wenn der belangte zugleich oder nach dem betreffenden Bürgen eintrat und sich über die Gültigkeit von dessen Verpflichtung in entschuldbarem Irrtum befand.

Nach Windscheid sind ferner auch Nichteingetretene, deren Eintritt der Gläubiger zugesichert hatte, mitzurechnen.[1]) In beiden letzteren Punkten widerspricht Dernburg.[2]) Auch kann besonders der Gläubiger durch Befreiung eines Mitbürgen einem andern sein beneficium divisionis nicht verkümmern.[3]) Letzterem schliesst sich Dernburg, jedoch nur für das Gemeine, nicht für das Römische Recht,[4]) an. Diese Entscheidung entspricht der Natur der Sache, jedenfalls für das Gemeine Recht. Nach Hasenbalg müssen die Mitbürgen ausserdem zur Teilungszeit zahlungs-

---

D (46, 1). Andere Erklärungen der Stelle s. bei Girtanner, Bürgschaft S. 462 ff., Arch. f. civ. Pr. XLIII, S. 281, Dedekind, p. 123 sqq. H. S. 507 ff. u. Citierte, Dernburg, P. II. § 81 Anm. 6, Goldschmidt, a. a. O.

1) Windscheid, a. a. O. Anm. 1, T. 1, a. E., Anm. 7, T. 2, Goldschmidt an der in der vor. Anm. angegebenen Stelle.

2) Vergl. auch Girtanner, Bürgsch. S. 462 u. Arch. f. civ. Pr. XLIII. S. 286. Dagegen bemerkt Dernburg, P. § 81 II. 1 Abs. 3, S. 221: Die Meinung und das Vertrauen des Bürgen, dass er Mitbürgen und infolgedessen die Rechtswohlthat habe, könne deren objektives Rechtsfundament nicht ersetzen. Die Billigkeit spricht aber vielleicht mehr für Windscheid und Goldschmidt.

3) Dernburg, P. a. a. O. § 81 II. 1. Abs. 4. S. 2 S. 222, Windscheid, P. a. a. O. Anmerkung 7. T. 2. Die praktische Bedeutung der Streitfrage und hiermit zugleich das Gewicht des von Dernburg angeführten Billigkeitsarguments wird wesentlich dadurch gemindert, dass für den Anteil des befreiten Mitbürgen die übrigen, besonders in den Fällen, in denen sie vom Schuldner Ersatz nicht erlangen könnten, gegen den Gläubiger mit Erfolg die exceptio cedendarum actionum gebrauchen würden. Vergl. § 8.

4) Dernburg a. a. O. Vergl. l. 15 § 1 D. (46, 1), Goldschmidt a. a. O. S. 365 ff.

fähig[1]) sein bezw. es muss entweder von ihnen selbst oder aus den für sie bestellten Pfändern, Bürgschaften u. s. w. Befriedigung zu erlangen sein,[2]) ausserdem darf ihre Belangung nicht durch Abwesenheit ausserhalb des Richtersprengels (Oberlandesgerichtsbezirks) oder aus anderen Gründen dem Gläubiger wesentlich beschwerlicher sein, als die Belangung des in Anspruch genommenen Bürgen selbst.[3]) Dieser Ansicht stimmt im Wesentlichen Dernburg[4]) zu. Die Beweislast bezüglich der Zahlungsfähigkeit, Anwesenheit trifft im Prozess den Bürgen[5]); die Berücksichtigung von Mitbürgen, deren Zahlungsfähigkeit bestritten und unerwiesen ist, bei der Anteilsbestimmung kann der Bürge dann verlangen, wenn er Sicherheit dafür leistet, dass der Gläubiger bei ihnen seine Befriedigung finden werde.[6]) In Anbetracht aber der Misslichkeit eines Beweises über Solvenz Anderer war praktisch wohl allein annehmbar die Meinung Dernburgs[7]) wonach der Bürge überhaupt stets die genannte Sicherheit leisten musste, wenn er die Teilung bezüglich eines Mitbürgen begehrte, dessen Solvenz bestritten und nicht notorisch war.

---

1) H. S. 491.

2) H. S. 492 Mitte.

3) Ueber den Fall der Abwesenheit und ähnlicher Umstände: H. S. 490—491.

4) Dernburg, P. a. a. O. § 81 II. 1. Abs. 6, b, Anm. 12, S. 223 unter Anführung der l. 10 pr. D. (46, 1).

5) Windscheid, P. a. a. O. Anmerkung 3, dass es sich um eine eigentliche Einrede handle: Seufferts Arch. V, 297 XXV, 25 n. V, A. M.: XIII, 95.

6) H. S. 491 ff. Durch solche Sicherheitsleistung ist ja der Gläubiger nicht nur für die ganze Schuld gedeckt, sondern der betr. Mitbürge, für den die Sicherheit geleistet ist, ist nun jedenfalls nachträglich auch im wirklichen Sinne solvent geworden.

7) Dernburg, P. a. a. O. § 81 II. 1. Abs. 5 u. Anm. 9, S. 222.

In mehreren Einzelheiten weicht die Ansicht von Windscheid hier wieder ab. Nach ihr bleiben nur die Insolventen bei der Verteilung ausser Betracht, nicht auch die, deren Belangung schwieriger ist.[1]) Der in den Quellen erwähnten Schwierigkeit der Belangung wegen Abwesenheit und ähnlicher Umstände misst Windscheid im Mitbürgschaftsrecht vielmehr eine ganz andere Bedeutung zu. Er stellt auf,[2]) gewöhnlich könne der belangte Mitbürge vom Gläubiger mittels Einrede Vorausklage gegen die übrigen verlangen, wenn er für die anteilige Befriedigung des Gläubigers durch diese Sicherheit leiste. Trotzdem also doch alle Mitbürgen bezüglich ihrer Verpflichtung offenbar auf völlig gleicher Stufe stehen, soll einer Vorausklage gegen die übrigen gewöhnlich verlangen können, sodass dann diese ihre Anteile zahlen müssen, bevor er noch selbst seinen eigenen zahlt! Die Abwesenheit u. s. w. sei nun ein Ausschliessungsgrund dieser regelmässigen Befugnis des Bürgen. Wie die gegnerische, wird auch diese eigenartige Ansicht auf Quellenaussprüche gestützt,[3]) welche aber ungezwungen auch in dem anderen Sinn verstanden werden können, den ihnen u. A. Hasenbalg beilegt.

Die Ansicht Hasenbalg's, wonach auch auf die abwesenden u. s. w. nicht verwiesen werden könne, war in Theorie und Praxis thatsächlich die herrschende[4]) und verdient auch schon aus Zweckmässigkeits- und Billigkeitsgründen offenbar den Vor-

---

[1]) Windscheid, P. a. a. O. 1 a: Bloss Solvenz sei vorausgesetzt, bei Anm. 4 und 6: Die Teilungseinrede werde durch grössere Schwierigkeit der Belangung nicht beeinträchtigt. Ebenso Dedekind, § 45. Man beruft sich auf l. 10 pr. D. 46. 1.

[2]) Vergl. vorige Note.

[3]) Windscheid, P. a. a. O. Anm. 4 und 5.

[4]) II. 491, Dernburg, a. a. O. Anm. 6, S. 3, Seufferts Arch. XXV. 25 n. IV u. XXIII, 28.

zug.[1]) Nach Windscheid sollen bei der Berechnung die Bürgen nicht berücksichtigt werden, von denen der Gläubiger nur infolge nachlässiger Beitreibung seiner Forderung Befriedigung nicht zu erlangen vermag, während Hasenbalg eine Pflicht des Gläubigers zu sorgsamer Beitreibung in diesem Sinn, wieder ausdrücklich bestreitet.[2]) Hier ist die der Billigkeit entsprechende Meinung Windscheid's vorzuziehen.[3]) Zu beachten ist endlich noch, dass ein Mitbürge, soweit er einen andern beerbt hat, bei der Berechnung nochmals in Ansatz kommt, d. h. den Teil des Erblassers mit trägt.[4])

4. Welche Schuldsumme wird nun geteilt und nach welchem Massstabe wird sie geteilt? Hier ist nun für Streit kein Raum. Geteilt wird die zur Zeit der Teilung noch bestehende gemeinsame Schuld. Wird ein Mitbürge, der schon etwas geleistet hat, herangezogen, so muss ihm seine Leistung angerechnet werden.[5]) Kalkulatorisch geschieht dies dadurch, dass die frühere Leistung zunächst zur Teilungssumme hinzugerechnet, vom Ganzen dann die Kopfteile gebildet werden und vom Kopfteil des Betreffenden dann seine frühere Leistung in Abzug kommt.

5. Der zur Verteilung zu bringende gemeinsame Schuldbetrag ist veränderlich; er kann sich besonders z. B. durch Teilerfüllung mindern. Ebenso können

---

[1]) Der Bürge soll, das ist der Gedanke des Gesetzes, nicht auf solche Mitbürgen verweisen können, von denen nichts oder nur schwer etwas zu erlangen ist. Die dem Bürgen gewährte Rechtswohlthat darf billigerweise den Gläubiger nicht allzu erheblich benachteiligen.

[2]) Der Gläubiger ist aber schon aus allgemeinen Gründen für den Schaden verantwortlich, den er solchenfalls durch seine Nachlässigkeit dem Bürgen zufügt.

[3]) Windscheid, P. a. a. O. a. E. bei Anm. 11.

[4]) H. S. 471.

[5]) H. S. 494.

für die Mitbürgen die Umstände wegfallen oder sich ergeben, von denen es abhängt, ob sie zur teilweisen Schulderfüllung heranziehbar sind oder nicht, so ihre unmittelbare Leistungspflicht, Zahlungsfähigkeit, Anwesenheit u. s. w. Es ist daher als Vorfrage die oben einstweilen gelassene Frage zu erledigen, welcher Zeitpunkt als Teilungsmoment zugrunde zu legen ist, wann sich die Teilung vollzieht. Ferner ist damit untrennbar zusammenhängend zu untersuchen, ob die Teilungen bloss als provisorische oder als definitive wirken. Es ist m. a. W. zu prüfen, ob Mitbürgen, die bereits einmal anteilig herangezogen sind, den Mehrbetrag nachleisten müssen, der sich nach einer späteren Berechnung ihres Anteils ergäbe, wenn der zu verteilende Schuldbetrag und die Zahl der heranzuziehenden Mitbürgen eine andere geworden ist; desgleichen ist festzustellen, ob die Mitbürgen dann, wenn andere, früher insolvente, solvent werden, eine neue günstigere Verteilung für sich verlangen können, was praktisch wird, wenn sie die ihnen früher auferlegten Quoten noch nicht völlig bezahlt haben. Ueber die Antworten auf diese Fragen ist man durchaus nicht einig; man kann drei Systeme unterscheiden.

a. Nach einer älteren Ansicht, namentlich von Thibaut[1]) und, später etwas modifiziert, von Mühlenbruch[2]) vertreten, giebt es überhaupt keine definitive Teilung. Bis zur völligen Befriedigung kann der Gläubiger für jeden neuen Ausfall immer wieder die Mitbürgen, allerdings aber jedesmal doch bloss anteilsmässig, heranziehen. Andererseits mindern sich die noch nicht bezahlten Anteilsquoten eines jeden Bürgen von selbst, wenn weitere Bürgen heranziehbar werden. Diese Ansicht ent-

---

1) Thibaut, System § 953. H. S. 496 ff. bes. 507—513.
2) Mühlenbruch, doct. Pand. § 595 a. E.

spricht am meisten der Billigkeit und würde die Härte des beneficium divisionis dem Gläubiger gegenüber am besten mildern. Wenn sie nun aber die Mitbürgen dabei stärker belastet, so liegt darin zwar durchaus keine Unbilligkeit, widerspricht jedoch dem Zweck der »Wohlthat.« Wegen des letzteren Umstandes und auf Grund der positiven Aussprüche der richtig verstandenen Quellen muss sie als unhaltbar bezeichnet werden.

Die herrschende Ansicht, namentlich durch von Wening-Ingenheim,[1] Girtanner,[2] Hasenbalg,[3] Arndts,[4] Windscheid[5] und vielen Anderen vertreten, war denn auch stets für definitive Wirkung der Teilung. Auch die Praxis hat diesen Standpunkt eingenommen und nie verlassen.

Jedoch bestehen unter den Anhängern der letzteren Ansicht wieder mannigfache Streitpunkte. Es lassen sich zwei, allerdings nicht in allen Einzelheiten und bewusst gegensätzlich herausgearbeitete Systeme erkennen; das von Hasenbalg und das von Windscheid.

b. Nach der Theorie Hasenbalgs soll, wenn auf die Teilungseinrede des vom Gläubiger zuerst verklagten[6] Mitbürgen der Richter die Teilung ausspricht, eine endgiltige Herabsetzung und Fixierung der Schuld für alle Mitbürgen eintreten, welche bei der Berechnung berücksichtigt[7] worden sind; der Gläubiger kann also einen Ausfall, wenn er demnächst einen solchen bei einem

---

[1]) Ztschr. f. Civilr. u. Proz. IV. S. 382 ff.

[2]) S. 458.

[3]) S. 496 ff.

[4]) Pand. § 215.

[5]) P. a. a. O. Anm. 10 und Text dazu, H. S. 495 ff. u. die dort Citierten, Dedekind S. 94 ff. und A.

[6]) H. S. 496.

[7]) H. S. 496, 506. Entscheidend ist der Moment der litis contestatio mit dem zuerst verklagten Bürgen für alle.

der berücksichtigten Bürgen erleidet, nur noch von den nicht berücksichtigten eintreiben bezw. zutreffendenfalls unter sie in der gleichen Weise verteilen.[1])

c. Die Ansicht von Windscheid, in den hervorgehobenen drei Punkten diametral entgegengesetzt, geht dahin, die Teilung sei stets nur für den Mitbürgen definitiv, dem gegenüber sie erfolge; [2]) sie erfolge aber nicht nur in jedem Prozesse gegen irgend einen der Mitbürgen [3]) auf dessen Teilungseinrede, und zwar hier kraft Gesetzes,[4]) sondern auch besonders, sobald der Gläubiger aussergerichtlich von einem Mitbürgen Leistungen angenommen habe, die dessen für diesen Moment ermittelten Anteil erreichen oder übersteigen.[5])

Letztere Meinung ist gewissermassen eine Mittelmeinung zwischen den Lehren Thibaut's und Hasenbalg's. Sie trägt den späteren Aenderungen der Sachlage noch Rechnung.[6])

d. Nach jeder der genannten Theorien ist der Betrag der von einem Bürgen vorher gemachten Leistung natürlich zu berücksichtigen.[7])

---

1) S. 506 und S. 486.

2) Windscheid, P. a. a. O. Anm. 10, T. 2: Die Teilung sei für die nicht verklagten und nicht verurteilten Bürgen nicht definitiv.

3) Vergl. vorige Note.

4) Windscheid, P. a. a. O. Anm. 10, T. 1 — Zwischensatz —: Die Teilung erfolge »kraft Gesetzes.«

5) Windscheid, P. a. a. O. Anm. 10, T. 1, an zweiter Stelle.

6) Für diejenigen Bürgen, denen gegenüber bereits geteilt war, stehen die Teile fest, nur für die übrigen sind die Quoten neu zu bilden, wenn solvente insolvent und insolvente solvent werden, und zwar wird natürlich der noch nicht fest verteilte Schuldrest unter die Bürgen, deren Teile noch nicht definitiv bestimmt sind, verteilt.

7) Windscheid, P. a. a. O. Anm. 10, T. 1, an zweiter Stelle ad. l. 51, § 1, D. (46. 1), verbo »Rest.«

6. Zu einer unanfechtbaren Lösung aller Streitfragen konnten bisher und können überhaupt, wie man leicht einsieht, weder die unklaren, streitigen und ganz unzulänglichen Quellenaussprüche,[1]) noch etwaige — selbst zweifelsfreie — Entscheidungen über die heutige oder damalige Zweckmässigkeit einer Regelung [2]) noch endlich Erwägungen über die normalen Parteiabsichten führen; letztere deshalb nicht, weil die Parteien noch weniger als der Gesetzgeber an solche Einzelheiten und überhaupt meist nicht einmal an das Recht auf Teilung überhaupt gedacht haben werden und weil ausserdem auch die positive gesetzliche Teilungswohlthat überhaupt nicht auf einem vermuteten Parteiwillen beruht. Eine herrschende Ansicht aber hat sich weder in der Litteratur, noch in der Praxis, die selten solche verwickelte Fälle zu entscheiden hatte, gebildet.

Der Billigkeit und Zweckmässigkeit, sowie, wenn man will, der »normalen Parteiabsicht« scheint es mir zu entsprechen, dass ein Mitbürge, wenn die Leistung seines derzeitigen Anteils vom Gläubiger angenommen wird, frei sei. Ebenso, dass bei später eintretenden Insolvenzen oder Solvenzen eine neue ungünstigere oder günstigere Teilung der Schuld unter die schon bei einer Teilung berücksichtigten Bürgen, soweit als möglich stattfinde. Es entspricht ferner wohl auch mehr der Rechtskonsequenz, anzunehmen, dass die gerichtliche Teilung der Schuld nur für die Parteien wirkt,[3]) für welche sie vorgenommen wird und keinen Einfluss auf das Verhältnis unbeteiligter dritter Bürgen zum Gläubiger nehme; ebenso

[1]) S. dieselben bei H. u. Windscheid, P. a. a. O. O. Einige derselben haben wir erwähnt.

[2]) Das Gesetz trifft eben nicht immer das Zweckmässige.

[3]) Das Urteil wirkt nur inter partes.

erscheint die Befreiung des Bürgen durch freiwillige Leistung seines Anteils gleichfalls wohl rechtlich konsequenter. Aus diesen Gründen gebührt dem System Windscheid's, wie es dargestellt ist, als dem mit dem Geiste des Pandektenrechts in besserem logischem Zusammenhang stehenden, durchaus der Vorzug vor dem früher von Hasenbalg aufgestellten.

Freilich soll nicht verkannt werden, dass das System Hasenbalg das von Windscheid an Einfachheit übertrifft und weniger als das von Windscheid geeignet ist, Komplikationen hervorzurufen.[1])

7. Die Rechtswohlthat der Teilung kann ausgeschlossen sein.[2]) Sie steht zunächst dem Mitbürgen nicht zu, der auf dieselbe verzichtet hat. Der Verzicht kann auch allgemein geschehen.[3]) Von der herrschenden Ansicht: von Hasenbalg,[4]) Windscheid[5]) und Dernburg[6]) wird angenommen, dass ein solcher Verzicht in der Verbürgung »als Selbstschuldner« liege. Auch in der Verbürgung als »Gesammtschuldner« in der solidarischen Verbürgung wird oft ein Verzicht gefunden. Doch ist diese letztere Ansicht nicht unbestritten[7]) und

---

1) Es findet für die Schuld nur eine Teilung statt; dieselbe ist endgültig; bisweilen können neue Teilungen von Ausfällen nötig werden, aber auch diese sind dann sogleich endgültig.

2) Die Teilungseinrede beruht auf einer zufälligen, positiven Gesetzesvorschrift dispositiver Natur. Sie ist keineswegs in der Weise Begriffsmerkmal, dass sie allen Confideiussoren notwendig zustehen müsste. Vergl. H. S. 514 ff.

3) Windscheid, P. a. a. O. Anm. 7a, 8 u. 9 und die dort Citierten.

4) S. 514.

5) P. a. a. O. Anm. 7a. Vergl. auch Seufferts Archiv XI, n. 40.

6) P. a. a. O. II. 1. Abs. 6, c. S. 223.

7) So Seufferts Arch. XIII, n. 134. XXV, n. 25 n. III. unter Berufung auf Nov. 99 c. 1.

auch nicht unbestreitbar.[1]) Eine stillschweigende Verzichtleistung ist anzunehmen, wenn für eine unteilbare Leistung eingestanden wird.[2])

Der Verzicht schliesst die Teilung wohl auch rücksichtlich künftig eintretender Bürgen aus. Er bezieht sich also nicht nur auf die schon vorhandenen Bürgen.[3]) Bestritten ist die gemeinrechtliche Geltung der Bestimmung, wonach der Mitbürge, der bei der Einlassung auf die Klage böslich leugnet, sich als fideiussor verpflichtet zu haben, insoweit zur Strafe seine Teilungseinrede einbüsst.[4])

Zufolge einer singulären Bestimmung sollen ferner confideiussores, die ein Vormund seinem Mündel giebt, gegen die Klage des Pupillen selbst die Teilungseinrede nicht haben.[5])

Für handelsrechtliche Bürgschaften war das beneficium divisionis durch a. 281, Abs. 1 Hgb. beseitigt.[6])

---

1) Denn ein Gesamtschuldner, der — genau wie seine Genossen — das Ganze schuldet, kann logisch ja doch sehr wohl durch eine Einrede in der Weise geschützt sein, dass er bloss einen Teil zu erfüllen braucht. Ja, dies ist ja sogar für Correalschuldner nach Nov. 99 das Gewöhnliche; daher ist es keineswegs nötig die Verbürgung als »Gesamtschuldner« als Verzicht auf das benefic. auszulegen.

2) H. S. 495. Die mehrfache Verbürgung kann hier vernünftigerweise gar keinen andern Sinn haben; sonst brauchte, da ein Teil nicht geleistet werden kann, keiner etwas zu leisten.

3) Der Bürge, der auf die Einrede verzichtet hat, kann auch nicht verlangen, dass die Klage zwischen ihm und den später eingetretenen Bürgen geteilt werde.

4) l. 10 § 1. D. (46, 1). Gegen die gemeinrechtliche Geltung: Seufferts Archiv XVII, n. 37; weil die Privatstrafen ausser Geltung gekommen und weil l. 10 § 1. D. h. t. infolge Nov. 99 antiquiert sei; dafür jedoch Seufferts Arch. XXXV, n. 122, Windscheid, P. a. a. O. bei Anm. 8.

5) l. 12. D. (46, 1). Windscheid a. a. O. Anm. 9, § 444, Anm. 2 und Text und Citierte.

6) Hgb. a. 281, Abs. 1.

8. Damit der Mitbürge nicht durch Verzögerung der Inanspruchnahme der Mitbürgen seitens des Gläubigers infolge eintretender Insolvenzen seine Rechtswohlthat verliere, gewährte ihm das Gemeine Recht schon seit den Glossatoren aus Missverständnis der l. 28 D. (46, 1)[1]) die sogen. provocatis ex lege si contendat.[2]) Diese eigentümliche Klage gegen den Gläubiger war darauf gerichtet, dass dieser seinen Anspruch einklage[3]) und galt als interessanter Musterfall indirekten Zwangs zur klageweisen Rechtsverfolgung. Es wurde gestritten, ob der Bürge mit ihr verlangen konnte, dass der Gläubiger die Mitbürgen[4]) oder dass er den Provokanten selbst[5]) verklage, damit ihn dieser noch erst mittels exceptio divisionis an die Mitbürgen verweise. Letztere, gewiss zunächst sonderbar erscheinende Ansicht billigt Hasenbalg,[6]) weil der Kläger kraft seines obligatorischen Verhältnisses zum Gläubiger doch nicht zum Angriff gegen einen unbeteiligten Dritten zwingen könne. Mit dem fraglichen Rechtsbefehl soll jedoch gar nicht ein Zwang zur Klage auf den Gläubiger ausgeübt, sondern nur im Verhältnis von Gläubiger und Provokanten durch Urteil festgelegt werden, dass Letzterem die Teilungseinrede gegen eine spätere Klage ungeachtet der nachträglich eintretenden Insolvenzen so zustehen solle, als ob jetzt gegen ihn geklagt sei.[7])

Das Einführungsgesetz zur Civilprozessordnung

---

1) H. S. 627 § 30.

2) H. S. 627—631 § 30. Windscheid, P. a. a. O. Anm. 117, 2. S. 731.

3) H. S. 628.

4) Martin und Heimbach an den bei H. S. 629 f. angegebenen Orten.

5) So Windscheid, P. a. a. O. Anm. 11 T. 2. S. 731, Bayer, summar. Prozesse § 58, Wetzell, Civilproz. (3), S. 111 ff., H. S. 627 ff.

6) H. S. 630.

7) H. S 628.

§ 14 und diese selbst hatten zweifellos die Provokation beseitigt.[1])

Die C. P. O. hatte jedoch einen passenden Ersatz für dieselbe nicht geschaffen, namentlich auch nicht mit der Feststellungsklage.[2]) Dass nun seither für den Bürgen statt durch Provokationsklage schon durch blosse einfache Aufforderung des Gläubigers die Teilungswohlthat gegen Beeinträchtigung durch spätere Insolvenzen hätte geschützt werden können, darf wohl kaum angenommen werden.[3])

9. Von den modernen Gesetzgebungen lehnt sich der Code Napoléon mit seinen Bestimmungen über die Mitbürgschaft[4]) am engsten an das Römische Recht an. Alle Begriffsmerkmale einer solidarischen[5]) oder Gesamtschuld, wenigstens im Sinne der gemeinrechtlichen Wissenschaft liegen für die Mitbürgenobligationen vor.[6]) Freilich ist es streitig,

1) E. G. z. C. P. O. § 14. Vergl. Dernburg, P. a. a. O. § 81, Anm. 10, S. 223.

2) Vergl. Dernburg a. a. O. Denn selbst angenommen, dass eine Feststellung darüber zulässig ist, wie viel der jetzige Anteil des Bürgen betragen würde und darüber, dass der Gläubiger trotz Aufforderung sich weigert, die Anteile von allen jetzt einzutreiben, würde diese Feststellung doch nur diese erheblichen Thatsachen für den etwaigen späteren Rechtsstreit unter den Parteien ausser Zweifel setzen, wie es jedes andere Beweismittel event. auch vermöchte. Der Beweis einer fruchtlosen Aufforderung des Bürgen an den Gläubiger, die Anteile einzutreiben, genügt aber nicht, wenn die Aufforderung nicht in der Form der Provokation geschah, um den Anteil definitiv festzulegen.

3) Die Provokation bestand nie als blosse Form für eine Aufforderung, die diese Wirkung haben sollte. Es ist also durch § 14 cit. nicht bloss eine Form beseitigt, so dass jetzt formlose Aufforderung dieselbe Wirkung hätte, wie die frühere formelle Provokation, sondern die Provokation selbst mit ihren Wirkungen ist der C. P. O. fremd gewesen.

4) C. c. a. 2025—2027.

5) Vergl. Zachariae-Crome, Fr, C. R. § 278 II über die Solidarobligationen.

6) Wenn man für das französische Recht den gemeinrechtlichen und wissenschaftlichen Gesamtschuldbegriff auf-

ob eine eigentliche Solidarobligation im Sinne des französischen Rechtes oder bloss eine Obligation auf das Ganze vorliege,[1]) besonders weil nur Obligationen aus gemeinsamem Akt als Solidarobligationen bezeichnet werden. Für erstere Ansicht tritt Troplong[2]) ein, freilich indem er zugiebt, dass doch nicht alle Sätze, die sonst von gewöhnlichen Solidarschulden gelten, auf die Mitbürgenobligationen anwendbar seien. Besonders hervorgehoben wird gewöhnlich, namentlich von den Gegnern der Solidarität, dass die Verjährungsunterbrechung gegen einen Mitbürgen nicht gegen die Anderen wirke.[3]) Allein dieser Unterschied ist doch geringfügig; der positive Satz von der Gesamtwirkung der Verjährungsunterbrechung bei Solidarschulden steht doch mit dem

---

stellen will. Ob sich nach der französischen Gesetzgebung die Aufstellung dieser Kategorie empfiehlt, kann hier nicht so nebenbei untersucht werden. Die französische Litteratur scheint über den Begriff nicht im Klaren. Vergl. Zachariae-Crome, fr. C. R. § 278, S. 226, 227, Abs. 2 und Anm. 4 und S. 232 Anm. 17a und die in der cit. Anm. 4 angegebene Litteratur. Z.-Cr. selbst charakterisiert in Uebereinstimmung mit den meisten französischen Schriftstellern die Solidarschuld als Mehrheit der Schuldner, von denen jeder hafte, als ob er der einzige wäre, bei Einheit der Schuld der Entstehung nach und bei Einheit der Erfüllung. Er spricht auch von subjektiv mehrfacher Obligation, bei der der Gläubiger die Wahl unter den Verpflichteten habe.

1) Zachariae-Crome, Fr. C. R. (8) II, § 405, S. 728, Anm. 14, 1. Punkt spricht sich folgendermassen aus: Ein jeder Bürge sei »nicht debitor in solidum, sondern nur in totum.« Die Verbindlichkeit sei eine »obligatio individua solutione ex lege.« Dies scheint die überwiegende Ansicht in der französischen Litteratur in der That zu sein. Vergl. die von Z.-Cr. a. a. O. Anm. 14 Citierten.

2) An dem bei Zachariae-Crome angeführten Ort.

3) Darüber scheint kein Streit zu herrschen. Vergl. Delvincourt ad. a. 2025, Aubry-Rau IV, § 426 n. 20, Laurent, principes (28) n. 220, Troplong, Pont, Guillouard an den von Zachariae-Crome a. a. O. angeführten Stellen, Z.-Cr. selbst Anm. 14. 2. Punkt.

Begriff der letzteren nicht in untrennbarem Zusammenhang. Die Fragen, ob Verschulden und Verzug eines Mitbürgen für die Obligationen aller »perpetuatio« bewirke und ob alle für die Verzugszinsen haften, wie es bei Solidarschuldnern der Fall ist,[1]) sind nicht untersucht, dürften aber billigerweise zu verneinen sein. Die weiteren Rechtssätze der Solidarobligation, dass jeder diejenigen Einreden des anderen habe, die sich nicht aus rein persönlichen Gründen ergeben, sondern die Natur der Schuld oder die Beschaffenheit der Schuldurkunde betreffen und dass jeder den Titel anfechten könne, auf dem die gemeinsame Schuld beruht, können naturgemäss bloss auf gemeinschaftlich eingetretene Mitbürgen angewandt werden. Im Uebrigen gelten die Sätze der Solidarschuld. Der Erlass wirkt, je nach der Absicht in personam oder objektiv. Die Zahlung und Compensation wirkt für alle Mitbürgen. Der Gläubiger kann jeden Bürgen einzeln oder zugleich mit den andern an sich auf das Ganze oder einen Teil in Anspruch nehmen, freilich soweit nicht die Teilungswohlthat entgegensteht.

Das Recht des Code civil nähert sich bezüglich des beneficium divisionis am meisten dem System Windscheid's. Die Teilung geschieht im Prozess durch Richterspruch,[2]) so dass spätere Zahlungsunfähigkeit eines Bürgen nicht mehr schadet, aber auch durch Anstellung der Klage auf einen Teil[3]) oder Annahme des Teils durch den Gläubiger[4]) so, dass derselbe nicht wieder von der Teilung abgehen kann, auch wenn schon vorher einige Mitbürgen zahlungsunfähig gewesen wären.

---

1) Zachariae-Crome § 278 II.

2) Zachariae-Crome a. a. O. S. 728 unter 1, Text bei Anm. 15.

3) Zachariae-Crome a. a. O. S. 728 unter 2, Text zu Anm. 17 c. C. a. 2027.

4) Zachariae-Crome ebenda.

Der Mitbürge hat grundsätzlich die Teilungseinrede in dem unter 1 am Ende besprochenen Sinn [1]) und kann sie in jedem Prozessstadium geltend machen, soweit nicht das Prozessrecht es verbietet [2]) oder Verzicht anzunehmen [3]) ist.

Er kann auch auf den im Ausland sich aufhaltenden Mitbürgen,[4]) jedoch nicht auf den verwiesen werden, der sich an unbekannten Ort entfernt und Vermögen nicht zurückgelassen hat.[5])

Gewöhnlich wird auf die Teilungseinrede verzichtet,[6]) was ausdrücklich oder stillschweigend [7]) — natürlich auch im Voraus [8]) — geschehen kann. Die französische Praxis und Theorie neigt dazu, oft aus den Umständen des Falls auf Verzicht zu schliessen. Ein Verzicht wird namentlich z. B. bei der Verbürgung in solidum mit dem Hauptschuldner oder mit den Mitbürgen angenommen. [9])

B. Abweichend vom Römischen Recht war die Mitbürgschaft in den übrigen modernen Gesetzgebungen Deutschland's geregelt. Besonders sind die letzteren dem beneficium divisionis, in dem mit vollem Recht eine unbillige Benachteiligung des Gläubigers und eine begriffswidrige Abschwächung der Mitbürgschaft erblickt wurde, durchweg abgeneigt. Das Römische Recht ist daher für die moderne gesetzliche Entwickelung des Mitbürgschaftsrechts bis zum B. G. B. fast ohne Bedeutung geblieben.

---

1) Zachariae-Crome a. a. O. Text bei Anm. 15.

2) Zachariae-Crome a. a. O. Anm. 15, 3. Punkt.

3) Zachariae-Crome ebenda.

4) Zachariae-Crome a. a. O. Anm. 15a.

5) Zachariae-Crome ebenda.

6) Zachariae-Crome a. a. O. Anm. 15, 1. Punkt und Anm. 16.

7) Zachariae-Crome Anm. 16, 2. Punkt.

8) C. c. a. 2026, Z.-Cr. Text bei Anm. 16.

9) Zachariae-Crome Anm. 16, 1. Punkt.

Die Teilungseinrede ist dem preussischen, allgemeinen Landrecht,[1]) dem bürgerlichen Gesetzbuch für das Königreich Sachsen,[2]) dem badischen Landrecht[3]) und dem bürgerlichen Gesetzbuch für die k. k. österreich. Staaten,[4]) dem allgemeinen deutschen Handelsgesetzbuch [5]) völlig fremd. Denselben Standpunkt nahm dann auch das Bürgerliche Gesetzbuch [6]) ein, nachdem ein ausserordentliches Gesetz, das Schweizerische Bundesgesetz über das Obligationenrecht [7]) einen eigentümlichen Mittelweg eingeschlagen hatte, von dem wir an späterer Stelle zu handeln haben.

I. Nach dem preussischen allgemeinen Landrecht haften mehrere Bürgen als Gesamtschuldner, d. h. »korreal«, wenn sie sich »gemeinschaftlich« verpflichtet haben.[8]) Dies ist regelmässig bei einer Verpflichtung durch denselben Vertrag anzunehmen, ausser wenn etwa trotz Unterschrift derselben Urkunde der Wille auf »besondere« nicht »gemeinschaftliche« Verbürgung gerichtet war. Im Falle gemeinschaftlicher Verbürgung vertreten sich die Mitbürgen gegenseitig.[9]) Auch im Uebrigen gelten die Sätze der Correalschuld. Der Gläubiger kann beliebig einzelne oder alle getrennt oder zusammen auf das Ganze oder einen Teil in Anspruch nehmen und verklagen. Zahlung, Hinterlegung, Angabe an Zahlungsstatt und Aufrechnung durch Vertrag oder Urteil tilgt alle Verbindlichkeiten; bezüglich

---

1) §§ 374, 378.

2) § 1458.

3) § 2027 a.

4) § 1359.

5) a. 281, Abs. 1.

6) B. G. B. § 769 in Verb. m. § 421.

7) a. 496.

8) Vergl. Pr. A. L. R. I. 14, §§ 373 ff., 374, 378, Dernburg, Pr. Pr. R. § 246, S. 756—757.

9) Vergl. über das Correalverhältnis Dernburg, Pr. Pr. R. § 49, S. 119 ff.

letzterer ist zu bemerken, dass jeder stets bloss mit den eigenen Gegenforderungen, nicht mit denen der Genossen aufrechnen kann. Ebenso wie die materielle Befriedigung wirkt die formelle Befriedigungserklärung. Beim Erlass, dem erlassweisen Vergleich, der Novation und der Schuldübernahme ist es Absichtsfrage, ob sie für alle oder den einzelnen wirken; doch wirken Novation und Expromission in Zweifel persönlich. Bezüglich der Verjährung ist zu bemerken, dass diese zwar an sich für jeden besonders beginnt, läuft und sich vollendet, dass jedoch eine Rechtsverfolgung gegen einen den Anspruch gegen alle aufrecht erhält, soweit nicht einer trotz Aufforderung die Leistung ausdrücklich verweigert. Die Konfusion wirkt persönlich, nur muss sich der Gläubiger den Betrag anrechnen lassen, zu dem er den Mitbürgen regresspflichtig wäre.

Verzug und Verschulden eines Mitbürgen wirkt nach richtiger Ansicht persönlich, da das Gesetz in bewusstem Gegensatz zum Gemeinen Recht den Grundsatz aufstellt, dass die Handlungen eines Gesamtschuldners dem andern nicht schaden sollen. Auch das rechtskräftige Urteil wirkt stets nur persönlich und die exceptio rei iudicatae steht nur dem zu, gegen den der klagende Gläubiger abgewiesen ist, auch wenn die Abweisung darauf gegründet war, dass die Gesamtschuld nicht bestehe. Haben sich dagegen die Bürgen »besonders« verpflichtet, so haftet ein jeder selbständig neben dem anderen. Eine Correalschuld oder Gesamtschuld, wie sie im Landrecht geregelt ist, tritt hier nicht ein, es steht aber nichts im Wege, hier eine Solidarität im Sinn der gemeinrechtlichen Wissenschaft anzunehmen; [1]) dieses Verhältnis ist aber in dem preussischen Gesetzbuch nicht ausdrücklich geregelt. Dem Gläubiger ist hier auch die Wahl gelassen, welchen Bürgen er zu-

---

[1]) Vergl. Dernburg, Pr. Pr. R. § 246, S. 756, 757.

erst in Anspruch nehmen will. Eine eigentliche »Befriedigung« tilgt auch hier alle Forderungen und überhaupt sind doch die meisten Sätze der Correalschuld auch hier anwendbar. Eine gegenseitige Vertretungsbefugnis besteht aber nicht. Die Einrede der Vorausklage steht den Bürgen nicht zu.

Die Einrede der Teilung wird für »gemeinschaftlich« eingetretene Bürgen vom Gesetz stillschweigend durch den vorbehaltlosen Hinweis auf die Bestimmungen der Correalverbindlichkeiten, für »besonders« eingetretene ausdrücklich durch die Vorschrift ausgeschlossen, dass der Gläubiger bis zu seiner völligen Befriedigung jeden nach seiner Wahl auf das Ganze oder auf einen Teil in Anspruch nehmen könne.

II. Nach dem B. G. B. für das Kgr. Sachsen § 1458 [1]) haften mehrere »gemeinschaftliche Bürgen« als Gesamtschuldner. Daraus ergeben sich folgende Konsequenzen: [2]) In ihrer Gültigkeit ist eine Verbindlichkeit von der anderen nicht abhängig. Der Gläubiger kann nach seiner Wahl beliebig von allen einzeln getrennt oder zusammen das Ganze oder einen Teil beanspruchen und einklagen.

Den Anspruch kann der Gläubiger natürlich aber nur dann auf die einzelnen verteilen, wenn er auf eine teilbare Leistung gerichtet ist. Durch die Teilung geht der Anspruch auf das Ganze nicht verloren, beschränkt sich aber gegen den in Anspruch genommenen Bürgen auf den Rest. Zu einer Teilung kann der Gläubiger nicht angehalten werden, doch kann natürlich der auf einen Teil Verklagte das Ganze leisten. Die Folgen des Verzugs und Verschuldens trägt nur der in Verzug oder Verschulden befindliche Genosse. Die Erfüllung des einen ist Erfüllung aller. Ebenso steht es mit der Auf-

---

[1]) Vergl. Siebenhaar, C. ad § 1458.

[2]) §§ 1022—1025.

rechnung, die jeder aber nur mit eigenen Gegenforderungen vollziehen kann (ausser etwa beî societas omnium bonorum). Die Novation wirkt, auch wenn kein neues Gesamtschuldverhältnis an Stelle des alten tritt, für alle, ist also insofern ein pactum in favorem tertii. Der Vergleich soll für alle wirken, soweit er eine Erfüllung enthält. Der Nachlass nützt an sich nicht allen, allein, wenn aus besonderen Gründen zwischen dem Bürgen, dem erlassen ist und einem anderen ein Regressverhältnis besteht und der Gläubiger dies wusste, so ist durch den Erlass auch jener andere befreit. Ausserdem kann der Erlass auch sonst als Vertrag zugunsten der anderen abgeschlossen werden. Die subjektive Unmöglichkeit wirkt bloss für den betreffenden Bürgen, die objektive für Alle, bei Verschulden haftet aber allein der schuldige Bürge. Das Urteil wirkt gleichfalls persönlich, ebenso die Konfusion. Die Verjährung beginnt, läuft und vollendet sich für jeden besonders und auch die Verjährungsunterbrechung wirkt bloss gegen den, dem gegenüber sie erfolgt ist.

Die Bestimmung des § 1458 B. G. B. für das Kgr. Sachsen meint zwar mit »gemeinschaftlichen« Bürgen wohl bloss gemeinschaftlich eingetretene. Doch ist für besonders eingetretene Bürgen die Rechtslage im Grossen und Ganzen die gleiche. Namentlich ergiebt sich auch für sie die unbeschränkte Solidarität aus der Natur der Sache und aus dem Schweigen des Gesetzes.

III. Nach a. 2027 a des badischen Landrechts steht Mitbürgen die Teilungseinrede nicht zu. Im Uebrigen gilt das französische Recht.

IV. Das Bürgerliche Gesetzbuch für die österreichischen Staaten [1]) unterscheidet nicht zwischen gemeinschaftlich und besonders eingetretenen Bürgen. Allein auf Grund des § 1359 macht man doch die

---

1) Vergl. v. Stubenrauch, C. ad §§ 1359, 889, 891.

Unterscheidung, ob die Bürgen im Einverständnis mit einander eingetreten seien oder nicht und nannte nur erstere »Mitbürgen.« In diesem ersteren Falle ist zu unterscheiden, ob sie sich pro rata oder in solidum verbürgt haben. Haben sie sich pro rata verpflichtet, so haften sie nach § 889, d. h. jeder braucht nur einen Teil zu leisten. Wenn sich jedoch ein jeder für das Ganze verbürgt hat, so tritt die ungemilderte Solidarhaftung des § 891 ein. Die Zahlung, die datio in solutum, die Compensation, die aber wohl nicht mit Gegenforderungen eines andern erfolgen kann, wirkt für alle. Ebenso die Novation, der zufällige Untergang und der Zeitverlauf.

Die Unterbrechung der Verjährung durch Ausübung des Rechts gegen einen wirkt ebenfalls gegen alle, soweit nicht einer sich trotz Aufforderung der Leistung ausdrücklich widersetzt. Die Verjährung, die ja allerdings gewöhnlich für alle zusammen abläuft, die Hemmung und Unterbrechung derselben wirken im Uebrigen an sich bloss persönlich. Die Entsagung, der Erlass und eine abändernde Vereinbarung, die lästigere Bedingungen festsetzt, wirkt im Allgemeinen nicht gegen andere.

Der Vergleich wirkt, soweit er eine Erfüllung enthält, wie diese und, soweit er aus einem Erlass besteht, wie ein anderer Erlass.

Haben sich Mehrere ohne Einverständnis verbürgt, so haftet jeder für das Ganze, wofür er sich verpflichtet hat, ohne dass ihm ein beneficium divisionis zustände.

Im Uebrigen gelten doch die meisten Sätze, wie bei der gemeinschaftlichen Verbürgung.

B. Dogmatisches.

I. Die Mitbürgenobligationen in ihrer Entstehung.

§ 3. Die einzelne Haftung des Mitbürgen.

Das Verpflichtungsverhältnis jedes Mitbürgen dem Gläubiger gegenüber entsteht aus besonderem

Grunde durch Vertrag mit diesem; auch im Falle gemeinschaftlicher Verbürgung liegen begrifflich mehrere Verträge[1]) vor.

Jeder Mitbürge haftet selbstständig nach Massgabe seiner Verpflichtung dem Gläubiger für Erfüllung seitens des Schuldners. Es fragt sich nun, ob und inwieweit die Haftungen der einzelnen unter sich und von der des Hauptschuldners von vornherein in irgend einer Richtung abweichen können.[2])

Aus dem dargestellten Wesen der Bürgschaft leiten wir jetzt in dieser Richtung folgende Konsequenzen ab: Ungiltigkeits-, Anfechtungsgründe und Einreden gegen die Hauptschuld, affizieren notwendig die Haftung des Bürgen,[3]) also die aller Mitbürgen in gleicher Weise.

Die Bedingung und Befristung der Hauptschuld überträgt sich auf die Schuld jedes Bürgen,[4]) also aller Mitbürgen. Der Schuldinhalt muss für jeden Bürgen der vereinbarte Hauptschuldinhalt,[5]) mithin für alle Mitbürgen der gleiche sein. Der Bürge tritt aber entweder für völlige oder für teilweise Erfüllung der Hauptschuld ein;[6]) also kann auch ein Mitbürge vertraglich für teilweise, ein

---

1) Vergl. unten § 4, B. I Anm. 2, S. 68. Dies ist nicht ganz ohne praktische Bedeutung. Wenn sich alle Bürgen gleichzeitig und gemeinsam, etwa in einer Urkunde verpflichtet haben, liegt anscheinend ein Gesamtakt vor.

2) Zunächst wäre man ja geneigt anzunehmen, dass alle Mitbürgen das Gleiche und unter gleichen Modalitäten schulden müssen. Allein da die Bürgschaftsschuld von der Hauptschuld mannigfach abweichen kann, können natürlich auch die Verpflichtungen mehrerer Bürgen derselben Schuld untereinander in gleichem Masse sich unterscheiden.

3) Vergl. § 1 I, 3. Abs. 1.

4) Vergl. § 1 I, 3. Abs. 3.

5) Vergl. § 1 I, 4. Abs. 1.

6) Vergl. § 1 I, 4. Abs. 3.

anderer für völlige Erfüllung oder Erfüllung zu einem anderen Bruchteile als sein Genosse einstehen. Der eine kann blosser Schadlosbürge sein oder bloss für das Kapital oder bloss für Zinsen, ein anderer für beides haften. Wenn z. B. Mehrere sich für eine verzinsliche Schuld verbürgen, der eine in Unkenntnis und ohne ausdrückliche Einschränkung, der andere in Kenntnis der Verzinslichkeit, so wird hier sogar trotz der äusserlichen Uebereinstimmung ihrer Verpflichtungen der erste nur für das Kapital, der zweite auch auf Zinsen haften. Ferner kann z. B. ein Mitbürge — im Gegensatz zu anderen — sich für spätere rechtsgeschäftliche Erweiterungen der Hauptschuld mit verpflichten. Dem Bürgen kann eine Surrogatleistung gestattet oder vorgeschrieben sein;[1]) ferner kann für ihn eine Haftungsgrenze vorgesehen sein.[2]) Danach kann dann bei Mehrheit der Bürgen für einzelne besonders ausgemacht sein, dass sie sich durch eine Surrogatleistung befreien können oder solche zu ihrer Befreiung sogar erbringen müssen. Ebenso kann für einen der mehreren Mitbürgen, die an sich für völlige Schulderfüllung haften, eine Haftungsgrenze, für einen andern keine oder eine andere bedungen sein.

Die Leistungsorte sind für Bürgen und Hauptschuldner,[3]) also auch für Mitbürgen sogar gewöhnlich verschieden. Der Bürge kann für seine Schuld eine besondere Bedingung und Befristung hinzufügen.[4]) Es ist also auch nicht nötig, dass die Mitbürgen in gleicher Weise und sofort bei Fälligkeit der Hauptschuld leisten müssen.

Es kann vertragsmässig der eine noch unter weiteren Bedingungen oder Befristungen oder

---

[1]) Vergl. § 1 I, 4. Abs. 5.
[2]) Vergl. § 1 I, 4. Abs. 6.
[3]) Vergl. § 1 I, 4. Abs. 7.
[4]) Vergl. § 1 I, 5.

anderen als der Genosse schulden. So kann auch die Fälligkeit der Schuld des einen noch von einer besonderen Kündigung an ihn abhängig sein.

Des Weiteren kann einzelnen Mitbürgen zum Unterschied von anderen eine besondere Einrede zustehen. Wir sehen hierbei noch ganz ab von den besonderen Einreden jedes Bürgen gegen seine besondere, vertragliche Verpflichtung selbst, deren Existenz und Umfang, von einem etwaigen Grunde zur Anfechtung seines Verbürgungsvertrags wegen Irrtums, Zwangs, Betrugs.[1]) Der eine Mitbürge kann aber besonders die Einrede der Vorausklage haben, der andere als selbstschuldnerischer Bürge eingetreten sein.[2]) Es kann auch ein Mitbürge vertraglich das Recht haben, bis zur Ausklagung anderer Mitbürgen die Befriedigung des Gläubigers zu verweigern.[3]) Es gewinnt dann äusserlich den Anschein, als ob dieser Bürge blosser »Nachbürge« des anderen wäre. Und doch liegt natürlich eine Nachbürgschaft durchaus nicht vor.[4]) In allen diesen Fällen verschiedener Verhaf-

---

1) Dies alles folgt aus § 1 I, 5. Abs. 2.

2) Das ergiebt sich aus § 1 I, 6.

3) Es ist dies ein praktischer Spezialfall der vorerwähnten Regeln überhaupt. Auch in der gemeinrechtlichen Doktrin wurde nicht behauptet, dass solches Recht dem Mitbürgschaftsbegriff widerspreche, wurde doch sogar vielfach z. B. von Windscheid, Pand. wie oben in § 2 II, 3. Abs. 8 dargestellt, die Ansicht verteidigt, sogar jeder Mitbürge könne Vorausbelangung der übrigen wenigstens dann verlangen, wenn er Sicherheit leiste.

4) Das hat nicht nur theoretische, sondern auch praktische Bedeutung. Der subsidiär hinter seinem Genossen A haftende Mitbürge B hat nicht, wie dessen Nachbürge, die dem A zustehenden Einreden. Bei Wegfall der Vorausklageeinrede betr. des A und nach einer fruchtlosen Zwangsvollstreckung gegen ihn, würde, wenn er die Leistung verzögert, sein Nachbürge, dagegen nicht der subsidiäre Mitbürge B die Verzugsfolgen mit zu tragen haben. Die näheren Bestimmungen über das Recht des Bürgen, Exkussion des

tung liegt eine wahre »Mitbürgschaft« vor, nicht etwa ein Rechtsverhältnis, aus dem sich solche erst entwickeln kann oder muss.[1])

Dies zur vergleichenden Darstellung der Bürgenschulden als einzelner.

§ 4. **Das Verhältnis ihrer Haftungen.**

Jetzt ist das rechtliche Zusammenhangsverhältnis der Bürgenschulden zu besprechen.

A. Die Solidarhaftung der Mitbürgen.

Der Schuldbetrag, für den sich alle Mitbürgen verpflichtet haben,[2]) wird nach Absicht der Parteien von jedem voll und ganz geschuldet. Es wird nicht etwa für jeden eine besondere Schuld bloss für einen Teil begründet, so dass jeder nur einen bestimmten Teil, aber diesen stets ganz zu leisten hätte.

Schon der erste Entwurf des B. G. B.[3]) hatte das System der Teilhaftung abgelehnt. Er machte somit, was die »gemeinschaftlich« eingetretenen Mitbürgen betrifft, von seinem Grundsatz, dass »ge-

---

Hauptschuldners zu verlangen, würden von selbst für die gesetzliche Vorausklageeinrede des Nachbürgen des Bürgen A, dagegen nicht ohne weiteres auf die vereinbarte Vorausklageeinrede des Mitbürgen B gelten.

Besonders aber könnte der Nachbürge von A für seine Zahlung von diesem vollen Ersatz verlangen, der subsidiär hinter A haftende Mitbürge B kann dagegen nur zur Hälfte Ausgleichung begehren.

1) Zu der im Text misbilligten Ansicht müsste man gelangen, wenn man absolute Kongruenz zwischen den Mitbürgenschulden erforderte und wenn man nur soweit sich die Schulden aller decken, also soweit sie gleich, unbedingt und sofort fällig wären, eine eigentliche »Mitbürgschaft« annähme.

2) Es brauchen sich ja aber, wie in § 3 bemerkt, nicht alle auf den ganzen Hauptschuldbetrag zu verpflichten. In diesem Falle wird dann bloss der für alle sich deckende Betrag von jedem »voll und ganz geschuldet.« Vergl. unten Abs. 5.

3) § 673.

meinschaftlich« verpflichtete Schuldner nur anteilig schuldeten,[1]) eine Ausnahme. Eine unterschiedliche Behandlung der »gemeinschaftlich« und der »besonders« eingetretenen Mitbürgen wurde schon damals mit der Begründung abgelehnt,[2]) dass die Klassifizierung im Einzelfalle höchst schwierig und zweifelhaft sei. (Einerseits sei die Gleichzeitigkeit der Bürgschaftserklärungen nicht immer ausschliesslich entscheidend; die in getrennten Akten und zu verschiedenen Zeiten eingetretenen Bürgen können wirksam »gemeinschaftliche« Verbürgung ausmachen. Ausserdem liege solche vor, wenn einer in der Voraussetzung und im Vertrauen auf das Eintreten anderer sich verpflichtet habe. Andererseits könne nach dem äusseren Anscheine sehr wohl eine gemeinschaftliche Verbürgung vorliegen, obschon in Wirklichkeit die Bürgschaft zu verschiedenen Zeiten und durch getrennte Akte übernommen wurde). Auch nach dem Bürgerlichen Gesetzbuch § 769 haftet jeder der Mitbürgen für das Ganze, gleichgültig, ob sie »gemeinschaftlich« eingetreten sind oder nicht.

Für solche Mitbürgen, welche nicht in der Art des § 427 des B. G. B. »gemeinschaftlich« durch Vertrag [3]) eingetreten sind, gilt also eine Ausnahme von der Regel des § 420 B. G. B., wonach Mehrere, die eine teilbare Leistung schulden, nur pro parte schulden. Uebrigens wird, wenn Mehrere sich vertraglich zu einer einmal zu erbringenden ganzen Leistung verpflichten, ohnehin gemäss dem ausdrücklichen vertraglichen Wortlaut in Ermangelung be-

---

[1]) I. Entw. § 320.

[2]) Mot. II, S. 666—667.

[3]) Die sprachlich natürliche und richtige Auslegung des § 427 B. G. B. dürfte die von Oertmann, C. zu § 427 sein: Verpflichten sich Mehrere durch einen gemeinschaftlichen Vertrag, zu einer teilbaren Leistung, so haften sie im Zweifel als Gesamtschuldner. Es handelt sich um eine dispositive Bestimmung.

sonderer Umstände nicht Teilschuld, sondern Schuld Aller für das Ganze als gewollt anzunehmen sein und eintreten.[1])

Nach dem B. G. B. § 769 haften nun, wie schon nach den Entwürfen,[2]) die Mitbürgen stets »als Gesamtschuldner.« Sie schulden also alle die Leistung in der Weise, dass jeder an sich, d. h. kraft der Obligation selbst bewirken muss, der Gläubiger aber die Leistung nur einmal fordern kann.[3])

Wenn sich nun aber auch nach der Fassung des Gesetzes: Mitbürgen »haften als Gesamtschuldner«,[4])

---

1) Am meisten gerechtfertigt erscheint diese Auslegung gerade dann, wenn die Schuldner nichts von einander wussten. Freilich glaubt Planck, C. in § 427 B. G. B. eine allgemeine Auslegungsregel zu finden, wonach bei vertraglicher Verpflichtung Mehrerer auf dieselbe Leistung Solidarität als gewollt anzunehmen sei. Allein schon der Form nach enthält § 427 durchaus nicht bloss eine Auslegungsregel. Im Falle der Verpflichtung aller ohne Einverständnis erscheint die Absicht der Ganzhaftung so klar, dass es hier einer Auslegungsregel nicht bedürfte. Aber gerade im Falle der einverständlichen und »gemeinschaftlichen« Verpflichtung kann im Gegenteil sehr zweifelhaft sein, ob die Auslegung zugunsten der Ganzhaftung wirklich richtig sei. Planck dehnt dann auch die angebliche Auslegungsregel über die Fälle der gemeinsamen Verpflichtung hinaus aus in einer Weise, dass § 420 B. G. B. vom Prinzip gerade zur Ausnahme herabsinkt und dass § 427 von einer Ausnahme zur Regel wird. Dabei behandelt er dann das Wort »gemeinschaftlich« kaum als mehr als einen müssigen Zusatz. Dieses Wort aber kann jedenfalls nicht, statt von einem einheitlichen Verpflichtungsakt, von der Art der von allen vertraglich übernommenen Haftung verstanden werden, weder der Wortstellung, noch dem Sinne nach: Denn, wenn mehrere vertraglich »gemeinschaftliche Haftung« übernehmen, so würden sie stets und nicht bloss, wie das Gesetz sagt, »im Zweifel« als Gesamtschulduer haften müssen. Die richtige Auslegung des § 427 dürfte die obige von Oertmann sein.

2) I. Entw. § 673. II. Entw. § 709. R. V. § 753.

3) B. G. B. § 421.

4) Das Gesetz drückt sich, auch wenn zweifellos wirkliche Gesamtschuldner in Frage stehen, gewöhnlich so aus. Vergl. z. B. § 427, sodann §§ 53, 54, 769, 1108, 1388, 1459, Abs. 2, 1530, 1833, 2058, 2219, 431.

nicht völlig ersehen lässt, ob ein wahres Gesamtschuldverhältnis vorliegt, so dürfte es doch wohl seine Berechtigung haben, den Hinweis auf § 769 auf die Gesamtschuldregeln mindestens in dem Sinne zu verstehen, dass diese Rechtssätze auf die Mitbürgen zur Anwendung kommen sollen. Das Gesamtschuldrecht tritt in allen Fällen der Mitbürgschaft ohne Ausnahme ein, auch wenn etwa der eine Bürge bloss für teilweise, der andere für völlige Erfüllung haftet;[1]) denn auch hier handelt es sich um mehrere Bürgen (im Sinne des § 765 B. G. B.) für dieselbe Schuld, also um Mitbürgen nach § 769 und das Gesetz macht keine Ausnahme, und zwar ist solchenfalls die Mitbürgschaft bloss für den kleineren, sich deckenden Betrag als Gesamtschuld im Sinne des § 421 B. G. B. zu behandeln.[2]) Die Gesamtschuldhaftung tritt nach dem Gesetz nicht bloss »im Zweifel«, sondern stets ein.[3]) Sie folgt, wie unten darzustellen, im Allgemeinen aus der rechtlichen Natur der Mitbürgenobligationen.

Da alle Gesamtschuldner das Ganze schulden und jeder Gläubiger seine Forderungen be-

---

1) Vergl. § 1 I, 4. Abs. 2, § 3 S. 58. Also wenn für die Schuld von 100 A sich auf 60, B auf 80 oder auf die ganzen 100 verbürgt hat.

2) Im Beispiel der Anm. 1 sind A und B Gesamtschuldner einer Summe von 60.

3) Die vier Mitbürgen einer Schuld von 100 z. B. können nicht vereinbaren, dass jeder nur einen Teil, etwa 25 schulde, so dass jeder unter allen Umständen, auch wenn sich bei den anderen Genossen Ausfälle ergeben, zu seiner vollen Befreiung nur diesen Teil zu erbringen braucht; dann lägen begrifflich keine Bürgschaften, sondern andersartige Schuldverträge ähnlicher Wirkung und keine Mitbürgschaft mehr vor. Vergl. unten § 6, 1, wo die Begründung auch aus dem Bürgschaftsrecht versucht werden soll. Jedoch können die vier Bürgen, trotzdem jeder die ganzen 100 schuldet, vereinbaren, dass jeder nur bis zu einem gewissen Teil (25) soll erfüllen müssen, so dass jedem eine Einrede gegen eine Mehrforderung über 25 zusteht. Vergl. § 6, 3.

liebig ganz oder teilweise von seinem Schuldner eintreiben kann, entspricht es nur der Rechtskonsequenz, dass der Gläubiger sie nach seinem Belieben von jedem Gesamtschuldner die Leistung ganz oder zu einem Teile fordern kann, wie § 421 B. G. B. dies auch ausdrücklich[1]) hervorhebt, und ferner, dass alle haften, bis die ganze Leistung erbracht ist. Ein Gesamtschuldner kann, wenn dies nicht besonders vereinbart ist, nicht verlangen, dass er nur zu einem Teile des Gesamtschuldbetrags in Anspruch genommen werde,[2]) wenn auch solche Vereinbarung dem Begriff nicht gerade entspricht.[3])

Hiermit ist dann im Zweifel die Teilungseinrede für Mitbürgen ausgeschlossen. Man folgte mit vollem Recht dem Beispiele moderner Gesetzgebungen. Wenn aber durch die Bestimmung des § 769 nur unter Beseitigung der gemeinrechtlichen Teilungseinrede die Ganzhaftung ausser Zweifel gesetzt werden sollte, was die Motive besonders betonen, so hätte das Gesetzbuch korrekter sich auch dahin ausdrücken müssen, dass jeder für den ganzen Betrag hafte. Die Gesamtschuld schliesst einerseits ja, wie auch das Gemeine Recht lehrt, die Teilungseinrede begrifflich keines-

---

1) Ueberflüssigerweise.

2) Darüber, dass sie es vereinbaren können, vergl. z. B. Anm. 3 S. 65 und unten § 6, 3.

3) Dass Jeder das Ganze schuldet und dass eine Leistung alle befreit, sind allerdings Merkmale des gesetzlichen Gesamtschuldbegriffs. Das Gesetz bestimmt auch, dass die Teilungseinrede, die nach Gemeinem Recht ein Naturale der Correalschuld war, den Gesamtschuldner grundsätzlich nicht mehr zustehen solle. Aber, wenn ein Schuldner durch besondere Vereinbarung eine haftungsbeschränkende Einrede erlangte, würde durch solches Accidentale an der der Natur Gesamtschuld ebensowenig begrifflich etwas geändert, wie sonst durch anspruchshemmende Gründe. Es wäre theoretisch und systematisch sehr fehlerhaft, die Nichtmilderungsfähigkeit in den Begriff der Gesamtschuld aufzunehmen.

wegs aus; andererseits hat die Bezeichnung der Mitbürgschaft als gesamtschuldartiges Verhältnis auch noch eine Reihe weiterer Konsequenzen, dass alle Bürgen frei werden, wenn einer zahlt, dass der Annahmeverzug gegen einen allen nützt u. s. w. Die meisten derselben würden sich jedoch auch ohne Anwendung des Gesamtschuldenrechts aus dem Bürgschaftsrecht ergeben; weitergehende zu ziehen, erscheint aber bedenklich.

B. Wesen des Gesamtschuldverhältnisses und der Mitbürgschaft.

Da nach dem Gesetz die Mitbürgschaft als ein Fall der Gesamtschuld aufgefasst werden könnte, erhebt sich die Frage:

1. Soll man in der Haftung der mehreren Bürgen mehrere selbstständige Verbindlichkeiten erblicken oder ein einziges rechtliches Band, welches sie alle umfasst? Letzteres wird ja bisweilen noch jetzt für die Gesamtschuld aufgestellt. Die Konsequenz einer allerdings wohl unrichtigen, aber weit verbreiteten gemeinrechtlichen Theorie über die Correalobligation[1]) wäre die Annahme gewesen, dass wenigstens im Falle

---

[1]) Vergl. Windscheid, P. § 293, Dernburg, P. § 72, 73, S. 192, 195 und 200 und die dort Citierten, Binder, Correalobligationen 1899. Die Gesamtschulden teilt die gemeinrechtliche Theorie in »Correal-« und »blosse Solidarobligationen« ein. Anlass zu dieser Teilung bot die verschiedene Wirkungsweise der litis contestatio, also ein verhältnismässig sehr untergeordneter Punkt. Meist wurde gelehrt, Correalobligation sei die auf dem Willen der Parteien beruhende, also durch einheitlichen Vertrag oder Willensakt für alle erzeugte Gesamtschuld, Solidarobligationen dagegen, die durch Gesetz oder Delikt erzeugte Gesamtschuld. Fast allgemein wurde ein fundamentaler Unterschied zwischen den beiden erwähnten Gesamtschuldarten behauptet. Bei letzterer handle es sich um eine Mehrheit von Obligationen auf denselben Gegenstand, bei ersterer stehe dagegen eine Obligation mit mehreren subjektiven Beziehungen in Frage.

»gemeinschaftlicher«[1]) Verbürgung eine einheitliche Obligation für die mehreren Bürgen entstehe. Sind die Mitbürgen durch völlig unabhängige Verträge eingetreten, so kann ja überhaupt nicht zweifelhaft sein, dass für jeden durch seinen Vertrag eine besondere Obligation begründet sein muss. Aber das Gleiche gilt wohl auch im Falle gemeinschaftlicher Verbürgung, denn zunächst handelt es sich auch hier begrifflich um mehrere, allerdings zusammen abgeschlossene Verträge besonderen Inhalts[2]) und nur von diesem Standpunkt aus sind Voraussetzungen und Wirkungen dieses Gesamtakts zu beurteilen, wird doch z. B. auch nicht die Verpflichtung aller dadurch hinfällig, dass einer die seinige wegen Irrtums, Zwangs, Betrugs anfechten kann!

Bei Annahme einer einheitlichen Obligation müsste danach dann sofort schon die Einheit des Entstehungsgrundes für dieselbe aufgegeben werden, welche doch stets als charakteristische Voraussetzung angesehen wurde.[3]) Sodann aber ist auch aus einer Reihe weiterer Gründe der Gedanke einer einheitlichen Verbindlichkeit mit Mehrheit subjektiver Beziehungen überall zu verwerfen.

Die Mitbürgen sind gehalten, eventl. selbst dasjenige zu leisten, was dem Schuldner zu erfüllen obliegt. Trotzdem aber handelt es sich nicht um dieselbe Verpflichtung für jeden; denn der Rechtsbefehl, bezw. die Pflicht kann für jeden nur darauf gerichtet sein, dass der Betreffende selbst leiste. Wenn aber der Gläubiger von jedem dieses und nur dieses zu verlangen hat, dass der Betreffende leiste, ist eben jeder zu einer anderen Leistung angehalten, sofern ja das Leisten des einen niemals begrifflich

---

[1]) Vergl. § 2 A. II, 2. Abs. 2.

[2]) Nur die erzeugten Verpflichtungen unterscheiden sich von den sonst aus mehreren Verträgen entstehenden.

[3]) Vergl. Anm. 1 S. 67.

ein Leisten des andern wird sein können, mag es ökonomisch und rechtlich dieselbe Bedeutung und denselben Inhalt haben. Man müsste also für die einheitliche »Gesamtschuld« nicht bloss von der Identität der Subjekte, sondern auch von der des Inhalts (des Forderndürfens und Leistenmüssens) absehen. Freilich könnte man versuchen, wie z. B. Windscheid[1]) dies in der That gethan hat; dieser Argumentation dadurch aus dem Wege zu gehen, dass man aufstellt, der Rechtsbefehl an den einzelnen Bürgen, bezw. seine Pflicht laute nicht darauf, dass er leiste, sondern darauf, dass er oder irgend einer der anderen leiste, bezw. darauf, dass überhaupt geleistet werde und stimme somit für alle überein. Allein ein Thun oder Lassen eines Andern kann logisch in gar keiner Weise mit zum Gegenstand unserer Pflicht oder eines Befehls an uns gehören. Man kann höchstens verpflichtet sein, darauf hinzuwirken, dass ein Anderer etwas thue oder darauf, selbst etwas zu thun, für den Fall, dass ein Anderer etwas nicht thue. Ferner setzt das Leisten begrifflich stets einen ganz bestimmten Leistenden voraus und ist nicht denkbar losgelöst von einer bestimmten Person; ein Befehl oder eine Pflicht für jemanden dahingehend, dass überhaupt geleistet werde, entbehrt eines ausreichenden und bestimmten Inhalts. Der Befehl, die Pflicht richtet sich nämlich begrifflich an den Willen einer Person und verlangt von ihr ein gewisses Handeln und kann doch nicht irgend ein Ereignis, ein Geschehen postulieren, das vom Willen der Person abhängig ist. Ueberhaupt erscheint der oft aufgestellte Begriff einer Gesamtschuld als einheitlicher Verbindlichkeit Mehrerer völlig unmöglich. Der Rechtsbefehl an mehrere Personen ist eben — genau betrachtet — immer not-

---

[1]) Windscheid, P. a. a. O. Anm. 1, Teil 2.

wendig: eine Mehrheit von Rechtsbefehlen,[1]) ein Verhältnis zu Mehreren: eine Mehrheit von Verhältnissen,[2]) eine Berechtigung gegen Mehrere oder Verpflichtung Mehrerer eben: eine Mehrheit von Rechten [3]) und Pflichten.[4]) Der Begriff einer Verbindlichkeit mit Mehrheit snbjektiver Beziehungen kann überhaupt in neuester Zeit als wissenschaftlich überwundener Standpunkt gelten.[5])

Nach obigem weichen aber auch, zum Ueberfluss, die Haftungen der Mitbürgen, wie übrigens vielfach auch sonst die Haftung von Gesamtschuldnern noch sogar sehr von einander ab, z. B. nach Inhalt

---

1) Wird Mehreren befohlen, so ist damit logisch für jeden einzelnen eine besondere Norm gegeben, nach der er sich bei seinem Handeln zu richten hat; es sind daher mehrere Befehle vorhanden.

2) Ein Verhältnis ist begrifflich eine Beziehung zwischen zwei Personen (oder Sachen). Da der Gläubiger mit jedem Mitbürgen in gleichen obligatorischen Beziehungen steht, liegen so viele Rechtsverhältnisse vor, als Bürgen vorhanden sind.

3) Bei der Mitbürgschaft steht nicht nur ein einziges, sondern mehrere gleichzeitig verpflichtete Subjekte und daher nicht nur ein einziges, sondern mehrere obligatorische Rechte in Frage. Unanfechtbar ist die Folgerung hier wegen der Gleichzeitigkeit; ob auch sonst allgemein zur Identität des Rechts Identität des Berechtigten logisch erforderlich sei, kann auf sich beruhen.

4) Die Mehrheit der verpflichteten Subjekte bedingt allein schon eine Mehrheit von Pflichten. Das Handeln des A und das des B sind zwei verschiedene Handlungen und desshalb sind auch zwei verschiedene Pflichten gegeben.

5) Die heutige Theorie fasst das Gesamtschuldverhältnis fast durchweg als Mehrheit von Verbindlichkeiten auf. Planck, C. § 423, Abs. 1, S. 423, Oertmann, Vorbem. zu § 420 n. 4. S. 141, Schollmeyer, C. Vorbem. vor § 420, 1 und 2b a. E., S. 415, Dernburg, B. R. § 162 II, S. 367. Vergl. auch noch Binder, Correalobligation bes. S. 569 ff., Eisele im Arch. f. c. Pr. LXXVII, S. 374, Hruza im Sächs. Arch. f. b. R. V, S. 193 ff. u. s. w. Die Motive II 156 und das Gesetz vermieden es, sich für Einheit oder Mehrheit auszusprechen und »überliessen die Frage der Wissenschaft.«

und Modalitäten wie Bedingungen und Belastungen. Diese letzteren aber gehören doch zweifellos zum Bestande der Obligation und können gewiss nicht als »verschiedene subjektive Beziehungen« bezeichnet werden! Die Mitbürgenobligationen gehen nicht in erster Reihe auf die gleiche, nämlich die Hauptschuldleistung, denn der Bürge schuldet ja nicht eigentlich dasselbe, wie der Hauptschuldner, er steht vielmehr zunächst mit seinem Kredit für dessen Erfüllung ein. Es haben auch alle Mitbürgenverbindlichkeiten einen gleichen, aber durchaus nicht denselben Zweck, insofern als sie eben verschiedene selbstständige Sicherstellungen derselben Hauptschuld sind. Um so weniger kann aus allen diesen Gründen behauptet werden, dass die Haftungen der Mitbürgen dieselbe Obligation darstellen können.

II. Mangels besonderer Einschränkung schulden die Mitbürgen nach der Vereinbarung das gleiche Ganze.[1]) Begriffsgemäss sollen nun aber die Bürgschaften dem Gläubiger denselben Vermögensposten sicher stellen. Die mehreren Verbindlichkeiten haben in diesem Sinne einen gleichartigen Zweck.[2]) Der Gläubiger soll die betreffende individuelle Sache, die Quantität Fungibilien oder die vertretbare Handlung nur einmal empfangen. Es erscheint also normalerweise, zunächst offenbar einmal dann, wenn jeder Bürge in Kenntnis der weiteren Verbürgungen eingetreten ist, geradezu als stillschweigend erklärte Vertragsabsicht der Parteien, dass durch Erfüllung seitens eines Bürgen alle frei werden können.[3]) Soweit ein Mitbürge aber

---

[1]) Soweit ihre Schulden sich decken. Vergl. § 4 A. Anm. 2, S 65.

[2]) Objektiv und subjektiv, d. h. vom Standpunkt des Gläubigers aus und im Bewusstsein des Bürgen, wenn er im Bewusstsein des Miteintritts anderer handelt. In eine besondere Untersuchung über den »Zweck« einer Verbindlichkeit kann hier natürlich nicht eingetreten werden.

[3]) Ein anderer vernünftiger Sinn ist hier nicht erfindlich.

besonders und ohne jene Kenntnis eingetreten ist, ergänzt dadurch, dass es auf das Gesamtschuldverhältnis (§§ 421 ff. B. G. B.) verweist, das Gesetz aus den Umständen die Vereinbarung in angedeutetem Sinne[1]) mit Rücksicht darauf, dass die Bürgen mit dem Gläubiger vernünftigerweise ja meist eine solche Festsetzung hätten treffen müssen,[2]) wenn sie an den Fall überhaupt gedacht hätten. Kraft des durch Vertrag resp. Gesetz ihnen verliehenen rechtlichen Inhalts also haben dann die Mitbürgenverbindlichkeiten die gemeinsame Eigenschaft, dass bei Erlöschen einer, durch einen Akt, der eine materielle oder auch blos formelle Befriedigung involviert, alle übrigen mit erlöschen müssen, insofern eben ihr gemeinsamer Zweck völlig erreicht ist.[3])

Anscheinend würde sich diese Gesamtwirkung auch schon aus dem sonstigen Bürgschaftsrecht mit Notwendigkeit ergeben, insofern mit Erfüllung der Schuld eines Bürgen ja der Hauptschuldner und hierdurch auch wieder die anderen Bürgen[4]) entlastet werden, und insoweit hat § 769 in Verbindung mit § 422 B. G. B. nur die Bedeutung, dies für alle Fälle ausser Zweifel zu setzen.

Man könnte einwenden: bei Befriedigung des Gläubigers seitens eines Bürgen erlöschen ja doch die Bürgschaftsforderungen gegen die übrigen ebensowenig wie nach § 774 Abs. 1. B. G. B. die Hauptforderung; sie gehen vielmehr, sei es gemäss §§ 401,

---

1) Bei dem gewöhnlichen Mangel einer Vertragsfestsetzung für solchen Fall greift § 769 als ergänzende Dispositivnorm ein.

2) Sofern sie eine wahre Bürgschaft beabsichtigen, ist eine andere Regelung nicht denkbar. Vergl. § 4, Anm. 3, S. 65, § 6, 1 u. s. w.

3) Die Obligation erlischt mit Erreichung ihres Zwecks. Das Gesetz enthält den Satz — mit Recht — nur in praktischen Einzelanwendungen.

4) Zu beachten wäre aber doch der Zweifel in § 1 bei Anm. 1, S. 19.

412 B. G. B. als Accessorien der Hauptschuldforderung, sei es gemäss §§ 774 Abs. 2. 769 und 426 Abs. 2. B. G. B. auf den Erfüllenden wenigstens in gewissen Umfang über. Wie kann man also dessenungeachtet in der gesamtbefreienden Wirkung der Erfüllung gerade eine wesentliche Eigenschaft der Mitbürgenverbindlichkeit erblicken? Hier treffen wir zum ersten Male auf eine der zahlreichen theoretischen Schwierigkeiten, die das B. G. B. durch die Anordnung des Forderungsübergangs und zwar ziemlich unnötigerweise geschaffen hat, wo doch der mit dem Forderungsübergang erfolgte Zweck einfacher erreicht werden konnte. Auf den beregten Punkt wird mehrmals zurückzukommen sein,[1]) da, wie bemerkt, die §§ 774 und 426 B. G. B. das Mitbürgschafts- und das Gesamtschuldverhältnis auch in anderer Beziehung theoretisch eigentümlich kompliziert haben. Man hätte wohl noch begreiflich finden können, dass der zahlende Bürge gemäss § 774 Abs. 1 die Hauptschuldforderung und damit gemäss §§ 401, 412 auch die anderen Bürgschaftsforderungen, statt sie durch gesamtwirkende Zahlung zu tilgen, was ihm ja auch möglich ist, durch »gesetzlichen Forderungskauf«[2]) erwirbt, während nur seine eigene Schuld durch die Erfüllung erlischt. Nun kommt aber § 769 hinzu und schreibt in Verbindung mit § 422 B. G. B. vor, dass alle Mitbürgen durch die Erfüllung eines Bürgen frei werden sollen. Schon hierdurch wird ein Widerspruch geschaffen, der wohl hätte vermieden werden können, wenn § 769 statt der Verweisung auf alle Gesamtschuldsätze sich einfach mit der Statuierung der Ganzhaftung aller begnügt hätte. Noch verwickelter aber wird das Problem, wenn man bezüg-

---

[1]) Besonders § 11, II.

[2]) Der Ausdruck wird im § 8 A, II. richtig gestellt werden.

lich des Forderungsübergangs unter Mitbürgen die Bestimmungen der §§ 774 Abs. 2 und 426 Abs. 2 heranzieht. Der vom Forderungsübergang auf den Bürgen handelnde § 774 verweist nämlich in Abs. 2 bezüglich der Mitbürgen auf § 426, dessen Anwendbarkeit aus § 769 noch nicht zweifellos wäre. Wenden wir nun aber für die Mitbürgen die Vorschrift des § 426 Abs. 2 betreffend die Subrogation des Gesamtschuldners an, so haben wir — ganz abgesehen von einer an anderer Stelle zu behandelnden neuen Schwierigkeit, vergl. § 11, II — noch die Diskrepanz zwischen §§ 422 und 426 in die Frage hineingebracht.

Auf jeden Fall stehen sich also zwei Gruppen von Bestimmungen gegenüber, von denen die eine den — hier nicht weiter zu behandelnden — Uebergang, also jedenfalls den Fortbestand, die andere die Tilgung der Bürgschaftsforderungen feststellt. Nicht ganz mit Unrecht ist denn auch von Hruza, Sächs. Arch. V, S. 294, ein solcher theoretischer Verstoss der §§ 422 und 426 als ein mit menschlichem Massstab nicht zu messendes, vom Gesetz vollbrachtes Wunder angestaunt und der Versuch einer Lösung von vornherein als aussichtslos aufgegeben worden. Angesichts der Schwierigkeiten kann man sich wirklich die Frage vorlegen, ob die Wissenschaft sich nicht über die Konstruktionsweise des B. G. B. als eine Fiktion kühn hinwegsetzen und dem praktischen Zweck des Gesetzes theoretisch in anderer Weise durchhelfen sollte. Allein, solange nicht die absolute logische Unmöglichkeit dargethan ist, mit der Konstruktion des Gesetzes auszukommen, dürfte doch wohl einem solchen Verfahren m. E. das Wort nicht geredet werden.

Die Lösung ist auch m. E. nicht unmöglich. Das Gemeine Recht hat in der Subrogation des Bürgen gegen den Hauptschuldner etwas Aehnliches hervorgebracht und zeigt vielleicht einen gangbaren Weg zur Lösung. Uebereinstimmend mit der Theorie steht das B. G. B. nicht an, die Gesamtschuld als eine Haftung Mehrerer in der Weise zu definieren, dass mit einer Erfüllung alle frei werden, trotz der Subrogation des § 426. Mit Recht! Die solidarischen und ebenso die Bürgenobligationen sollen eben nach dem Gesetz noch dem Regressanspruch des Gesamtschuldners resp. Bürgen dienen und daher ist mit Befriedigung des Gläubigers durch einen der Schuldner keineswegs der Zweck aller Obligationen völlig erreicht, also auch deren Erlöschen nicht gerechtfertigt, es sei denn, dass der Leistende dieselben für seinen Regress gar nicht erwerben will. Die aufgeworfene Zweifelsfrage löst sich, wie ich glaube, durch scharfe Unterscheidung zwischen der eigentlichen, wahren Erfüllung, die allerdings notwendig das Erlöschen für die Obligationen zur Folge haben müsste und dem besonderen gesetzlichen Thatbestand der §§ 774, 426 B. G. B. der nur äusserlich und formell als Erfüllung, seinem juristischen Wesen und seinen Rechtswirkungen nach eher als kaufweise Cession angesehen werden muss. Wenn der Bürge bei »Befriedigung des Gläubigers« überhaupt eine Absicht hat und kundgiebt, ist es sicher nur die, die eigene Schuld allein zu tilgen; hat und erklärt er auch bezüglich der übrigen einen Tilgungswillen, so erlischt natürlich jede derselben durch wahre Erfüllung. Aber während er gewöhnlich nur seine eigene Verbindlichkeit tilgt, setzt er zugleich selbst ohne darauf gerichteten Willen und darauf gerichtete Erklärung für die Hauptforderung und damit für alle ihre Accessorien einen anderen Thatbestand, durch den er diese Ansprüche erwirbt. Dadurch, dass die übrigen Forderungen gleichzeitig als festverbundene Accessorien der Hauptforderung mit dieser übertragen werden, werden sie dem Einfluss der — an sich gesamtwirkenden — Tilgung der Schuld des leistenden Bürgen entzogen. So hat ein an sich gesamtwirkender Thatbestand ja auch in anderen Fällen, dann doch keinen Einfluss auf die nicht betroffene Obligation, wenn und weil für letztere speziell eine entgegengesetzt wirkende Thatsache eintritt. Würde der Gläubiger etwa mittels derselben Handlung ein Leistungsangebot eines Gesamtschuldners ablehnen und einen dabei anwesenden, nicht erfüllungsbereiten zweiten Schuldner mahnen, so würde der Annahmeverzug trotz § 424 B. G. B. doch nicht zugunsten des Gemahnten wirken, wie unten noch auszuführen. Dagegen kann in dem freilich seltenen Falle, dass der Bürge auf den Erwerb der Bürgschaftsforderungen verzichtet, die gesamtbefreiende Wirkung der Tilgung zur Geltung kommen, indem hier mit Erfüllung einer Bürgschaftsschuld alle erlöschen, auch ohne dass der leistende Bürge auch die übrigen Obligationen tilgen will und zu tilgen erklärt. Diese letztere Gesamtwirkung ist nun die charakteristische Eigenschaft und es ist hierfür nun begrifflich ganz gleichgültig, ob diese Gesamtwirkung oft oder selten oder überhaupt nie eintritt. Ausserdem zeigt sich aber auch sonst, namentlich bei Erfüllung einer Bürgschaftsschuld durch einen Dritten sehr oft die gesamtbefreiende Wirkung.

Der Umstand, dass nach §§ 774, 420 B. G. B. die Forderungen auf den befriedigenden Bürgen übergehen können, scheint uns also für die Natur der Verbindlichkeiten unerheblich.[1]) Es handelt sich in der That um ein gesamtschuldartiges Verhältnis.[2])

1) Die Art und Weise, wie eine Forderung übertragen werden kann, ist doch wohl zweifellos für die Natur der Obligation niemals wesentlich.

2) Insofern eine Haftungsart, wie sie nach § 420 B. G. B. sonst für mehrere Schuldner einer teilbaren Leistung gewöhnlich eintreten soll und nach der lex Furia für mehrere confidesponsores und confidepromissores eintrat, begrifflich stets ausgeschlossen ist.

§ 5. Die Mitbürgenobligation in ihrer Entwickelung.

Das rechtliche Schicksal der einzelnen Mitbürgenschuld.

I. Im Vorigen handelte es sich um die Frage nach Inhalt und Natur der Verbindlichkeiten, wie sie für die einzelnen Mitbürgen durch die Verbürgungsverträge begründet werden können. Jetzt wären die rechtlichen Schicksale der einzelnen entstandenen Verbindlichkeit in ihrem Wechsel zu verfolgen. Unter den Schicksalen der Verbindlichkeit möchten wir dabei verstehen: Eintritt der Fälligkeit, inhaltliche Erweiterung, Beschränkung, Aenderung, Verstärkung oder Abschwächung der Haftung, Untergang, Nachfolge in die Gläubiger- oder Schuldnerrolle, Ausscheiden aus derselben u. s. w.

Diese rechtlichen Veränderungen an einer Verbindlichkeit sind die Wirkungen gewisser Thatbestände, die für dieselbe, d. h. im Verhältnis des betr. Schuldners und des Gläubigers eintreten; derartige Thatbestände sind: Kündigung, Verzug, Verschulden, Erfüllung und ähnliche, Erlass, Verjährung, Cession, Schuldübernahme, Schuldanerkenntnis u. dergl. Es muss dabei natürlich unterlassen werden, diese Thatbestände, welche im Folgenden mit ihren kurzen technischen Ausdrücken bezeichnet werden, alle noch vorerst in ihre einzelnen Momente zu zergliedern oder ihre normale Wirkungsweise in den Einzelheiten darzulegen. Alle solche Ausführungen würden den Rahmen dieser Arbeit überschreiten.

Die Erörterungen werden nun auf Thatbestände beschränkt, die für die Mitbürgenverbindlichkeiten eintreten und die Wirkungen, die infolge solcher Thatbestände für alle oder einzelne Mitbürgenverbindlichkeiten eintreten. Einige kurze Bemerkungen über den Einfluss von Hauptschuldthatbeständen auf die Bürgenverbindlichkeiten müssen indessen vorausgeschickt werden.

II. Durch Thatbestände, welche für die Hauptschuld, also im Verhältnis zwischen Gläubiger und Hauptschuldner eintreten, werden die mehreren Bürgschaftsverbindlichkeiten regelmässig, aber doch nicht notwendig und stets, alle in gleicher Weise berührt. Als Folgerungen aus einer früheren Darstellung in § 1 lassen sich hier nun aufzählen:

1. Inhaltliche Veränderungen, Beschränkungen und Erweiterungen der Hauptschuld, letztere soweit sie nicht durch ein späteres Rechtsgeschäft des Hauptschuldners erfolgen [1]) und soweit die Haftung dafür von einem bestimmten Bürgen nicht ausdrücklich übernommen ist,[2]) treten gleichmässig auch für die Bürgschaftsverpflichtungen ein und zwar deshalb, weil eben der Inhalt der Bürgschaftsschuld bestimmungsgemäss stets mit dem der Hauptschuld gleich bleiben soll.[3])

2. Mangels weiteren Zwecks und infolge der angegebenen inhaltlichen Abhängigkeit der Bürgschaftsschuld von der Hauptschuld müssen die Bürgschaften alle erlöschen, wenn die Hauptschuld erlischt.[4])

a. Die durch den Schuldner oder einen Dritten für ihn resp. zu seinen Gunsten vorgenommene wahre Erfüllung und deren Surrogate, Leistung an Erfüllungsstatt, vollzogene Aufrechnung, unzurücknehmbare Hinterlegung, tilgen die Hauptschuld und damit alle Bürgschaftsschulden.

b. In derselben Weise ist auch die formelle Befriedigungserklärung des Gläubigers, z. B. Quittung und gewöhnlicher Erlass bezüglich der Hauptschuld für alle Bürgschaftsschulden Erlöschungsgrund

1) B. G. B. § 767, Abs. 1, S. 3. Vergl. Comm.

2) Vergl. oben § 1 I, 4.

3) Oertmann, C. Vorbem. § 765, S. 491, Planck, C. § 767 1 a, S. 512, Dernburg, B. R. § 286 I, 1. S. 347.

4) Vergl. § 767 B. G. B. u. Comm.

c. Die nachträgliche, erfolgreiche Anfechtung und die Nichtigkeit der Hauptschuld befreit alle Bürgen.

d. Ebenso bewirkt notwendig eine Tilgung für alle Bürgschaften: das unverschuldete Unvermögen des Schuldners und entsprechend müsste die »zufällige« objektive Unmöglichkeit wirken; allein für diese versteht sich die tilgende Wirkung auf die Bürgschaften schon von selbst, insoweit diese Thatsache eben ihrem Begriff nach stets auch für alle Bürgen vorliegen muss. Die angegebenen Sätze treffen zu, auch wenn die Verpflichtung des Bürgen in erster Reihe auf eine Geldentschädigung statt der Hauptschuldleistung gerichtet gewesen wäre; denn, wenn der Hauptschuldner keinen Geldersatz schuldet, braucht auch der Bürge solchen nicht zu leisten.

e. Ebenso hat die Verjährung der Hauptschuld notwendig für alle Bürgschaften das Entstehen einer peremtorischen Einrede zur Folge.

f. Eine dilatorische Einrede steht notwendig allen Mitbürgen zu, wenn gegen die Hauptschuld nachträglich Anfechtung oder Aufrechnung möglich wird oder ihr Betrag zurücknehmbar hinterlegt wird.

3. Verzug und Verschulden des Hauptschuldners greifen gleichfalls gewöhnlich in das Schicksal aller Bürgschaften ein. Eine Ausnahme tritt aber für einen einzelnen Bürgen dann ein, wenn er die Haftung für eine infolge Verzugs, Verschuldens erweiterte oder eine durch verschuldete Unmöglichkeit inhaltlich veränderte Leistung ausdrücklich ausgeschlossen hat.

4. Die Cession der Hauptforderung würde an sich nicht für die Mitbürgen wirken. Aber nach § 401 B. G. B. gehen mit der Hauptforderung auch die Bürgschaftsforderungen über; dieselben werden meist mit cediert sein. Sind sie aber ausdrücklich vom Uebergang ausgenommen, so erlöschen

sie.[1]) Erwirbt ein Dritter dadurch, dass er den Gläubiger »befriedigt«,[2]) die Hauptforderung, so erwirbt er dann hiermit gemäss §§ 401, 412 B. G. B. auch die Bürgschaftsforderungen natürlich wieder nur, soweit er sie nicht ausnimmt und zur Erlöschung bringt. Das Gleiche gilt vom Bürgen, wenn dieser nach § 774 B. G. B. den Gläubiger befriedigt. Eine Forderung gegen sich selbst wird der Bürge aber doch jedenfalls nicht erlangen, nicht erst desshalb, weil eine solche durch Confusion erlöschen würde, sondern schon, weil anzunehmen ist, dass er diese Forderung tilgt, weil es überhaupt als normale Parteiabsicht eines Schuldners zu bezeichnen ist, dass er sich, aber auch nur sich selbst, befreie. Mit solcher Befriedigung setzt dann der Bürge unwillkürlich[3]) für die anderen Forderungen zugleich denjenigen Thatbestand, an den das Gesetz deren Uebergang knüpft.

5. Ein einziger, die Hauptschuld betreffender Thatbestand wirkt zunächst stets nur für die eine Bürgschaftsverbindlichkeit, welche er mit betrifft, nämlich die Vereinigung der Haupt- und einer Bürgschaftsschuld in einer Person. Wenn ein Bürge die Nachfolge des Gläubigers antritt oder umgekehrt, so erlischt die betreffende Bürgschaft, sofern ihr Fortbestand für den Gläubiger kein Interesse mehr hat.[4]) Nicht untergehen würde sie etwa, wenn sie durch Afterbürgschaft, Pfandrecht, Hypothek, Vorzugsrecht etc. besonders gesichert wäre, wenn sie

---

1) Schon, weil für die Bürgschaftsschuld der jeweilige Bestand der Hauptschuld massgebend sein soll, würde es nicht angehen, dass für die erstere die Person des Leistungsempfängers eine andere würde, als für die letztere. Vergl. aber auch § 1 I, 7 S. 16, Anm. 2.

2) Ausnahmsweise unter den Voraussetzungen des § 268 B. G. B.

3) Der fragliche Thatbestand wirkt als Faktum, nicht als Handlung.

4) Oertmann, C. § 767, 2b, S. 493.

unanfechtbarer als die Hauptschuld oder klagbar wäre, während jene letztere klaglos ist, wenn dies überhaupt möglich.[1])

6. Die eingehende Behandlung des Einflusses der Hauptschuld auf die Bürgschaften gehört dem allgemeinen Bürgschaftsrecht, nicht speziell der Lehre von der Mitbürgschaft an. Wir schliessen daher diese Untersuchung mit der Folgerung, auf die es uns am meisten für die Mitbürgschaft ankommt, dass die Veränderungen der Hauptschuld meist, aber nicht notwendig, für alle Mitbürgenverbindlichkeiten eine gleiche Entwickelung zur Folge haben und dass diese Obligationen, wie sie gleich in ihrer Entstehung sich oft unterscheiden, sich auch in verschiedener Weise entwickeln können.

III. Nachdem wir den Einfluss der Hauptschuldthatbestände auf die Bürgschaften besprochen haben, soll hier nun von den Rechtswirkungen der für die Bürgenverbindlichkeiten selbst eintretenden Thatbestände die Rede sein. Solche können regelmässig entweder für einzelne oder für alle Bürgschaften eintreten.

Es müssen hier aber gleich gewisse Thatbestände ausgeschieden werden, weil sie überhaupt nicht für die Bürgschaften allein, weder für einzelne, noch für alle eintreten und für sie allein wirken können. So kann z. B. eine wirksame vertragliche Cession oder eine rechtsbeständige gesetzliche Uebertragung nach §§ 774, 426, 268 B. G. B. auf den Bürgen bezw. einen Dritten, der den Gläubiger befriedigt, überhaupt ein Uebergang von Bürgschaftsforderungen ohne die Hauptforderung niemals stattfinden. Der Grund hierfür ist schon an früherer Stelle dargelegt.

Trifft ein Thatbestand für eine der Verbindlichkeiten zu, so ändert er diese nach allgemeinen Grundsätzen. Gewöhnlich erstreckt er jedoch

[1]) Ob Letzteres möglich ist, ist, wie schon bemerkt, streitig, vergl. § 1. I. 2.

seine Wirkungen nicht über diese hinaus auch auf die anderen Verbindlichkeiten; letztere bleiben vielmehr von ihm unberührt.[1]) Daraus ergiebt sich also eine neue Möglichkeit, dass für Verpflichtungen von Mitbürgen die von Haus aus gleich waren, die mannigfachsten Verschiedenheiten im Inhalt u. s. w. sich entwickeln.

1. Hauptanwendungsfälle der genannten Regel von der Einzelwirkung jedes Thatbestandes sind folgende:

a. Blos für denjenigen Bürgen dem gekündigt ist, tritt die Fälligkeit ein, wenn letztere von einer Kündigung abhängt.[2])

b. Sind nur einzelne nach Eintritt der Fälligkeit gültig gemahnt oder haben nur einzelne zu kalendarisch bestimmter oder von vorgängiger Kündigung ab kalendarisch zu berechnender Zeit[3]) zu leisten oder haben von mehreren gemahnten Bürgen nur einige die Verzögerung der Leistung zu vertreten, so haben auch nur diese, nicht die übrigen die Rechtsfolgen des für sie dann gegebenen Leistungsverzugs zu tragen.[4])

c. Nach § 424 B. G. B. wirkt der Verzug des Gläubigers gegenüber einem der Gesamtschuldner A, wie später auszuführen, auch für die übrigen.[5]) Das Gesetz enthält keine ausdrückliche Bestimmung darüber, ob zur Beendigung seines Verzugs der Gläubiger sich nun allen oder nur einem gegenüber nachträglich annahmebereit erklären bezw. die zur Ermöglichung der Leistung notwendige Handlung vornehmen muss.

---

[1]) § 425 Abs. 1. B. G. B.

[2]) C. zu § 425: H. Schollmeyer, 1 a, S. 426, Oertmann, 1 a, S. 144, Planck, 2 a, S. 215, Dernburg l. c.

[3]) § 284 Abs. 2. B. G. B.

[4]) C. zu § 425: H. Schollmeyer, 1 b, S. 426, Oertmann, 1 b, S. 144, Planck, 2 b, S. 215, Dernburg l. c. Anm. 15.

[5]) Vergl. unten III 2 c.

Es sind zweierlei Fälle zu unterscheiden, von denen die eine Kategorie hieher gehört. Nämlich: Holt der Gläubiger, nachdem er einem gegenüber die ihm obliegende Annahme von dessen Erfüllungsangebot versäumt hat, dieses gegen einen andern nach, so kann zweifelhaft sein, ob hiermit fortan die Verzugswirkungen blos für diesen andern oder auch für jenen oder für alle Gesamtschuldner wegfallen.[1]) Für das Letztere liesse sich anscheinend geltend machen, dass die Handlung, die die Verzugswirkungen für einen Schuldner beseitigt, die »purgatio morae«, nicht einzelwirkend sein könne, wenn das Gesetz der mora selbst Gesamtwirkung beilege. Ausserdem werde in solcher Nachholung nicht selten eine Mahnung liegen, so dass dadurch der betreffende Gesamtschuldner in Erfüllungsverzug komme; in diesem Falle könne also doch nicht wohl der Gläubiger einem anderen gegenüber in Annahmeverzug verbleiben. Dennoch muss wohl die erste Ansicht aus verschiedenen Gründen als die richtige angesehen werden. Die erste der Beweisführungen für das Gegenteil wäre selbst dann nicht schlüssig,[2]) wenn es sich bei solcher Nachholung wirklich nun eine »purgatio norae« handelte, was aber, wie gleich zu zeigen, nicht einmal der Fall ist. In ihrer zuletzt erwähnten Konsequenz aber liegt wenigstens kein unerträglicher Uebelstand.[3])

Vor Allem erklärt das Gesetz in § 425 alle

---

1) Für das Letzte Oertmann, C. § 424 n. 2. Sein zweiter Grund lässt erkennen, dass der Verf. wirklich auch den hier behandelten Fall im Auge hat, woran man um deswillen zweifeln könnte, weil er den auf ihn nicht passenden Ausdruck »purgatio morae« gebraucht.

2) Warum muss denn die verzugbeendende Thatsache ähnlich wirken, wie die verzugbegründende? Was rechtfertigt diese Analogie, für die völlig entgegengesetzte Thatsache?

3) Vergl. Dernburg, B. R. II 1, § 163 II 8, Abs. 2 u. Anm. 14 (S. 376).

Thatsachen ausser den in §§ 422—424 ausdrücklich genannten für einzelwirkend. Ferner kann die einem Gesamtschuldner gegenüber erfolgende Nachholung nach allgemeinen Grundsätzen das Verhältnis des Gläubigers zu einem andern Gesamtschuldner nicht berühren.[1]) Noch eher als dieses Letztere liesse sich vielmehr bezweifeln, ob die Nachholung, von der wir sprechen, überhaupt auch nur für den betreffenden Gesamtschuldner selbst wirke, denn sie kann ja gar keine eigentliche »Heilung des Verzugs« sein, weil sie keinem gegenüber erfolgt, gegen den der Gläubiger wirklich in Annahmeverzug gekommen wäre. Man wird aber annehmen dürfen, dass der Gläubiger die Nachteile des Annahmeverzugs mindestens gegen denjenigen Schuldner fernerhin nicht tragen soll, dem gegenüber er alles ihm Obliegende gethan hat. Für diese Annahme muss in erster Linie die billige Abwägung der Interessen der Obligationsparteien massgebend sein, wie sie unserem Verzugsrecht zugrunde liegt. Dazu tritt dann noch die fernere Erwägung, dass der Gläubiger ja mangels gegenteiliger Gesetzesbestimmung auch nach solcher Säumigkeit einem gegenüber den andern in Erfüllungsverzug versetzen könnte und dass dann, was diesen angeht, die Folgen des Erfüllungsverzugs jedenfalls die des Annahmeverzugs ausschliessen müssten. Da wir es nun aber überhaupt nicht mit einem wahren verzugsbeendigenden Thatbestand, sondern vielmehr mit einem eigenartigen, bei der Einzelobligation nicht denkbaren Thatbestand zu thun haben, kann auch von Wegfall von eigentlichen Verzugswirkungen für alle keine Rede sein. Der besprochene Thatbestand ist also einzelwirkend.

Von dem Falle, dass der Gläubiger demselben Bürgen gegenüber, gegen den die Annahmeverzugsthatsachen eintraten, die Annahmebereitschaft erklärt,

---

[1]) Planck, C. § 424.

also der wirklichen, wahren Verzugsheilung und ihren Wirkungen werden wir erst unten [1]) sprechen.

d. Die Folgen des Verschuldens [2]) treten für einen bestimmten Bürgen immer nur dann ein, wenn gerade er sich in Verschulden befindet.

e. Dasselbe gilt vom Unvermögen d. h. der subjektiven Unmöglichkeit eines Bürgen,[3]) wenn also gerade ein bestimmter Bürge nicht leisten kann.

f. Die Verjährung wirkt nur für den Bürgen, für den sie sich vollendet hat.[4]) Dass sie sich aber nicht notwendig zu gleicher Zeit für alle vollenden muss, ist aus verschiedenen Gründen von vornherein klar, denn sie kann, da die Ansprüche gegen die einzelnen zu verschiedenen Zeiten entstanden sein [5]) oder einige seither wieder anerkannt haben [6]) oder verklagt sein können,[7]) zu verschiedener Zeit beginnen. Sie kann ferner innerhalb gewisser Zeiträume für einzelne wegen dilatorischer Einreden,[8]) Ehe mit dem Gläubiger [9]) u. s. w.[10]) gehemmt gewesen sein, für andere unterdessen weiter gelaufen sein. Endlich ist aber sogar leicht möglich, dass die Verjährungsfristen für die einzelnen Bürgenschulden überhaupt ungleiche sind, man denke beispielsweise an vertragliche Abkürzungen der Verjährungsfrist für einzelne Bürgen [11]) oder den Fall, dass der Gläubiger seine

---

1) Unten 2 c, vorl. Abs.

2) C. zu § 425: H. Schollmeyer, 1 c, S. 427, Oertmann, 1 c, S. 144—145, Planck, 2 c, Abs. 1 S. 215, Dernburg l. c. Anm. 16.

3) C. zu § 425: H. Schollmeyer, 1 d, S. 428, Oertmann, 1 d, S. 145, Planck, 2 c, Abs. 2 S. 215.

4) C. zu § 425: H. Schollmeyer, 1 e, S. 425, Oertmann, 1 e, S. 145, Planck, 2 d, S. 215.

5) Vergl. § 3 S. 58. §§ 198, 199 B. G. B.

6) § 208 B. G. B.

7) § 209 B. G. B.

8) § 202 Abs. 1, B. G. B.

9) § 204 B. G. B.

10) § 203 B. G. B.

11) § 225, S. 2. B. G. B.

Forderung bezüglich einzelner auch noch auf andere Schuldtitel stützen kann, als bezüglich der anderen.[1])

9. Die Hemmung[2]) und Unterbrechung[3]) der Verjährung erstreckt ebenfalls ihre Rechtswirkungen nicht über den Bürgen hinaus, für den der Hemmungsgrund, also die dilatorische Einrede, die Ehe mit dem Gläubiger u. s. w. vorliegt, bezw. demgegenüber durch Anerkenntnis, Klage u. s. w. die Verjährung unterbrochen ist.

h. Endlich wirkt auch die Vereinigung der Forderung und Schuld nur für die betreffende Verbindlichkeit.[4]) Succediert also der Gläubiger dem Bürgen oder letzterer jenem, so erlöschen die Verpflichtungen der Mitbürgen nicht.

i. Das Erlöschen einer Bürgschaftsschuld durch Zusammentreffen mit der Hauptschuld[5]) (uneigentliche Confusion) hat keinen Einfluss auf die übrigen Bürgenschulden, denn am Fortbestande dieser weiteren Sicherungsmittel seines Vermögensausstandes behält der Gläubiger ja nach wie vor ein erhebliches Interesse.

j. Endlich treten natürlich die Wirkungen des rechtskräftigen Urteils nur für den Bürgen ein, gegen den es ergangen ist.[6])

k. Die vertragliche oder gesetzliche »Cession« würde in Gemässheit der Regeln von der Gesamtschuld, auf welche § 769 B. G. B. für die Mitbürgen verweist, noch zu den einzelwirkenden Thatbeständen zählen

---

[1]) Z. B. Schuldanerkenntnis §§ 780, 781 B. G. B. Verwandlung in Darlehensschuld (sogen. Novation) § 607 Abs. 2, B. G. B.

[2]) [3]) Schollmeyer, Oertmann, Planck, C. C. an den in Anm. 4, S. 85 angegebenen Stellen. Dernburg, B. R. c. Anm. 17.

[4]) C. zu § 425: Schollmeyer, 1 f, S. 429, Oertmann, 1 f, S. 145, Planck, 2 a, S. 216, Dernburg, B. R. l. c. Anm. 18.

[5]) Vergl. oben II 5.

[6]) C. zu § 425: Schollmeyer, 1 g, S. 429, Oertmann, 1 g, S. 145, Planck, 2 f S. 216, Dernburg, B. R. l. c. Anm. 19.

müssen.[1]) Allein eine einzelne Bürgschaftsforderung kann überhaupt nicht ohne die Hauptforderung cediert werden.

l. Werden bei Uebertragung der Hauptforderung einzelne Bürgenverbindlichkeiten vom Uebergang ausgeschlossen, so erlöschen sie, wie oben bemerkt, ohne dass dies die übrigen berührt.[2])

m. Vielleicht darf auch Folgendes noch hier erwähnt werden: Wird ein Bürge dadurch frei, dass der Gläubiger ein vor oder nach der Verbürgung entstandenes accessorisches Recht der Hauptforderung aufgiebt, aus dem der Bürge nach § 774 Ersatz hätte erlangen können (§ 776 B. G. B.),[3]) so werden nicht auch weitere Bürgen frei, soweit für sie die Erfordernisse des § 776 nicht auch vorliegen. § 776 aber kann sehr wohl für einen zutreffen, für andere nicht, z. B. wenn nur dem einen, nicht auch dem andern Regressrechte zustanden u. s. w.

2. Nunmehr unterziehen wir die Fälle unserer Betrachtung, in denen rechtliche Veränderungen mit

---

[1]) Vergl. oben § 1, I 7, S. 16 Anm. 2. Allerdings würde nach Oertmann, C. § 425 1 h, S. 145 das Gesamtschuldverhältnis kein Hindernis für die Uebertragung blos einer einzelnen der mehreren Forderungen bilden. Dem ist wohl beizutreten.

[2]) Vergl. oben § 1, I 7, S. 16 Anm. 2, § 5, II 4.

[3]) Der Verzicht auf das Recht gegen einen Mitbürgen oder auf ein Vorzugsrecht u. s. w. ist freilich ein Thatbestand, der zunächst für das Verhältnis des Bürgen zum Mitbürgen, bezw. für die Hauptschuld eintritt und wirkt. Allein es macht sich bei ihm der praktische Zusammenhang letzterer Verhältnisse mit dem des Bürgen zum Gläubiger geltend. Alle diese Rechte stehen in Beziehung und ihrem Bestande nach vielfach in gegenseitiger Abhängigkeit, sofern die gesamten Rechte des Gläubigers durch die Zahlung solche des Bürgen werden sollen. Verschlechtert nun durch solchen Verzicht der Gläubiger pflichtwidrig, gegen Treu und Glauben die Stellung des Bürgen, so versagt ihm das Gesetz billigerweise den Anspruch gegen denselben. Insofern gehört dann der Thatbestand hierher.

allen Verbindlichkeiten vor sich gehen, die Fälle gemeinsamer Entwickelung. Die Ursache aller Veränderungen kann eine einzige Thatsache sein; oft wird es dem Anschein nach ein Thatbestand sein, der nur für eine einzige Bürgschaftsverbindlichkeit vorliegt. Man spricht dann von Fällen von Gesamtwirkung. Es lassen sich jedoch hier mehrere rechtlich sehr verschiedene Gruppen unterscheiden, von denen einige wohl mit Unrecht auch als Gesamtwirkungsfälle bezeichnet werden.

a. Alle Verbindlichkeiten werden normalerweise — gemäss obiger Regel —[1]) dann und nur dann in gleicher Weise verändert werden, wenn ein gleicher Thatbestand gleichmässig für alle Obligationen eintritt. Gesamtwirkung, erweiterte Wirkung, ist dies streng genommen offenbar nicht, wenn man den Ausdruck im eigentlichen und dem einzigen Sinn gebrauchen will, in dem er etwas besagt.

(Es handelt sich nicht um einen für eine einzige Verbindlichkeit eingetretenen Thatbestand, der auf die anderen seine Wirkung erstreckt, sondern für jede Obligation liegt ein besonderer, wenn auch für alle gleicher Thatbestand vor. Die Rechtsveränderung für eine jede Obligation erklärt sich nach den gewöhnlichsten Obligationsgrundsätzen aus ihrem Thatbestand, nicht aus dem Einfluss einer anderen Obligation.) Der Grund für die Gleichmässigkeit der Entwickelung aller Obligationen ist hier auch keineswegs die besondere Natur der Solidarität; letztere ist es so wenig, dass Entsprechendes bezüglich vieler der aufzuführenden Thatbestände auch bei ganz selbstständigen Verbindlichkeiten eintreten kann. Auch ist die gleichmässige Wirkung in solchen Fällen zufällig, nicht notwendig für die Gesamtheit und kann bisweilen auf einzelne beschränkt sein. Unter diesen, eine besondere Eigen-

---

[1]) Ueber die Einzelwirkung (oben 1).

tümlichkeit nicht aufweisenden Fällen mag man wieder zwei Gruppen unterscheiden.

α. Es giebt Thatsachen, welche logischerweise nur für alle gleichzeitig und gleichmässig vorliegen können, wenn sie überhaupt für irgend einen vorliegen. Hier sei namentlich der objektiven d. h. für jeden Schuldner vorhandenen Leistungsunmöglichkeit gedacht, weil sie (bei der Gesammtschuld) häufig als gesammtwirkender Thatbestand bezeichnet wird. Allein, wenn die Unmöglichkeit, abgesehen von den besonderen Folgen wegen Verzugs und Verschuldens einzelner[1]), Befreiungsgrund für alle ist, so erklärt sich dies in obiger Weise und die Solidarität ist nicht einmal unersetzliche thatsächliche Voraussetznng dafür, dass die Unmöglichkeit gleichzeitig für alle diese Obligationen gegeben sein kann; denn auch bei völlig selbstständigen Obligationen kann ja z. B. ein und dasselbe Naturereignis eine Unmöglichkeit für alle herbeiführen. Alle Bürgen werden frei, wenn für ihre Verpflichtung schon von vornherein in erster Linie statt der Leistung eine Geldentschädigung in Aussicht genommen war,[2]) trotzdem ja letztere an sich möglich bleibt; denn ihre Ersatzleistungspflicht diente blos zur Sicherung des Hauptschuldanspruchs und die Garantie für diesen ist jetzt für alle Bürgen unmöglich. —

β. Bisweilen kann eine Thatsache, welche scheinbar nur für einen Schuldner vorliegt, in Wirklichkeit nach den Umständen ein rechtlich erhebliches Thatbestandsmoment auch für die anderen Verbindlichkeiten darstellen. So kann die Erfüllung, die Hingabe an Erfüllungsstatt, die Hinterlegung, die Aufrechnungserklärung und der Erlassvertrag, die Aufrechnungserklärung zwar von

---

[1]) Vergl. 1 b. u. c. Schollmeyer, C. zu § 422, 2. S. 421, Oertmann, C. zu § 425, 1 d, S. 145, Planck, C. § 425, 2 c, Abs. 1, S. 215, Dernburg, B. R. § 162, II, 7. S. 375.

[2]) Vergl. oben § 1, I. 4. Abs. 2 a. E.

einem Bürgen, aber doch zugleich für ihn selbst und in Vertretung oder zugunsten anderer Bürgen, also auch als Erfüllung, Erlassvertrag bezüglich anderer Einzelschulden vorgenommen sein. Sofern ja das Objekt der Leistung für alle gleich ist, besteht eben diese Möglichkeit, dass durch einen scheinbar einzigen Leistungsakt alle Verbindlichkeiten erfüllt werden. War die Erfüllung und der Erlass so gemeint, so erlöschen die sämtlichen Verbindlichkeiten selbstverständlich schon nach den gewöhnlichen Regeln, wobei von Gesamtwirkung dann wohl keine Rede sein kann. Zu bedenken ist aber, dass der Erfüllende normalerweise nur die eigene, nicht fremde Schulden wird tilgen wollen.[1]) Aehnliches gilt beim Erlass; es müsste evtl. besonders nachgewiesen werden, dass der Erlass für alle gelten sollte.[2]) Ferner ist ja nach dem Gesetz noch keine allgemeine Vertretungsbefugnis unter den Gesamtschuldnern, etwa wie nach Pr. A. L. R. unter Correalschuldnern[3]) gegeben. Die Erfüllung oder der Erlass einer der solidarischen Bürgenschulden wird also meist nicht auch zugleich Erfüllung oder Erlass der anderen sein. Unrichtig wäre es daher schon aus diesen Gründen, wenn man, wie dies bisweilen früher für Correal-Obligationen geschah,[4]) die Gesamtwirkung von Erfüllung und Erlass bei Gesamtschulden überhaupt allgemein immer darauf zurückführen wollte, dass mit Erfüllung einer Verbindlichkeit auch die übrigen erfüllt würden, indem der Erfüllende suo et alieno nomine handle.

---

1) Vergl. unten S. 95.

2) C. zu § 423: Schollmeyer, 2. Abs. 2, S. 423, Oertmann, 2. S. 143, Planck, Abs. 1, S. 213, Dernburg, B. R. § 162 II. 6. S. 375.

3) Vergl. oben § 2 B I. 1.

4) Ungefähr darauf hinaus liefen die Theorieen von Brinz, Waldner u. A. angeführt bei Windscheid P. § 293.

Was in der besprochenen Richtung vom Erlass gilt, wird meist auch von der Uebernahme der Bürgschaftsschulden gelten.[1]) Die zwischen Gläubiger und Uebernehmer vereinbarte Schuldübernahme oder Erfüllungsübernahme kann als Uebernahme einer bestimmten oder aller Bürgenschulden gemeint sein,[1]) die zwischen einem Bürgen und dem Uebernehmer vereinbarte wird sich fast stets nur auf die eine bestimmte Schuld beziehen.[2])

Die Cession aller Bürgschaftsforderungen ohne die Hauptforderung ist nicht möglich, ebensowenig die gesetzlichen cessionsartigen Thatbestände.[3]) Werden bei Uebertragung der Hauptforderung die Bürgschaftsforderungen vom Uebergang ausgenommen, dadurch dass ausdrücklich blos die erstere übertragen wird, so erlöschen alle Bürgschaftsforderungen gleichmässig.[3])

Ebenso versteht sich das Eintreten gleicher Wirkungen für alle Bürgen von selbst, wenn der Gläubiger von einem Bürgen als dem Vertreter aller bezw. für alle in Annahmeverzug versetzt wird, wenn der Gläubiger gegen einen der Bürgen zugleich als Vertreter aller übrigen sich annahmebereit erklärt oder die versäumte zur Erfüllung erforderliche Handlung nachholt, wenn einer für alle und als Vertreter aller nach der Leistungszeit gemahnt ist, wenn ein Versehen allen zur Last fällt, gegen alle die Forderung verjährt oder die Verjährung gehemmt oder unterbrochen ist, für alle Confusion eintritt, rechtskräftiges Urteil ergangen ist, einer für alle ein Schuldanerkenntnis oder Schuldversprechen abgiebt u. s. w.[4])

---

1) C. zu § 423: Schollmeyer, 4. S. 424, Oertmann, 5a. S. 143, ähnlich Planck, Abs. 3. S. 213, Dernburg l. c. Anm. 42.

2) C. Oertmann, C. § 423 4a. Planck, § 423, Abs. 3.

3) Vergl. oben § 1, I. 7. S. 16, Anm. 2.

4) Die erforderliche Vertretungsmacht und die Erklärung, auch für die andern handeln zu wollen, vorausgesetzt.

Alle diese Veränderungen können natürlich ebenso auch blos für mehrere einzelne Bürgen, statt für alle, erfolgen. Bisweilen wird eine scheinbar einheitliche und nur einen Bürgen betreffende Thatsache, infolge von ausdrücklichen Erklärungen oder infolge besonderer Umstände blos für einzelne Mitbürgen mit eingreifen und wirken.[1])

b. Bisher sprachen wir von der gemeinsamen Entwickelung, die für jede Obligation durch einen besonderen Thatbestand herbeigeführt wird. Es ist aber auch möglich, dass infolge eines wirklich einzigen Thatbestandes, der für die Verbindlichkeit des einen Mitbürgen eintritt, die Verbindlichkeit der andern Mitbürgen inhaltlich verändert wird.

Eine erste Gruppe dieser Art bilden die Fälle, dass die Verbindlichkeiten sich infolge einer für eine eintretende Thatsache infolge ihrer eigenen besonderen vertraglichen Inhaltsbetimmungen ebenfalls entsprechend ändern sollen, oder, einfacher ausgedrückt: die Fälle vereinbarter Gesamtwirkung! Er kann z. B. durch den ursprünglichen Schuldvertrag oder späteren Vertrag ein Mitbürge seine Verpflichtung inhaltlich ja gerade dahin bestimmen, dass ihr Anfang und Inhalt nicht nur durch die Erweiterungen und Beschränkungen der ursprünglichen Schuld bestimmt wird, sondern auch die Veränderungen, welche für die Verbindlichkeit eines anderen Mitbürgen (infolge von dessen Erfüllungsverzug, Verschulden, Unvermögen, infolge rechtskräftigen verurteilenden Erkenntnisses, Schuldanerkenntnisses Schuldversprechens u. s. w.) später eintreten können, entsprechend mitmachen soll.[2])

Ebenso kann er vereinbaren, dass seine Schuld

---

[1]) Wenn z. B. von einem, der blos Vertreter einiger Mitbürgen ist, und nur für diese gehandelt würde.

[2]) Das wäre nur eine besondere Umfangsbestimmung für die Verbindlichkeit des betr. Bürgen. Vergl. § 1, I 4. Abs. 3 u. § 3, S. 58.

mit Kündigung an einen andern auch fällig und z. B. von da ab verzinslich werden soll, dass sie auch klaglos werden oder erlöschen soll, wenn die Verbindlichkeit des anderen verjährt ist bezw. durch Confusion untergeht oder durch rechtskräftiges Urteil abgesprochen wird.[1])

Die Wirkung der Hemmung oder Unterbrechung der Verjährung einer anderen Verbindlichkeit kann dagegen wohl nicht für einen Bürgen vereinbart werden, insofern dies auf eine unzulässige Erschwerung der Voraussetzungen für die Verjährung seiner Schuld hinausliefe.[2])

Es kann auch ausdrücklich oder stillschweigend für einzelne Bürgen festgesetzt werden, dass der Gläubiger nach Verzug gegen einen anderen Bürgen durch Erklärung der Annahmebereitschaft oder Nachholung der ihm obliegenden Handlung jenem gegenüber die für sie eingetretenen günstigen Annahmeverzugswirkungen wieder soll beseitigen können. Wie nun ein einzelner Bürge seine Verpflichtung in der angedeuteten Richtung nach der eines andern bestimmen kann, so kann auch gleichmässig jeder einzelne sie nach der jedes andern bestimmen. Hier ergiebt sich dann ein Schein vertragsmässiger Gesamtwirkung.[3])

Allein, genau genommen, liegt doch auch hier ein Einfluss einer Verbindlichkeit auf die andere nicht vor, denn die von dem Thatbestand zunächst nicht unmittelbar betroffene Verbindlichkeit wird ja hier nicht geradezu infolge jenes die andere Verbindlichkeit modifizierenden Thatbestandes selbst

---

1) C. zu § 425: Oertmann, 2. S. 145, Planck, 3. S. 216, Dernburg, B. R. § 162 III. Abs. 4, 5, 6. S. 377.

2) C. zu § 425: Schollmeyer, 2. S. 429, 430, Planck, 3. S. 216.

3) Von »vereinbarter Gesamtwirkung« darf man allenfalls auch hier sprechen, doch sind die Unterschiede dieser Fälle von den unter c. zu besprechenden festzuhalten.

unmittelbar verändert. Um eine eigentliche, organische Entwickelung kraft Gesetzes handelt es sich hier überhaupt für die nicht betroffene Obligation gar nicht; letztere wird in Wirklichkeit inhaltlich ja gar nicht erweitert, noch geändert. Die scheinbare Aenderung und Erweiterung, die sie erleidet, war für sie ja gleich von vornherein schon als eventueller Obligationsinhalt vorgesehen. Ihr Inhalt bestimmt sich demnach blos entsprechend dem ursprünglichen Schuld- oder einem späteren Zusatzvertrag und auf Grund desselben. Entsprechendes gilt vom Fall der herbeigeführten Fälligkeit. Mit der solidarischen Natur der Verbindlichkeiten hängt eine solche »Gesamtwirkung« nicht wesentlich znsammen; eine solche könnte denkbarerweise auch für vollständig selbständige Verbindlichkeiten kraft der Schuld oder späterer Zusatzverträge vorkommen, wiewohl dies praktisch nie der Fall sein wird.[1])

Sodann ist es, wie eingangs bemerkt, möglich, dass blos einzelne Bürgen ausmachen, dass die Veränderungen für bestimmte einzelne sie treffen sollen; keineswegs ist also notwendig, dass die Veränderungen für jeden alle anderen mit treffen. Eine rechtlich notwendige Wirkung für alle liegt also auch von diesem Gesichtspunkt nicht vor.

Der erwähnten Gruppe von Fällen »vereinbarter Gesamtwirkung« hat das Gesetz im § 425 Abs. 1 gedacht, indem es bestimmt, dass die in Absatz 2 genannten und andere Thatbestände für und gegen andere Gesamtschuldner wirken können, soweit sich dies aus dem Schuldverhältnis ergiebt, d. h. soweit es — bei den auf Verträgen beruhenden Gesamtschulden — ausdrücklich oder stillschweigend vereinbart ist.[2])

---

1) Weil kein vernünftiger Zweck hierfür erdenklich wäre.

2) Wo Zweck und Natur eines besonderen Schuldverhältnisses vernünftigerweise die Gesamtwirkung solcher Thatbestände fordert, muss die letztere geradezu als stillschweigend vereinbart angesehen werden.

c. Den Gegensatz zu den eben behandelten Fällen, in denen eine Thatsache, die nur für eine einzige Bürgschaft eintritt, auf die andere blos mittelbar: durch das Mittel der Begründungsverträge jener letzteren selbst wirkt, bilden endlich die Fälle der unmittelbaren Wirkung eines Thatbestandes der einen Obligation auf die Schicksale der anderen kraft Gesetzes.

α. Die Erfüllung und deren Surrogate: alle materiellen und formellen Befriedigungsakte bezüglich einer Bürgschaftsverbindlichkeit wirken so unmittelbar kraft Gesetzes für alle. Sie tilgen alle solidarischen Bürgschaftsschulden und zwar auch dann, wenn sie — unter Voraussetzung der Zulässigkeit — von Dritten vorgenommen werden.[1]) Wir müssen ausdrücklich hervorheben, dass wir hier nun selbstverständlich nur mehr an die Fälle denken, dass der Leistende bezüglich der übrigen Verbindlichkeiten die Tilgungsmöglichkeit oder wenigstens den Tilgungswillen nicht hat oder zum Mindesten letzteren nicht erklärt. Den theoretischen Grund dieser Erscheinung haben wir schon oben berührt. Er liegt eben in der solidarischen Natur, in der begriffsgemässen eigentümlichen vertraglichen oder gesetzlichen Inhaltsbestimmung solcher Verbindlichkeiten; in allerletztem Grunde beruht er auf dem gemeinsamen Zweck aller dieser Verbindlichkeiten, der erreicht ist, sobald eine befriedigt ist. Freilich wird solche Gesamtwirkung nicht gerade häufig vorkommen. Kraft Gesetzes setzt nämlich der Bürge durch Befriedigung des Gläubigers, durch die er ja gewöhnlich nur seine Schuld tilgen will und tilgt,[2]) sei es auch unwillkürlich, für die Hauptforderung einen Thatbestand, durch den diese Forderung und mit ihr zugleich alle nicht

---

[1]) C. zu § 422: Schollmeyer, 1 a, S. 421, Oertmann, 1 a, S. 143, Planck, 1, Dernburg, l. c. II. 1. S. 374.

[2]) Alles Andere ist ihm daneben, wenn er überhaupt daran denkt, gleichgültig.

ausgenommenen und nicht durch solchen Akt vom Bürgen getilgten Bürgschaftsforderungen auf ihn übertragen werden; die Tilgung einer Bürgschaftsschuld durch den Bürgen wird also faktisch diese charakteristische gesamtbefreiende Wirkung nur äussern können, wenn der Zahlende auf den Erwerb des § 774 B. G. B. verzichtet.

Es hat den Anschein, als ob man zur Erklärung der Gesamtwirkung der Erfüllung und der gleichstehenden Akte des Bürgen oder eines Dritten der Gesamtschuldsätze nicht bedürfte, weil begriffsgemäss die Erfüllung einer Bürgenschuld die Hauptschuld und damit dann notwendig auch die übrigen Bürgschaftsforderungen zur Erlöschung bringen müsse. Die Argumentation wäre nicht unbedenklich; ob von Rechtswegen die Hauptschuld, falls deren Uebergang ausgeschlossen ist, erlösche, ist nicht ausser Zweifel.[1] Das logische Verhältnis ist, jedenfalls nach dem Gesetz, also dieses, dass mit Erfüllung einer Bürgschaftsschuld alle erlöschen und dass gleichzeitig auch die Hauptschuld erlöschen kann, was von Rechtswegen aber nur dann geschieht, wenn ihre Tilgung mit vereinbart war. Auch die teilweise Erfüllung kann nach der Natur der Verbindlichkeiten befreiend für alle Mitbürgen wirken. Das Gesetz hat nun auch offenbar diesen Standpunkt eingenommen, indem es im § 422 die gesamtbefreiende Wirkung der Erfüllung festsetzt, ohne die Teilerfüllung ausdrücklich auszunehmen. Wenn § 421 S. 2 bis zur Bewirkung der ganzen Leistung sämtliche Schuldner schlechthin verpflichtet sein lässt, so meint er damit nur eine Verpflichtung auf den Restbetrag; er drückt im Wesentlichen nichts Neues gegenüber dem Satz 1 und § 422 aus, er besagt besonders nicht, dass alle Schuldner grundsätzlich noch immer auf das Ganze haften, bis der

---

1) Vergl. oben § 1. I. 8. S. 19.

Gläubiger voll befriedigt ist. Die Unterschiede der beiden Auffassungen müssten sich namentlich im Konkurs zeigen, bei der Frage, ob der Gläubiger bis zur völligen Befriedigung im Konkurs eines Gesamtschuldners nur mehr den Restbetrag oder den ganzen Forderungsbetrag liquidieren könne. Allein gerade für diesen einzigen praktisch wichtigen Fall hat K. O. § 68 eine besondere zweifellose Regelung getroffen, durch welche die Entscheidung der Frage aus dem B. G. B. überflüssig wird. Die Bestimmung der K. O. geht hierbei offenbar von der gesamtbefreienden Wirkung der Teilleistungen aus.[1]) Im Konkurs gegen einen jeden Gesamtschuldner kann der Gläuber den ganzen Betrag geltend machen, den er zur Zeit der Eröffnung des Verfahrens noch zu fordern hatte. Der Satz gilt nicht nur, wenn über alle oder mehrere Gesamtschuldner gleichzeitig, sondern auch, wenn nur über einen einzigen Gesamtschuldner Konkurs eröffnet ist. Ist also vor Eröffnung eines Einzel-

[1]) Es mag dahingestellt bleiben, ob dieser Standpunkt de lege ferenda empfehlenswert ist. Theoretisch erscheint er keineswegs unanfechtbar. Nach allgemeinem Rechtsgrundsatz (§ 266 B. G. B.) befreien Teilleistungen überhaupt den Schuldner nur insoweit, als er zu denselben berechtigt ist. So befreien den Schuldner Dividendenzahlungen aus seinem Konkurs und freiwillige Leistungen, wenn sie vom Gläubiger angenommen werden und zwar von Rechtswegen, sofern sie teilweise Erfüllung sind. Ist aber ein Gesamtschuldner zu Teilleistungen berechtigt, so kann sich doch noch fragen, ob diese Berechtigung ohne Rücksicht auf den Willen der Parteien sich notwendig und stets auch auf alle Mitschuldner erstrecke und diese daher durch Teilleistungen befreit sein müssen. So teilt denn auch das Schweizerische Recht den Standpunkt des unserigen nicht. (Vergl. Jäger a. a. O.) Für das Gemeine Recht hat Goldschmidt, Jb. f. Dogm. XXVI, S. 379, 388 ff. mit scharfsinniger Quellenauslegung nachgewiesen, dass die Wirkungen der Teilzahlungen von Gesamtschuldnern als suspendiert und erst mit der Resttilgung alle Teilzahlungen als zugleich erfolgt gelten (S. 398). Unzutreffend aber dürfte es sein, wenn er meinte, K. O. § 61 (68 neu) entspreche völlig diesen Prinzipien des Gemeinen Rechts.

konkurses von einem der Mitschuldner oder für einen solchen eine Teilzahlung geleistet worden, sei es freiwillig, sei es im Exekutionsweg, etwa im Einzelkonkurs eines Mitschuldners, so kann der Gläubiger nur mehr den Restbetrag der Forderung liquidieren. In dem Einzelkonkurs eines Schuldners ändert sich dagegen das Liquidat nicht dadurch, dass zwar vor oder während der Geltendmachung der Forderung in diesem Konkurs, aber nach Konkurseröffnung Teilzahlungen von einem Mitschuldner oder für ihn oder dass Dividendenzahlungen aus dem Einzelkonkurs eines Mitschuldners gemacht sind. Natürlich erhält aber der Gläubiger im Ganzen nicht mehr, als er an sich zu fordern hat.

Die Bestimmung folgt vielleicht schon aus allgemeinen Konkursrechtssätzen und wird jedenfalls von der Billigkeit gefordert; sie will wenigstens für den Fall gleichzeitigen Konkurses über alle Mitschuldner verhüten, dass der Gläubiger auch dann teilweise ausfällt, wenn die Konkursdividenden zusammen mehr als 100% betragen.[1]) —

Ebenso wie die Erfüllung selbst wirken für alle Bürgen die Hingabe an Erfüllungsstatt,[2]) die Hinter-

---

[1]) Vergl. z. Obigem Jaeger, Com. z. K. O. (1902) ad § 68 etc. Im Falle des successiven Konkurses der Mitschuldner kann es offenbar trotz der Bestimmung des § 68 K. O. vorkommen, dass der Gläubiger nur teilweise befriedigt wird, trotzdem sich aus allen Konkursmassen zusammen mehr als 100 % ergeben. Andererseits aber ist der Schutz des Gläubigers auch nicht streng auf den Fall gleichzeitigen Konkurses des mehreren beschränkt worden. Sonach kann wohl kaum ein Prinzip allein und völlig massgebend gewesen sein. Ist es nun aber nicht praktisch misslich und ungerechtfertigt, dass infolge des geltenden Rechts, wie gezeigt, der Gläubiger ceteris paribus im Fall des successiven Konkurses der Solidarschuldner schlechter gestellt ist als im Fall des gleichzeitigen Konkurses derselben und dass der Gläubiger also bei Zweifelhaftigkeit der Solvenz der Gesamtschuldner Interesse daran hat, dass gleich alle in Konkurs geraten?

[2]) Ob durch ein an Erfüllungsstatt gegebenes Schuldversprechen eines Bürgen alle frei werden, soll nach Oertmann l. c. 1 b davon abhängen, ob die übrigen es auch zu erfüllen bereit sind. A. M. Schollmeyer, 1 b, m. E. mit Recht.

legung und die Aufrechnung;[1]) alle diese Akte natürlich auch, wenn sie, sofern dies nach den allgemeinen Rechtsregeln zulässig ist, von Dritten für den Bürgen vorgenommen werden.[2])

Die zurücknehmbare Hinterlegung erzeugt für alle eine dilatorische Einrede.[3]) Die blosse Aufrechenbarkeit, die für eine Verbindlichkeit eintritt, besteht dagegen nicht auch deshalb schon für die andere. Der eine Bürge kann besonders nicht mit einer aufrechenbaren Gegenforderung des andern aufrechnen,[4]) einerlei in welchem internen Verhältnis die Bürgen zu einander stehen, ob sie Gesellschafter sind oder nicht.[5])

Der Erlass einer Bürgschaftsschuld kann ebenfalls die anderen Bürgen befreien, selbst wenn er nicht implicite auch für sie geschlossen ist, nämlich dann, wenn er in einer formellen Befriedigungserklärung des Gläubigers besteht.[6]) In solchem Falle wirkt er natürlich wie jede, auch die materielle Befriedigung, also wie Erfüllung. Es ist, als ob der Gläubiger seine Leistung erhalten, aber zurückgegeben hätte; dasselbe gilt von der Quittung.

Weil die Leistung selbst Gesamtwirkung hat, liess der Gesetzgeber konsequenterweise auch bei einem mislungenen Leistungsversuch, bei dem erfolglosen Angebot solche eintreten. Der Annahmeverzug des Gläubigers gegenüber einem Bürgen

---

1) C. zu § 422: II. Schollmeyer, 1 b. c. d. Oertmann ebenso, Planck, Dernburg, B. R. l. c. II. 2, 3, 4, 5.

2) So gewöhnlich bei Erfüllung und Leistung an Erfüllungsstatt, §§ 267, 364 B. G. B., nicht bei Hinterlegung.

3) § 379 Abs. 1. B. G. B. Nach § 376 B. G. B. ist die Hinterlegung im Zweifel zurücknehmbar.

4) Vergl. Schollmeyer, § 422, A 4, S. 421. Mit Zustimmung des Aufrechnungsberechtigten kann ein Bürge vertragsmässig aufrechnen.

5) Gemeinrechtlich konnte ein correus socius mit der Forderung eines anderen aufrechnen.

6) Vergl. Schollmeyer, C. zu § 423, 2, S. 422, 423, R. G. 11, 127.

soll für alle Mitbürgen wirken.[1]) Fälle eines blos einem Bürgen gegenüber begründeten Annahmeverzugs lassen sich ja leicht denken. Ein Annahmeverzug wird nämlich Demjenigen und nur demjenigen Bürgen gegenüber begründet, bezüglich dessen alle gesetzlichen Thatbestandserfordernisse desselben zutreffen. Der Gesamtschuldner wird hier also genau so betrachtet, als ob er selbstständiger Alleinschuldner wäre. Zunächst kann also einmal davon keine Rede sein, dass mit dem Eintritt des Annahmeverzuges besüglich eines Bürgen eo ipso auch den anderen Bürgen gegenüber der Gläubiger in Annahmeverzug käme, auch wenn bei diesen die Thatbestandsmomente dieses Vorzugs nicht oder nicht sämtlich vorliegen.[2]) Das Gesetz spricht auch dieses nicht aus. Soweit ferner die Thatbestandsmomente des Annahmeverzugs zwar in ihrer Gesamtheit, jedoch nicht alle für einen und denselben Bürgen, sondern teilweise allein für diesen, teilweise allein für jenen Bürger vorliegen, ist für keinen dieser Mitbürgen ein Verzug des Gläubigers vorhanden.[3]) Wenn also blos von einzelnen oder für einzelne Bürgen die Leistung thatsächlich[4]) oder wörtlich[5]) angeboten oder die erfüllungsermöglichende Handlung vom Gläubiger verlangt[6]) oder blos einzelnen gegenüber der Gläubiger mit der Vornahme derselben über die gegebene Frist hinaus säumig ist,[7]) so liegt blos diesem

---

[1]) § 424 B. G. B. u. C. Ueber Voraussetzungen und Wirkungen des Annahmeverzugs; vergl. §§ 293–304 u. (372–386) B. G. B.

[2]) Ebenso Schollmeyer, C. zu § 424 2, S. 424—425.

[3]) Es handelt sich hier nicht um einen Gesamtakt in dem Sinn, dass es zum Annahmeverzug allen gegenüber hinreichen würde, dass dem einen gegenüber dieses, dem anderen gegenüber jenes Thatbestandsmoment eingetreten ist.

[4]) § 294 B. G. B.

[5]) § 295, S. 1 B. G. B.

[6]) § 295, S. 2. B. G. B.

[7]) § 296 B. G. B.

gegenüber Annahmeverzug vor. Jedoch kommt gegenüber demjenigen unter den anbietenden Bürgen, für welchen die weiteren gesetzlichen Erfordernisse der Wirksamkeit seines thatsächlichen oder wörtlichen Angebots fehlen, der Gläubiger trotzdem nicht in Verzug. So z. B. wenn einem wörtlich anbietenden Bürgen gegenüber der Gläubiger die Annahme vorher gar nicht wörtlich verweigert hatte,[1]) sei es auch, dass er einem andern gegenüber solche Weigerung ausgesprochen hatte, ferner, wenn der anbietende Bürge zur Zeit noch nicht leisten kann[2]) oder nicht leisten darf,[3]) (auch wenn andere dies können und dürfen). Ebenso wird zu entscheiden sein, wenn bei Angebot vor festgesetzer Zeit oder im Falle unbestimmter Leistungszeit der Gläubiger die Leistung ohne seine Schuld vorübergehend nicht annehmen kann und ihm dieselbe vom betreffenden Bürgen nicht vorher angekündigt war,[4]) (auch wenn ein anderer Bürge seine Leistung vorher angekündigt hatte).

Nachdem der Gläubiger durch eine Unterlassung gegen einen einzigen der Mitbürgen gegenüber allen in die ungünstige Rechtslage des säumigen Gläubigers geraten ist, kann von. ihm billigerweise nicht verlangt werden, dass er allen gegenüber das Versäumte nachhole, um wieder aus dem Verzug heraus zu kommen. Den anderen gegenüber befindet er sich ja gar nicht in Verzug; diese geniessen vielmehr nur die Vorteile des ihrem Genossen gegenüber entstandenen Annahmeverzugs. Fällt deshalb dieser Annahmeverzug fort dadurch,

---

1) § 295 B. G. B.

2) § 294 B. G. B.

3) Aus § 299 B. G. B. folgt, dass der Gläubiger durch ein Angebot nicht in Verzug kommt, das zu einer Zeit erfolgt, da der Schuldner nach seinem Schuldverhältnis noch gar nicht leisten darf.

4) § 299, Ende B. G. B.

dass der Gläubiger eben dem betr. Bürgen gegenüber nachträglich seine Annahmebereitschaft erklärt oder die zur Leistung erforderliche Handlung vornimmt, so müssen für die Zukunft auch jene Vorteile der anderen fortfallen, die ja nur die Folgen jenes Annahmeverzugs sind. Die eigentliche »Heilung des Verzugs«, purgatio morae, ist daher notwendig gesamtwirkend, wie der Annahmeverzug selbst.

In den Fällen, wie sie zuletzt dargestellt sind, kann allein von eigentlicher Gesamtwirkung gesprochen werden. Das Charakteristische besteht m. E. in Folgendem: Eine Thatsache, die eine einzige der Verbindlichkeiten betrifft, wirkt eben wegen der solidarischen Natur, wegen des gleichen Zwecks und des hierdurch bedingten eigentümlichen Inhalts der mehreren Bürgschaftsverbindlichkeiten, nicht aber infolge ausdrücklicher, spezieller Inhaltsbestimmungen bezüglich der anderen Obligationen, sondern schon kraft Gesetzes für alle Bürgen. Diese, aus der rechtlichen Natur der Obligationen sich ergebende Ueberwirkung tritt notwendig und nicht zufällig und somit für alle ein; sie kann durch ursprüngliche oder spätere Vereinbarung an sich nicht ausgeschlossen werden, ohne dass der begriffswesentliche Charakter der Verbindlichkeit selbst damit angegriffen wird.

§ 6. Sonderformen der mitbürgschaftlichen Haftung.

Wenn ein Mitbürge im Hinblick auf den erfolgten oder bevorstehenden, auch dem Gläubiger bekannten, Eintritt von Genossen sich verpflichtet hat,[1]) kann die Absicht der Contrahenten, des Bürgen und des Gläubigers, die sein, dass ersterer in irgend einer Weise blos für einen

---

[1]) Die denkbaren Hauptfälle solcher »gemeinschaftlichen Verbürgung«: vergl. § 2. B I. nach Anfang A II. 2. (S. 37 vor Note 2 u. 3.)

Teil haften soll.[1]) Freilich würde es wohl zu weit gehen, wollte man behaupten, diese Absicht sei im erwähnten Falle die gewöhnliche.[2]) Das Gesetz ging denn auch mit Recht nicht von der letzteren Anschauung aus.[3]) Uebrigens würde, selbst wenn dieselbe zuträfe, darum doch noch kein massgeblicher Grund dafür vorliegen, dass der Gesetzgeber im Zweifel auch dann eine Teilung der Haftung eintreten lasse, wenn diese Parteiabsicht nicht ausdücklich oder wenigstens stillschweigend äusserlich in die Erscheinung getreten ist.[4]) Insofern ist also jedenfalls der Standpunkt des Bürgerlichen Gesetzbuchs: die Ganzhaftung aller als Regel wohlbegründet. Selbstverständlich thut nun aber die letztere Regel der Vertragsfreiheit der Parteien keinen Eintrag. Zweifellos können die Parteien auch nach dem B. G. B. ihrer Absicht auf

---

[1]) Vielfach wird freilich auch an die Frage der Ganz- oder Teilhaftung nicht gedacht sein oder nur der «gemeinschaftliche Bürge« die Empfindung einer weniger schweren Belastung haben.

[2]) Verpflichtet sich ein Bürge genau auf das gleiche Ganze wie ein Anderer, so wird nicht selten auch eine Sicherstellung der ganzen Schuld durch zwei Personen beabsichtigt sein. Oft wird aber auch bei jeglichem Mangel vorhandener oder erklärter Absichten der Gläubiger bei Verbürgung Mehrerer nur das Gefühl erhöhter Sicherheit haben, und wird seine Neigung der des Schuldners widersprechen. Es wäre somit ganz willkürlich, allgemein den Willen der Teilhaftung als geäussert zu behandeln.

[3]) Auch das Römische Recht war nicht von diesem Gedanken ausgegangen. Das benefic. divis. trat kraft Gesetzes ein ohne jede Rücksicht auf einen diesbezüglichen Parteiwillen, war doch auch das benef. divis. nicht auf die gemeinschaftlich eingetretenen Bürgen beschränkt. Vergl. oben § 2 II. A 2. Abs. 2.

[4]) Der Wortlaut deutet auch bei der gemeinschaftlichen Verbürgung auf eine Gesamtschuld ohne Milderung. Soll nun das Gesetz mit Rücksicht auf etwaige innerliche Vorbehalte des Schuldners auch ohne diesbezügliche Einigung Teilhaftung eintreten lassen?

Teilhaftung durch ausdrückliche oder stillschweigende Erklärungen im Vertrag rechtliche Geltung verschaffen. Die Rechtswirkungen regeln sich ja grundsätzlich völlig nach dem Inhalt der Vereinbarung.[1]) Es kann sich jedoch fragen, ob gewisse gewollte und daher eintretende Wirkungen mit dem feststehenden Rechtsbegriff der Mitbürgschaft verträglich sind oder ob dieselben theoretisch nur als Folgen juristisch andersartiger Abreden konstruiert werden können; denn, wenn auch die Parteien die Ausdrücke »Bürge« »Bürgschaft« »Verbürgung« u. s. w. gebrauchen und eine Bürgschaft wollen, wie sie sich dieselbe vorstellen, und möglichst mit den gesetzlichen Wirkungen derselben, so können sie ja doch schlechterdings nicht etwas, was begrifflich nun einmal keine Bürgschaft ist, dazu machen. Sie können nur durch den Gebrauch solcher Ausdrücke bewirken, dass die Vereinbarung für die Rechtsfolgen möglichst wie eine Bürgschaft zu behandeln ist. Ihrer Verbürgungsabsicht wird dann in anderer Weise, durch eine Art Konversion, durchgeholfen. Die Theorie arbeitet eben mit ihrem Apparat fester Begriffe, während die Parteien praktische Ziele verfolgen. Für solche, auch nach dem B. G. B. möglichen Vereinbarungen einer Teilhaftung finden wir die Typen in den gesetzlichen Systemen anderer Rechte:

1. Es kann stattfinden eine eigentliche vertragsmässige Verteilung der mit der Hauptschuld accessorischen Schuld auf die mehreren Nebenschuldner, so dass jeder von vornherein nur einen Teil schuldet. Jeder würde den betreffenden Teil zu leisten haben und durch Leistungen der Genossen würde sich seine Schuld in keiner Weise verringern. Andererseits würde er auch nur den Teil zu leisten haben; er hätte nicht infolge der Unerlangbarkeit der Anteile

---

[1]) Es gelten hier fast nirgends zwingende Rechtsätze.

anderer eine grössere Schuldrate zu leisten. Eine Gesamtschuldhaftung der Nebenschuldner findet hier nicht statt; es handelt sich um völlig getrennte Teilschulden, wie dieselben im Zweifel nach § 420 B. G. B. bei Verpflichtung Mehrerer auf dasselbe Objekt vorhanden sind. Dies ist das gesetzliche System der lex Furia.[1]) Eine Herabminderung aller Bürgschaftsschulden könnte hier höchstens — und zwar für alle verhältnismässig — durch Leistung des Hauptschuldners erfolgen.

Man könnte geneigt sein, diesen Fall als einen Fall mehrerer von einander unabhängigen Bürgschaften für teilweise Erfüllung bezüglich derselben Hauptschuld aufzufassen. Allein vom Standpunkt des B. G. B. aus dürfte vielleicht eher behauptet werden, dass hier überhaupt keine Bürgschaften, sondern bedingte Schuldversprechen besonderer Art mit bürgschaftsähnlichem Charakter vorliegen, denn, sofern hier Teilbürgschaften zu fester und bestimmter Quote anzunehmen wären, wäre es theoretisch schlechterdings fast unmöglich zu erklären, wie es mit dem Bürgschaftsbegriff und der Solidarhaftung mehrerer Bürgen sich vertrage, dass hier die Haftung eines Bürgen nicht oder nur teilweise herabgemindert werde, wenn der andere Bürge seine Schuld und mit ihr die Hauptschuld teilweise tilgen wollte.

Wenn wir der Vereinbarung einer solchen Teilhaftung vom Standpunkt des B. G. B. aus logischen Gründen den mitbürgschaftlichen Charakter absprechen zu müssen glauben, wird man uns leicht mit dem Einwand kommen, es könne ja doch die Bürgschaftsschuld auch sonst, z. B. durch Erbgang (wie gewöhnlich nach Römischen, so ausnahmsweise nach heutigem Recht[2]) in mehrere derartig unabhängige Teilschulden zerlegt werden, warum also nicht auch infolge Vertrags? Darauf ist zu antworten: Freilich kann nachträglich die schon entstandene

[1]) Vergl. oben § 2, A I, Abs. 1.

[2]) §§ 2058, 2060 B. G. B.

Bürgschaftsschuld so zerlegt werden, aber es kann trotzdem nicht von vornherein eine bürgschaftliche Teilschuld begründet werden. Der Bürge kann nicht von vornherein einen Teil der Hauptschuld schulden, eine auf einen Anteil beschränkte Haftung ist bei ihm, wie schon im § 1 nachzuweisen versucht wurde, nur in der Weise denkbar, dass er für eine blos teilweise Erfüllung der Hauptschuld einsteht.[1]) Eine bürgschaftliche Teilschuld hätte ja keine ihr entsprechende Hauptschuld.[2]) Die Ganzschuld umfasst nämlich nicht alle Teilschulden, wenigstens nicht als selbstständige, konkret ausgesonderte Rechtswesen.

Wenn man zum Beweis der Möglichkeit solcher Teilhaftung bei einer eigentlichen Mitbürgschaft sich eben auch auf die lex Furia berufen zu dürfen glaubt, so muss dem entgegengehalten werden, dass die sponsio und fidepromissio, für welche sie allein galt, nicht zweifellos wirkliche Bürgschaften genau in unserem Sinne waren. Dafür spricht ja z. B. auch der weitere Umstand, dass sie ohne gültige Hauptschuld möglich waren.[3])

Etwa das beabsichtigte Resultat der Teilhaftung könnten aber die Parteien auch durch wirkliche Bürgschaften, durch eine wahre Mitbürgschaft, erreichen, und zwar so, dass die Nebenschuldner als wirkliche Bürgen für die völlige Erfüllung, jedoch mit einer haftungsbegrenzenden Nebenabrede eintreten, durch welche sie sich gegen einen weitergehenden Anspruch des Gläubigers sichern.[4]) Zwischen den Nebenschuldnern träte dann auch eine Art Solidarverhältnis ein.[5])

---

1) Vergl. oben § 4, Anm. 3 u. Text, S. 65 (§ 3, S. 58, § 1, I 4, Abs. 3).

2) Eine solche ist aber begriffswesentlich s. § 1, I 2.

3) Vergl. oben § 2, Anm. 1, S. 32.

4) Vergl. oben § 4, Anm. 3, S. 65, § 1, I 4, Abs. 6.

5) So ja auch nach Römischem Recht trotz des benef. divis. Vergl. oben § 2, A II 1, auch § 4. Anm. 3, S. 65.

Die eben geschilderte Vereinbarung geht dahin, dass jeder Bürge seinen Teil trägt und durch die Leistung eines anderen nie entlastet wird. Man kann sich nun auch eine Vereinbarung dahin denken, dass unter den für je einen Teil haftenden Bürgen einer durch die Leistung eines bestimmten anderen, aber nicht aller anderen ganz oder bis zu einer gewissen Höhe entlastet wird.[1]) Für die theoretische Konstruktion wären hier dann dieselben Gesichtspunkte massgebend.

Wirkungen der in diesem Abschnitt geschilderten Art werden übrigens sehr selten unter den Parteien beabsichtigt sein. Der Gläubiger erlangt ja auf diesem Wege durch mehrere Bürgen, von denen auch nur einer nicht ganz »sicher« ist, weniger Sicherheit als durch die weit einfachere Verbürgung eines einzigen Solventen auf das Ganze.[2])

2. Es kann ferner stattfinden eine Teilung der Schuld auf die mehreren Nebenschuldner in der Art, dass zwar auch jeder einzelne von vornherein nur einen Teil der Schuld schuldet, aber doch subsidiär auch für die nicht zu erlangenden Anteile der übrigen pro rata herangezogen werden kann. Dies ist das gesetzliche System des Schweizerischen Rechts, soweit es sich um Schulden auf teilbare Leistungen handelt.[3])

Seinen eigenen Anteil hat auch hier jeder unbedingt zu leisten; dieser Anteil wird durch eine Leistung der anderen nicht vermindert, wohl

---

1) Wenn dies auch praktisch nicht vorkommen mag. Bsp. Für eine Schuld von 500 treten ein: A für 200, B für 100, C für 100. B macht aus, er wolle, solange A nicht über 100 leiste, auf volle 100 verpflichtet bleiben, allein durch Zahlungen des C entlastet werden. Hier ist anzunehmen, dass sich B über seine 100 hinaus, evtl. bis auf 200 verpflichtet habe, aber mit einer Haftungsgrenze.

2) Denn, wird hier nach definitiver Teilung ein Teilungsgenosse vor Leistung seiner Rate insolvent, so hat der Gläubiger für diese Quote evtl. keine Sicherheit. Vergl. § 2, A I.

3) § 2 B vor I, S. 54 bei Anm. 7.

aber wird durch dieselbe der Betrag seiner eventuellen, subsidiären Schuld notwendig verringert. Der Bürge hat zunächst auch hier seine Rate zu leisten, jedoch muss er im Falle der Uneinbringlichkeit der übrigen Quoten diese verhältnismässig mit tragen; m. a. W. bezüglich jener Teile hat er eine weitere Einrede der Vorausklage.

Dieses Haftungssystem kann nun des Näheren wohl folgendermassen gedacht werden:

Es haften alle für den gemeinsam geschuldeten Gesamtbetrag als Bürgen der Hauptschuld und als Solidarschuldner,[1]) allerdings ist — bezüglich der nicht auf sie treffenden Anteile — ihre Haftung noch bedingt[2]) oder vielmehr, was häufiger die Absicht sein wird, durch eine dilatorische Einrede gehemmt[3]).

Es wäre noch eine andere Konstruktion denkbar, die komplizierter ist und weniger berechtigt erscheint, dass die Nebenschuldner nur für ihren Anteil als Hauptschuldbürgen, für die übrigen Anteile dagegen als wirkliche Afterbürgen als gegenseitige Bürgen für einander einstehen; allein aus schon berührten Gründen erscheint es bedenklich, wirkliche Teilschulden der Mitbürgen anzunehmen.[4])

Ob die Parteien oft an eine Haftung dieser Art denken werden, mag dahingestellt bleiben. Dieses System muss doch wohl als ein ziemlich künstliches bezeichnet werden. Ferner befindet sich infolge einer derartigen Haftungsweise der Gläubiger bezüglich seiner

---

[1]) Eine primäre Teilschuld kann nicht angenommen werden.

[2]) Z. B. auch durch Vorausklage gegen die anderen bezüglich ihrer Anteile.

[3]) Eben durch Vorausklageeinrede bezgl. der übrigen Bürgen und deren Anteile.

[4]) § 3. nach Anm. 1, S. 61 und bei Anm. 3, S. 61.

Rechtsverfolgung in einer nicht gerade bequemen Lage.[1])

3. Die dritte mögliche Teilung ist die Zerlegung der Erfüllung im Gegensatz zu dem der Schuld. Das System ist das gesetzliche des Römischen, gemeinen[2]) und des französischen[3]) Rechts. Jeder Mitbürge haftet für den gemeinsam geschuldeten Hauptschuldbetrag an sich völlig; die Leistung eines Genossen befreit ihn normalerweise insoweit. Er kann bis zur völligen Befriedigung des Gläubigers in Anspruch genommen werden, aber es kann stets nur eine bestimmte Rate von ihm angefordert werden. Bezüglich des Weiteren kann er die Befriedigung des Gläubigers einstweilen verweigern und denselben mittels Einrede auf die Mitbürgen verweisen, von denen etwas zu erlangen ist.

Im Einzelnen ist wieder Verschiedenes möglich: die Fragen, welcher Zeitpunkt für die Teilung massgebend ist, ob die Teilung für alle oder blos für einen wirkt und ob sie eine definitive oder nur provisorische ist, endlich, welche Bürgen bei der Verteilungsoperation mitzurechnen sind u. s. w. lassen alle wieder die mannigfachsten Regelungen zu.[4]) Die Mannigfaltigkeit der Variationen dieses Systems lässt sich am Besten aus der unübersehbaren Anzahl von Streitfragen erkennen, welche sich im Römischen Recht an die exceptio divisionis knüpften.

Ohne eine ganz detailierte Regelung, die praktisch überhaupt nie vorkäme, würde sich hier eine bestimmte

---

5) Anstatt dass er irgend einen sicher solventen, für ihn bequem zu belangenden Bürgen auf das Ganze in Anspruch nehmen kann, muss der Gläubiger den Anspruch teilen und es entweder auf einige nutzlosen Eintreibungsversuche ankommen lassen oder sich vorher genaue Kenntnis über die Solvenzverhältnisse jedes einzelnen Bürgen verschaffen.

2) Vergl. oben § 2, A II, 1—8.

3) Vergl. oben § 2, A II, 9.

4) Vergl. oben § 2, A II.

Parteiabsicht kaum je erkennen lassen.[1]) Auch dieses ganze System kann gewiss nicht als das normalerweise beabsichtigte bezeichnet werden.

Es ist jedenfalls zu begrüssen, dass das Gesetz sich nicht allgemein für diese Haftungsart entschieden hat. Es hätte sonst, um Streitfragen vorzubeugen, eine unübersehbare Menge einzelner Bestimmungen treffen müssen.[2])

4. Dass von Teilung der Haftung nur dann die Rede sein kann, wenn die Schuld auf eine teilbare Leistung geht, braucht kaum betont zu werden.[3]) Ebenso versteht es sich von selbst, dass die Teile nicht notwendig als gleiche bestimmt zu sein brauchen,[4]) dass sogar die Haftungsquoten rechnerisch zusammen mehr als das volle Ganze ausmachen können.[5]) In letzterem Falle werden aber natürlich doch alle Mitbürgen frei, sobald das Ganze geleistet ist.[6]) Praktisch werden alle diese verschiedenen Fälle von Teilhaftungen wenig Schwierigkeiten machen, sofern

---

1) Die Parteien können gar nicht an alle diese Fragen gedacht haben. Jeder Versuch, eine normale Parteiabsicht festzustellen wäre haltlos. Und, welche Regelung in jedem einzelnen Punkte als die zweckmässigste gelten könne, wäre schlechterdings nicht zu entscheiden.

2) Ohne dass solche nutzlose Casuistik die Streitfragen ganz ausgeschlossen hätte.

3) S. § 2, Anm. 2, S. 48.

4) Sowohl bei dem unter 2 als dem unter 3 dargestellten System kann z. B. der eine von zwei Bürgen sich auf $^2/_3$, der andere auf $^1/_3$ zunächst, bezw. überhaupt verpflichten.

5) So kann z. B. namentlich von 2 Bürgen der eine Teilungseinrede haben, so dass er blos $^1/_2$ zu zahlen hat, der andere dagegen uneingeschränkt für das Ganze haften. Solches konnte ja nach Römischem Recht schon vorkommen, wenn für den einen Bürgen die Voraussetzungen der Teilungswohlthat überhaupt nicht oder nicht mehr zutrafen.

6) Ein vertraglicher Ausschluss der Geltung auch dieses Rechtssatzes wäre mit dem Begriff der Gesammtschuld, der Mitbürgschaft und der Bürgschaft in keiner Weise vereinbar. Vergl. § 5, III. 2 c. a. E. § 4, B II, § 1, I 7, Anm. 2, S. 17 und Anm. 1. 61.

ausführlichere Vertragserklärungen über die Parteiabsichten vorhanden sind. Aus einem einzigen kurzen Ausdruck oder gar aus den Umständen wird sich kaum je mit Bestimmtheit auf die Vertragsabsichten im Einzelnen schliessen lassen. Die geschilderten einzelnen Haftungssysteme sind nämlich auch so anomal, dass bestimmte technische Ausdrücke für dieselben nicht gebraucht werden.

Wenn von Ganzhaftung und Teilhaftung in diesem ganzen Abschnitt die Rede war, handelt es sich hier stets um das vertragsmässige Verhältnis zwischen Bürgen und Gläubiger; welchen Schuldanteil die Bürgen im internen Verhältnis infolge ihrer besonderen vertraglichen Rechtsbeziehungen oder kraft Gesetzes zu tragen haben, ist eine andere hiervon ganz unabhängige Frage, deren Erörterung in anderem Zusammenhang zu erfolgen hat.

Fortsetzung.

Rechtsverhältnis der Mitbürgen unter einander und zum Hauptschuldner.

Vorbemerkung.

Im vorigen Abschnitt wurde vom begriffswesentlichen Verhältnis der Bürgen zum Gläubiger, von der solidarischen Haftung der Mitbürgen nach aussen gehandelt. Da sich die Bürgschaft und die Mitbürgschaft ihrer Definition nach in diesem Verhältnis erschöpft, wäre damit, streng genommen, unser Thema völlig erledigt. Wie nun aber das Gesetz selbst auch das Regressverhältnis des Bürgen zum Hauptschuldner und zu seinen Mitbürgen behandelt, so rechtfertigt es sich aus mehrfachen Gründen, dasselbe in diese Abhandlung mit einzubeziehen.

Die Schuld ist dem Bürgen materiell fremd; daher muss er in gewissen Fällen billigerweise Befreiung von dem Schuldner verlangen können und, wenn er die Schuld erfüllen musste, muss er billigerweise vom Hauptschuldner nachträglich für sein Vermögensopfer entschädigt werden. Bei Mehrheit der Bürgen erscheint es angemessen, dass jeder im Verhältnis zu den Genossen nur einen Teil der

Schuld zu leisten habe und dass, wer mehr als diesen geleistet hat, von den übrigen insoweit Ersatz erhält. Das Gesetz trifft hierüber besondere Bestimmungen. Zur Durchsetzung seines Rückgriffs an den Hauptschuldner und die Mitbürgen hat der Bürge zwei Rechtsbehelfe, die in einem eigentümlichen Konkurrenzverhältnis stehen. Davon ist der eine nichts Anderes als die Ersatzforderung aus Auftrag, auftragloser Geschäftsführung u. s. w. oder aus dem gesellschaftsähnlichen Verhältnis des § 426 B. G. B. Für Wesen, Voraussetzungen und Umfang des Ersatzanspruchs ist es dabei offenbar völlig gleichgültig, dass das aufgetragene oder übernommene Geschäft und die »Auslage« eben in einer Verbürgung besteht; es handelt sich also blos um einen ausgezeichneten Spezialfall einer actio mandati, negotiorum gestorum.

Ebenso ist jene Gemeinschaft des § 426 B. G. B. dem Gesamtschuld- und dem Mitbürgschaftsverhältnis an sich keineswegs wesentlich und gleiche Verhältnisse können auch unter anderen Personen als unter Gesamtschuldnern und Mitbürgen gegeben sein. Der andere Rechtsbehelf besteht in den Forderungen des Gläubiger selbst, die auf den zahlenden Bürgen kraft Gesetzes — § 774, 426 B. G. B. — übertragen werden. Die Möglichkeit einer Uebertragung in solcher Form, einer Subrogation ist aber dem Bürgschaftsverhältnis an sich gleichfalls nicht wesentlich und kann Aehnliches auch für andere Personen, als für Bürgen, eintreten. Andererseits ist der Bürge sofern er mit diesem Anspruch auftritt, eben nicht mehr Bürge, — ist doch auch seine Bürgschaftsschuld erloschen! — sondern er ist Gläubiger kraft Cession. Ein gewisser Zusammenhang zwischen den Bürgschaften und dem Regressverhältnis besteht ja allerdings, insofern in allen vorerwähnten Beziehungen die Bürgschaften, die — gewissermassen zufälligen — Grundlagen des Regressverhältnisses abgeben, aber derselbe muss jedoch jedenfalls als ein nur ganz äusserlicher bezeichnet werden. Ohne den Hinzutritt praktischer Gründe würde er kaum ausreichen, die Behandlung dieses Regressverhältnisses in der Bürgschafts- resp. Mitbürgschaftslehre zu rechtfertigen.

Bei Erörterung der gesetzlichen Subrogation suchen wir die theoretisch interessante und auch praktisch nicht ganz bedeutungslose Frage zu lösen, in welchem Umfang dieselbe bezüglich der Ansprüche gegen die Mitbürgen stattfindet.

Bei Behandlung des Rechtsverhältnisses des Bürgen zum Hauptschuldner und zu den Mitbürgen wird nicht nur der unmittelbare Regress, den der Bürge auf Grund der Befriedigung des Gläubigers erhebt, sondern auch der vom Gesetz nicht ausdrücklich behandelte Weiterregress der Betrachtung zu unterziehen sein, den ein Bürge auf Grund der Zahlung an einen anderen Bürgen nimmt, der seinerseits durch Leistung an den Gläubiger gegen Schuldner und Mitbürgen regressberechtigt geworden war. —

I. Das Rechtsverhältnis der Mitbürgen zum Hauptschuldner.

§ 7. 1. Vor Zahlung: Das Recht auf Befreiung.

I. Der Beauftragte oder Geschäftsführer kann normalerweise vom Auftraggeber oder Geschäftsherrn seine Befreiung von den Verbindlichkeiten verlangen, die er in Besorgung des aufgetragenen oder übernommenen Geschäfts vernünftigerweise eingegangen ist.[1] Soll die Geschäftsbesorgung aber in einer Verbürgung bestehen, so wird der Bürge nach Absicht der Parteien die Bürgschaftsschuld, wenn nicht gerade zu erfüllen, doch wenigstens selbst

[1] §§ 670, 683 in Verbindung mit § 257 B. G. B. So schon nach Gemeinem Recht.

zu t r a g e n haben,[1]) sonst brauchte der Schuldner ja keinen Verbürgungsauftrag zu e r t e i l e n.[2]) Das Gesetz gewährt denn auch ganz sachgemäss den beauftragten oder geschäftsführenden Bürgen einen Anspruch auf Befreiung gegen den Schuldner nur in gewissen A u s n a h m e f ä l l e n.[3]) Der Bürge hat einen Anspruch auf Befreiung, sobald ihm die G e f a h r nahe rückt, dass er erfüllen muss.[4]) Massgebend war hier im

---

1) Der Auftrag k a n n auch so gemeint sein, dass der Beauftragte sich verbürgen und auch e r f ü l l e n soll. Doch ist Hasenbalg, Bürgsch. S. 694 ff. darin nicht beizustimmen, dass der Verbürgungsauftrag r e g e l m ä s s i g den Auftrag zu unbedingter Erfüllung in sich schliesse. Ebenso steht es mit der Geschäftsführung. Vergl. gegen Hasenbalg a. a. O. die überzeugenden Ausführungen bei v. Tuhr, actio de in rem verso, 1895, zunächst S. 61: »Durch Verbürgung stellt man dem Schuldner zwar seinen Kredit, nicht aber seine B a a r m i t t e l zur Verfügung.«

2) Wenn der Auftrag nicht wenigstens den Inhalt hätte, dass der Bürge innerhalb gewisser Zeit verpflichtet b l e i b e n und auf seine Befreiung durch den Schuldner v e r z i c h t e n will, würde er ja meist die Lage des Hauptschuldners nur e r s c h w e r e n, indem der Letztere dann durch den Bürgen gleich zur Zahlung gedrängt würde. Aehnlich mit Recht schon Hasenbalg, Bürgsch. S. 696, Abs. 1, der in dieser Erwägung aber zu w e i t geht.

3) Vergl. § 775 n. 1—4 B. G. B.

4) Vergl. über die Konstruktion: v. Tuhr, actio de in rem verso 1895, S. 55—56, 32, 61—62 (für die fideiussio) und S. 150—151 (für das constitut. deb. al.) dessen Ausführungen über die fideiussio man auch bezüglich der heutigen Bürgschaft wird beipflichten müssen, soweit sich nicht für Einzelpunkte aus den neuen abweichenden Bürgschaftssätzen ein Anderes ergiebt. — Zwar hat der Bürge selbst im Auftrag oder als Geschäftsführer eben d e n Vertrag abgeschlossen, der ihn jetzt zur Leistung an den Gläubiger verpflichtet. Aber er hat meist doch nicht im Interesse des Schuldners seine B a a r m i t t e l aufzuwenden und zwar grundsätzlich nicht einmal v o r ü b e r g e h e n d gegen eine ihm geleistete Sicherheit für seinen demnächstigen Ersatzanspruch; nur a u s n a h m s w e i s e ist er dem Schuldner verpflichtet, zu erfüllen, wenn Sicherheit geleistet ist, so dass er demnächst Auslagenersatz erhalten kann, wie unten zu zeigen. Es liegt daher

Allgemeinen die Erwägung, dass der beauftragte Bürge seinem Auftraggeber bezw. Geschäftsherrn gegenüber nicht unbedingt soll verpflichtet sein, die ihm materiell fremde Schuld zu erfüllen, wenn er nicht einmal Aussicht auf den ihm gebührenden Auslagenersatz erhält.[1]) Der Beweis für die dem Befreiungsrecht zugrunde liegende gesetzliche Idee ist im Anschluss an die einzelnen Fälle des Befreiungsrechts und an den Inhalt dieses Rechts leicht zu führen. Aus ihr werden sich auch einige praktischen Folgerungen ergeben.

---

grundsätzlich auch nicht erst in der Erfüllung die in Besorgung des Auftrags oder des übernommenen Geschäfts gemachte Aufwendung, auf Grund deren der Bürge regrediert. Der Bürge hat auftraggemäss oder in Ausführung des übernommenen Geschäfts sich zunächst für den Schuldner zu verpflichten. Diese Belastung seines Vermögens mit einem Passivum stellt bereits eine Vermögensaufwendung dar; für diese sollte also der Bürge grundsätzlich Ersatz verlangen können, den der Schuldner durch seine Befreiung von der übernommenen Schuld zu bewirken hätte. Allein nach der Natur und dem Zweck des Verbürgungsauftrags resp. der Geschäftsführung durch Verbürgung ist der Bürge dem Schuldner auch dazu verbunden, dem Gläubiger weiter verpflichtet zu bleiben. Ein Anspruch auf Befreiung von der Bürgschaftsschuld und von dieser letztgenannten Pflicht dem Schuldner gegenüber, steht dem Bürgen nur ausnahmsweise in gewissen Fällen zu, in denen die Schuld fällig ist und dem Bürgen die Gefahr, erfüllen zu müssen, nahe tritt. Die Ausnahme beruht auf der Erwägung, dass es der Billigkeit gegen beide Teile und der Zweckmässigkeit mehr entspricht, dass der Schuldner, als dass der Bürge zahle und dann sofort gegen den Schuldner regrediere, ein beiden lästiger Umweg, den man praktisch wohl auch selten einschlüge, wenn er sich vermeiden liesse. Abgesehen von diesen Ausnahme-Fällen ist die Durchführung eines Befreiungsanspruchs versagt, bis der Bürge erfüllt. Erst mit der Erfüllung kann er gewöhnlich Regressansprüche erheben, hiermit aber ist zugleich der Liberationsanspruch gegenstandslos und weggefallen. So versteht man denn unter »Regress« gewöhnlich nur den Regress auf Ersatz.

[1]) Wie sich nun von diesem Standpunkt der Regress des Bürgen auf Grund geleisteter Zahlung erklärt, ist an späterer Stelle näher zu besprechen.

II. Als Voraussetzungen des Befreiungsrechts erwähnt § 776 B. G. B. zunächst: wesentliche Verschlechterung der Vermögensverhältnisse,[1]) spätere Wohnsitzänderung[2]) und Verzug des Hauptschuldners.[3]) Alle diese Thatsachen müssen nach der Verbürgung eingetreten oder wenigstens nach derselben zur Kenntnis des Bürgen gelangt sein, wie schon für das hier im Grossen und Ganzen vorbildlich gewordene Gemeine Recht[4]) angenommen wurde und wie schon die Fassung des Gesetzes[5]) und die Natur

---

[1]) § 775 n. 1. B. G. B. entspricht dem gemeinrechtlichen Fall der Verschwendung des Schuldners. Hasenbalg, Bürgsch. S. 698 unter b. Vorausgesetzt war, dass dieselbe begründete Besorgniss erregen konnte, der Schuldner werde zur Befreiung der Ersatzansprüche des Bürgen, wenn dieser demnächst erfülle, nicht genug übrig behalten, ferner, dass diese Verschwendung erst nach der Verbürgung eintrat oder wenigstens erst nach derselben dem Bürgen bekannt wurde.

[2]) Genauer: Erschwerung der Rechtsverfolgung gegen den Schuldner infolge ähnlichen Umstands. In solchem Fall ist vorauszusehen, dass der Gläubiger in nächster Zeit den bequemer zu erreichenden Bürgen belangen wird. Es wird hier auch der Regressanspruch des Bürgen gegen den Hauptschuldner erschwert. Der Fall ist neu.

[3]) Gemeinrechtlich verlangt man: wesentlich verzögerte Leistung des Hauptschuldners. Hasenbalg, Bürgsch. S. 699. Der Schuldner musste besondere Veranlassung zur Erfüllung haben und die Nichterfüllung ihm als ungerechtfertigtes Handeln zum Vorwurf gemacht werden können. Solange die Hauptschuld noch nicht fällig war und solange ihr noch eine dilatorische Einrede entgegenstand, war von Befreiungsrecht keine Rede.

[4]) Ueberhaupt ist ja fast das ganze Obligationenrecht, sowie speziell auch das Fidejussionsrecht vom B. G. B. angenommen. Hat aber auch das B. G. B. die Idee dem Gemeinen Recht entnommen, so finden in Einzelheiten sich doch vielfache Abweichungen, mit denen das neue Recht oft das Praktischere getroffen hat. Vrgl. über das moderne Recht die Commentare zu § 775 B. G. B. Vrgl. Hasenbalg Bürgsch. S. 694, 704.

[5]) In No. 2 ist ausdrücklich hervorgehoben, dass die die Rechtsverfolgung erschwerende Wohnsitzveränderung nach Uebernahme der Bürgschaft eingetreten sein müsse. Für

der Sache ergiebt. Wenn dem Bürgen die Umstände bekannt waren und er derselben ungeachtet eingetreten ist, so kann er nach dem Sinn der Abrede und ohne Arglist unmöglich die Befreiung verlangen, ebensowenig, wie wenn er gerade mit Rücksicht auf den späteren Eintritt z. B. des Verzugs des Schuldners sich verbürgt hätte.[1]) Den etwaigen Schaden hat er hier nur seinem Willen resp. seiner bewussten Unvorsichtigkeit zuzuschreiben. Die Idee ist offenbar, dass der Bürge Befreiung nur soll verlangen können, wenn sein Regress in einer von ihm vorher nicht geahnten[2]) Weise gefährdet wird.[3])

No. 1 deutet die gebrauchte Wendung: — das Perfektum — gleichfalls den im Text ausgesprochenen Gedanken an. Offenbar soll nicht derjenige, der sich für einen schon im Vermögensverfall befindlichen Schuldner verbürgt, sondern es soll der Bürge nur dann, wenn sein Hauptschuldner nachträglich in Vermögensverfall gerät, Befreiungsrecht haben. Bezüglich No. 3 endlich ist zu erwägen, dass, wenn der Bürge sich wissentlich für einen in Verzug befindlichen Schuldner verpflichtet, ja eben hiermit die Verzugsfolgen gemäss §§ 765, 767, Abs. 1 B. G. B. schon mit zum Umfang der Verbindlichkeit gehören; Befreiungsrecht kann er solchenfalls erst dann haben, wenn der Schuldner mit seiner bereits durch Verzug erweiterten Verpflichtung in weiteren Verzug kommt. Schon nach allgemeinen Rechtsgrundsätzen kann der beauftragte und geschäftsführende Bürge seine Pflicht gegen den Schuldner, die Schuld weiter zu tragen, nicht unter Berufung auf die bereits bei der Verbürgung vorhanden und dem Bürgen bekannt gewesenen Umstände anfechten. Sodann spricht ja auch § 775 B. G. B. offenbar von nachträglich eintretenden und nicht von ursprünglich gegebenem Befreiungsanspruch des Bürgen.

[1]) So wohl auch Hasenbalg, Bürgsch. S. 698, Abs. 4 nach b).

[2]) Soweit man die Regressgefährdung voraussah oder voraussehen konnte, kann selbstverständlich aus deren Eintritt kein Befreiungsanspruch abgeleitet werden. Vrgl. auch Anm. 4 u. 5, S. 117.

[3]) Nach dem Vorhergegangenen aber nicht gerade deshalb, weil die Gefahr des Erfüllenmüssens an den Bürgen herantritt.

Der vierte Fall des Befreiungsanspruchs: rechtskräftige Verurteilung des Bürgen [1]) erklärt sich wohl zumeist aus folgendem Gesichtspunkt: Nachdem für den Bürgen eine sofort vollstreckbare Schuld entstanden ist, entspricht es der Billigkeit gegen beide Teile und der Zweckmässigkeit mehr, dass der Hauptschuldner, als dass der Bürge dem Gläubiger erfülle und dann sofort wieder Ersatz vom Schuldner begehre. [2]) Der Befreiungsanspruch ist auch mangels besonderer Ausnahmebestimmung dadurch nicht ausgeschlossen, dass der Bürge durch Einrede der Vorausklage oder der Teilung seine Verurteilung ganz oder teilweise hätte abwenden können. [3])

Alle erwähnten Voraussetzungen können, wie sich aus ihrer Betrachtung selbst ergiebt, sehr wohl für einige der Mitbürgen zutreffen, für andere dagegen nicht. [4]) Die rechtskräftige Verurteilung des einen Bürgen ist, wie der Wortsinn und die Idee des § 776 Nr. 4 B. G. B. ergeben, für einen andern kein Grund, Befreiung zu verlangen, trotzdem auch dieser möglicherweise indirekt in die Gefahr kommt, nun von dem Genossen — im Regressweg — zur Erfüllung anteilig herangezogen zu werden.

---

[1]) § 775 n. 4 B. G. B. Hasenbalg, Bürgsch. S. 697 a.

[2]) Hasenbalg, Bürgsch. S. 697, 1. Abs. u. 698. Im Römischen Recht mag noch von Einfluss gewesen sein, dass infolge der Prozesskonsumtion der Schuldner ja schon durch die litis contestatio mit dem fideiussor vor jedem späteren Angriff des Gläubigers gesichert war. Hasenbalg, Bürgsch. S. 698, Abs. 2.

[3]) Denn es ist Sache des Bürgen allein, ob er diese seine Einreden gebrauchen will oder nicht; dem Schuldner gegenüber ist er zum Gebrauch um so weniger verpflichtet, als ja jener gerade am Nichtgebrauch derselben Interesse hat. Aehnlich Hasenbalg, Bürgsch. S. 705 unten, 706.

[4]) So kann dann nachträglich einer der Mitbürgen durch den Schuldner seine Befreiung erwirken lassen und so aus dem Mitbürgenverband ausscheiden.

Solcher Regressanspruch des Genossen gegen ihn ist ja vorläufig noch gar nicht vorhanden, und solange ja nur der Schuldner leistungsfähig ist, kann der Bürge noch immer den ihm gebührenden Ersatz erhoffen.

III. Die Wirkung der obigen Thatbestände ist das Recht des Bürgen, vom Schuldner Befreiung zu verlangen.

Welchen Inhalt hat nun dieses Recht? Demselben geschieht sicherlich Genüge, wenn der Hauptschuldner selbst den Gläubiger befriedigt, so dass die Bürgschaftschuld erlischt,[1]) ebenso aber auch, wenn der Hauptschuldner vom Gläubiger (entgeltlich oder unentgeltlich) Befreiung des Bürgen, also Erlass, natürlich (evtl. aus seinen Mitteln) erwirkt.[2])

Sodann kann der Schuldner dem Bürgen auch »statt ihn zu befreien« Sicherheit leisten, jedoch dieses nur, wenn die Schuld noch nicht fällig ist.[3])

Das Gesetz schreibt, wie ausdrücklich betont werden muss, solchenfalls nur Sicherheitsleistung vor und sagt nichts davon, dass nach eingetretener Fälligkeit der Schuldner zur Befreiung nun doch noch angehalten werden könne. Nachdem diese Sicherheit geleistet ist, hat ja auch der Bürge nur noch in beschränktem Masse an der Befreiung ein berechtigtes

---

1) Damit hat der Schuldner sogar mehr gethan, als der Bürge von ihm verlangen kann. Vergl. auch Hasenbalg, S. 702, Abs. 4, Anf. Der Bürge kann nicht verlangen, auf diese bestimmte Art und Weise befreit zu werden.

2) Entgeltlich oder unentgeltlich. Natürlich darf der Bürge seine Mitwirkung zu dieser Befreiung dem Gläubiger nicht verweigern. Vergl. Hasenbalg, Bürgsch. S. 702, Abs. 4, Ende.

3) Diese Möglichkeit dürfte nach Gemeinem Recht nicht bestanden haben. Vergl. l. 38, § 1 D (17. 1) und l. 10 c (4. 35). Es ist in ersterer Stelle nur von einem Anspruch auf Befreiung, in letzterer nur von einer Möglichkeit des Schuldners, auf Zahlung zu drängen, die Rede. Hasenbalg, Bürgsch. S. 702, Abs. 4 erwähnt auch in der That diese Möglichkeit nicht. Die Bestimmung von § 775, Abs. 2 B. G. B. ist eine praktische Neuerung.

Interesse, da er, wenn er zahlt, seinen Ersatz ja sicher erlangen kann.[1])

Im Falle der Mitbürgschaft hat zweifellos bei ungeteilter Haftung der Schuldner die ganze Schuld zu Gunsten des Befreiung Begehrenden zu zahlen bezw. sicherzustellen, wobei natürlich eine Sicherheit für alle Berechtigte haftet.[2]) Ist dagegen der Mitbürge nur auf einen Teilbetrag verpflichtet oder haftet er mit einer Haftungsgrenze, so braucht der Schuldner im Verhältnis zu diesem blos den Teil zu zahlen oder — wenn zulässig — sicherzustellen, den der Bürge dem Gläubiger wird zu leisten haben.[3])

[1]) Nach dem richtig verstandenen Gesetzeswortlaut ersetzt die Kaution offenbar die Befreiung vollständig und dauernd. Der Bürge muss vielmehr dann also evtl. trotz Vorliegens eines der Gründe in Nr. 1, 2, 4 des § 775 B. G. B. doch erfüllen, wobei ihm freilich der Regress gesichert ist. Wie § 774 B. G. B. eine nachträgliche Sicherung des entstandenen Regressanspruchs des zahlenden Bürgen beabsichtigt, so bezwecken die Bestimmungen des § 775 B. G. B., ganz besonders aber Abs. 2, offensichtlich unter Anderem eine präventive Sicherung des demnächst entstehenden Regresses des Bürgen nach der Zahlung. Das B. G. B. sagt nicht, wofür die Sicherheit zu leisten ist. Es handelt sich wohl um eine Kaution nicht nur für die Befreiung des Bürgen durch Hauptschulderfüllung, zu der ja der Schuldner dem Bürgen hier nicht verpflichtet ist, sondern namentlich für den Regress, den der Bürge nach Zahlung erheben wird. Die Sicherheit wird ihrem Zweck gemäss natürlich noch nicht frei, wenn die Bürgschaft durch Zahlung des Bürgen beendet ist.

[2]) Alle schulden ja solidarisch das Ganze (§ 769 B. G. B.) Eine Sicherheit reicht aus, weil es sich nur um einen Vermögensposten handelt. Denn immer werden ja doch Regressansprüche, die von einem zahlenden Bürgen erworben werden sollen, nur die Höhe des Ganzen erreichen (Vergl. unten § 8, B II). Wenn nun der eine Regress auf das Ganze, oder wenn mehrere anteiligen Regress erwerben, so wird dann je nachdem einen die ganze Sicherheit oder den mehreren je ein entsprechender Teil der Sicherheit haften.

[3]) Das kann man als Konsequenz sowohl des Grundgedankens betrachten, dass die Regressansprüche gesichert werden sollen (Vergl. Anm. 1, S. 121), als auch

Steht dem Mitbürgen, der an sich das Ganze schuldet, die Teilungseinrede zu, oder schuldet der Mitbürge zunächst nur einen Kopfteil, aber subsidiär auch den Rest, so kann Folgendes fraglich sein: Muss der Schuldner nur d e n Teil an den Gläubiger leisten bezw., wenn zulässig, sicherstellen, der mit Berücksichtigung der Insolvenzen dem betreffenden Bürgen gegenüber dem Gläubiger zur Last fällt? Nähmen wir dieses an, so müsste der Gläubiger doch allerdings dann, wenn der Bürge infolge späterer weiterer Insolvenzen unverschuldet dem Gläubiger mehr leisten müsste, dies nachzahlen, besonders die Sicherheit auch gemäss § 240 B. G. B. ergänzen. Allein richtiger wird sein, dass der Schuldner überhaupt hier das Ganze zahlen bezw. sicherstellen muss,[1]) denn der Mitbürge schuldet, wenn auch mit Einrede oder subsidiär, doch immerhin das Ganze. Mit Zahlung oder Sicherstellung des Anteils ist ihm auch nicht gedient, weil sich seine Haftungsquote später vermehren und dann vielleicht der Schuldner, wenngleich hierzu verpflichtet, doch nicht mehr in der Lage sein könnte, die Zahlung resp. Sicherheit zu ergänzen.[2])

---

des Gedankens, dass der Bürge vor E r f ü l l u n g des von ihm geschuldeten Teils b e w a h r t werden soll. Der Schuldner wird auch durch Leistung dieses T e i l s den Bürgen befreien können. Würde sich der Gläubiger freilich weigern, solche Teilleistung anzunehmen, so müsste entweder der Schuldner zur Befreiung des Bürgen das G a n z e leisten, oder er müsste dem Gläubiger gleichsam als D r i t t e r für den betreffenden Bürgen die Teilleistung machen, die der Gläubiger dann evtl. unter den Voraussetzungen des § 267 B. G. B. annehmen m ü s s t e. So auch Hasenbalg, Bürgsch. S. 703. Abs. 1.

[1]) Hasenbalg, Bürgsch. S. 704, behauptete dies mit Recht schlechthin für a l l e confideiussores, die doch g e w ö h n l i c h die Teilungseinrede hatten.

[2]) § 240 B. G. B. Sicherheits e r g ä n z u n g. Letzteren p r a k t i s c h e n Gesichtspunkt scheint Hasenbalg, Bürgsch. übersehen zu haben. Nehmen wir an, A und B seien Mitbürgen für S mit Teilungseinrede. S beginne zu verschwenden, A a l l e i n verlange Befreiung resp. Sicherheit; B dagegen thut es aus irgend einem Grunde, etwa deshalb, weil auch

Die verlangte Befreiung eines Mitbürgen kann der Schuldner auch durch Erwirken des persönlichen Erlasses an den betreffenden Bürgen ausführen.[1])

Der Schuldner hat aber in allen Fällen den betreffenden wohl auch von dem eventuellen Regressanspruche der Mitbürgen zu befreien, resp. Sicherheit zu leisten.[2]) Sonst wird der Bürge ja indirekt doch die Schuld leisten müssen, trotzdem vielleicht seine Aussicht, Ersatz vom Hauptschuldner zu erlangen, schwindet.

IV. Der Bürge kann auch, wenn ein Mitbürge durch Zahlung in die Stelle des Gläubigers gerückt ist, weiterhin vom Schuldner Befreiung von seiner Verbindlichkeit gegen diesen Mitbürgen verlangen.[3])

V. Die praktisch wichtige und nicht ganz zweifellose Frage der Durchsetzung des Anspruchs auf Befreiung gehört eigentlich nicht hierher. Ueber sie nur Folgendes: Die Verurteilung des Hauptschuldners auf Befreiung des Bürgen ist kein blosses Feststellungsurteil. Die Befreiung ist eine allerdings nicht genau

---

er sein Vermögen verliert, nicht. Brauchte S blos zur Hälfte A zu befreien oder sicher zu stellen, so würde, wenn infolge später eintretender Insolvenz des B A auf das Ganze haftet, A freilich weitere Befreiung bezw. Sicherheitsergänzung von S verlangen können. Allein was würde ihm dieser Anspruch helfen, wenn infolge der inzwischen fortgesetzten Verschleuderung S jetzt dazu ausser Stande gekommen wäre?

[1]) Diese Spezialfrage berührt Hasenbalg, Bürgsch. ebenfalls nicht, obwohl sie auch für das Gem. R. aufgeworfen werden kann.

[2]) Der Schuldner muss, soweit er kann, den Bürgen vor definitivem Schaden aus der Bürgschaft bewahren. In obigem Fall muss ihm insoweit der evtl. Weiterregress gegen den Hauptschuldner auch gesichert sein. Und zwar wohl selbst dann, wenn der fr. persönliche Erlass seinem Sinn nach den Gläubiger gegen den betr. Bürgen zum Schadenersatz wegen dessen anteiliger Inanspruchnahme durch die Mitbürgen verpflichtet hätte! —

[3]) Selbstverständlich, wenn auch nicht direkt im Gesetze vorgesehen, denn der betr. Mitbürge ist ja dann Cessionar des Gläubigers.

präzisierte Leistung an den Bürgen, geschuldet auf Grund von dessen Auslagenersatzanspruch (§§ 670, 683 in Verbindung mit § 257 B. G. B.) Sie ist eine Handlung, deren Vornahme durch einen Dritten an Stelle des Verpflichteten erfolgen kann und kann also nach § 887 C. P. O. direkt erzwungen werden: der Berechtigte lässt sich vom Prozessgericht erster Instanz ermächtigen, sie auf Kosten des Schuldners vornehmen zu lassen oder natürlich auch selbst vorzunehmen; er kann hierbei zugleich beantragen, dass der Schuldner zur Vorauszahlung der voraussichtlichen Kosten der Vornahme, also normalerweise des ganzen Schuldbetrags verurteilt werde. Der Bürge bedarf also besonders wohl nicht etwa einer neuen Klage auf Schadenersatz, wenn der Hauptschuldner die ihm durch Urteil auferlegte Befreiung nicht bewirkt. Besonders einfach gestaltet sich die Vollstreckung aber, wenn der Hauptschuldner nur verurteilt wird, Sicherheit zu leisten (B. G. B. § 775, letzter Satz), wo dann nach §§ 883, 884 C. P. O. verfahren werden mag. Auf diese rein prozessualen Fragen soll jedoch hier nicht weiter eingegangen werden.

§ 8. 2. Nach Zahlung: Der Regress auf Ersatz gegen den Hauptschuldner.

Im vorigen Paragraphen wurde gezeigt, wann und wie der Bürge von Erfüllenmüssen verschont bleiben könne. Jetzt handelt es sich um den etwaigen Schadloshaltungsanspruch, der dem Bürgen gegen den Hauptschuldner zukommt, wenn er den Gläubiger befriedigt hat.

Der Rückgriff gestaltet sich im Falle der Mitbürgschaft im Allgemeinen fast ebenso wie im Falle der Alleinbürgschaft.[1]) Jeder der Mitbürgen hat nach den darzustellenden Regeln zu dem Teil Regress, für den er den Gläubiger befriedigt hat. Der Regress des Bürgen im Allgemeinen muss hier

[1]) Wie ja Alleinbürgschaft und Mitbürgschaft nur zwei Species desselben Instituts sind.

auch wegen einzelner im Falle der Mitbürgschaft speziell auftretender Fragen kurz behandelt werden.[1])

A. Bezüglich des Bürgenregresses[2]) im Allgemeinen ist Folgendes zu bemerken:

I. Das Regressrecht des B.G.B. beruht der Hauptsache nach auf Gemeinem Recht und ist nur aus diesem zu erklären. Der Rückgriff des Bürgen, der den Gläubiger befriedigt hat, gegen den Schuldner gestaltet sich nach Römischen Recht folgendermassen: Bestand zwischen dem Bürgen und dem Hauptschuldner ein besonderes Rechtsverhältnis wie Mandat, negotiorumgestio, so konnte der Bürge nach dessen Grundsätzen Ersatz seiner Auslagen verlangen. In allen Fällen[3]) hatte der Bürge die Möglichkeit, bei Befriedigung des Gläubigers dessen Forderung gegen den Hauptschuldner[4]) sich durch ausdrücklichen Vertrag abtreten zu lassen.[5]) Er konnte diese Abtretung vom Gläubiger sogar im Wege der Einrede gegen dessen Leistungsklage wider ihn[6]) und nach einer bisweilen verteidigten Ansicht sogar auch im Wege der Klage erzwingen. Die Bürgschaft wurde

---

1) Das Regressrecht des Bürgen überhaupt ermöglicht erst die Schlussfolgerungen für speziell mitbürgschaftliche Fragen.

2) Vergl. über dasselbe Hasenbalg, Bürgsch. S. 462—465, 704—718. Girtanner, Bürgsch. S. 211, 248, 468, 533 ff. Knorr, Arch. f. C. R. XXVIII 170. Holzschuher, R. C. R. III § 311 Nr. 16. Keil, das benef. cedend. act. und La Roche, Regress des Bürgen.

3) Windscheid, Pand. § 481, 2 und Anm. 7 erkennt freilich das beneficium cedendarum actionum dem Bürgen nur dann und insoweit zu, als derselbe durch die Zahlung auch schon aus anderen Gründen Regressansprüche gegen den Hauptschuldner erwirbt. Gegen diese Ansicht, für welche die Quellen, wie Windscheid selbst zugesteht, keinen direkten Anhalt geben, m. E. mit Recht Dernburg, Pand. II § 80 Anm. 8. (S. 220).

4) Nebst ihren Accessorien.

5) Und zwar nach Hasenbalg auch, nachdem er schon vorbehaltlos gezahlt hatte.

6) Exceptio cedendarum actionum.

hierdurch — wenigstens nach der letztgenannten extremsten Ansicht — einem zweiseitigen synallagmatischen Vertrag genähert. Der Gläubiger hatte Zug um Zug mit der Erfüllung der Schuld dem Bürgen die actiones zu cedieren, und hierdurch dessen entstehenden Regressansprüche sicherzustellen. Der Schuldner brauchte sogar für gewöhnlich nicht einmal die Forderung sich ausdrücklich cedieren zu lassen,[1]) denn es bestand — wenigstens nach einer Ansicht — auch zu seinen Gunsten im Zweifel die gesetzliche Vermutung,[2]) dass er mit seiner Leistung an den Gläubiger dessen Forderung verkauft habe.[3]) Auf diese Weise wurde es dann erreicht, dass auf den Regressanspruch alle für die Hauptschuld bestehenden Pfandrechte, Hypotheken, Vorzugsrechte und Bürg-

---

[1]) Die »Cession« hatte hier dann nur die Wirkung, den erf. lgten Uebergang festzustellen. Im Anschluss an das Römische Recht verfiel auch das Preussische Recht in den Widerspruch, zwar den Uebergang der Hauptforderung (hier ohne die Rechte gegen den Mitbürgen) von Rechtswegen stattfinden zu lassen und doch dem Bürgen den Anspruch auf ausdrückliche Cession des Hauptschuldanspruchs zu gewähren. Bei der Cession bekam der Bürge die Schulddokumente etc. und wurde ihm hiermit der Beweis erleichtert.

[2]) Der Bürge konnte bei oder nach der Zahlung sich die Hauptforderung aneignen. Ausdrückliche Erklärung des Erwerbswillens war nicht erforderlich, weil sie gesetzlich vermutet wurde, wenn nicht das Gegenteil erklärt war. Zustimmung des Gläubigers war überflüssig. Die erzwingbare Abtretung wurde als vollzogen angesehen, weil eine ausdrückliche Abtretung für die Beteiligten meist ohne Interesse war. Wurde die Abtretung erst nachträglich d. h. nach der Zahlung verlangt so war der für dieselben massgebliche Zeitpunkt nach einigen Rechtsgelehrten die Zahlung, nach anderen (so Hasenbalg) erst der der Erklärung, welche letztere Annahme vielleicht nicht ganz konsequent sein dürfte.

[3]) Dieses soll aber die Cession nach Hasenbalg, Bürgsch. S. 426, Abs. 1 a 1. doch nicht ersetzen, sondern blos möglich machen. Andererseits soll jedoch die erzwingbare Abtretung grundsätzlich als erfolgt anzusehen sein. Hasenbalg, Bürgsch. S. 424, 425.

schaften übergingen.[1]) Die actio cessa sollte aber nur einen ohnehin schon bestehenden Ersatzanspruch sichern. Nur zu dieser Sicherung war sie abgetreten und blieb der Schuldner verpflichtet.[2]) Wenn daher überhaupt kein oder nur ein beschränkterer Anspruch aus anderem Grunde dem Bürgen zustand, konnte der Schuldner der actio cessa eine exceptio doli entgegensetzen.[3]) Die actio cessa und die actio aus dem besonderen Rechtsverhältnis konkurrierten wahlweise derart, dass mit Befriedigung des einen der Ansprüche beide erloschen.[4])

II. Nach dem B. G. B. nun hat der Bürge zunächst natürlich auch auf Grund besonderen Rechtsverhältnisses, wie Auftrag und Geschäftsführung, nach dessen Grundsätzen einen Rückgriff.[5])

---

1) Hasenbalg, Bürgsch. S. 427—437, 443—452, ausser sofern die Abtretung für den Gläubiger einen Nachtheil herbeigeführt hätte. Nemo subrogat contra se.

2) M. a. W.: Die actio cessa sollte also dem Bürgen nichts gewähren, was er nicht schon hatte.

3) Dernburg, Pand. II 80, Anm. 8, S. 220.

4) Sogenannte Aktionenkonkurrenz! Nach Römischem Recht ist dieselbe nicht zu denken als eine Konkurrenz von zwei zwischen denselben Personen bestehenden Obligationen, welche aber bei Tilgung der einen beide erlöschen, wie dies etwa bei den solidarischen Obligationen zwischen verschiedenen Personen stattfindet. Es sind auch nicht zwei verschiedenen Objekte, nämlich der ursprüngliche Hauptschuldbetrag und der Betrag der Aufwendungen von der Verbindlichkeit des Bürgen derart umfasst, dass die Leistung eines der Objekte ihn völlig befreien könnte, wie dies der Wahlschuld und der facultas alternativa charakteristisch ist. Es handelt sich vielmehr wohl um eine einzige Verpflichtung und einen Anspruch, für dessen Durchsetzung zwei Anspruchsfundamente, zwei Klagen verschiedener Natur (actiones) gewährt werden. Im Gemeinen Recht war — da die »actiones« weggefallen — an eine Anspruchskonkurrenz zu denken.

5) Das Gesetz (§ 774 B. G. B.) bezweckt ja nicht, dass der Umstand, dass er Bürge ist, für ihn bezüglich des Regresses eine Ausnahme von den allgemeinen Regeln der §§ 662—675, 678—687, namentlich §§ 669, 670, 683 B. G. B. begründe.

Das Gesetz wollte, dass dieser Regressanspruch durch die Accessorien der Hauptschuld gesichert sei. Es begnügte sich nun aber nicht damit, einfach etwa zu bestimmen, dass die Pfandrechte, Hypotheken, Vorzugsrechte der ursprünglichen Forderung des Gläubigers auf die besondere Ersatzforderung des Bürgen aus Auftrag oder Geschäftsführung übergehen sollen.

Ein solcher Uebergang wäre juristisch wohl zu erklären und zu rechtfertigen gewesen. Es hätte hier allerdings eine gewisse Abweichung von allgemeinen Rechtsprinzipien statuiert werden müssen. Jene Accessorien waren nämlich nur für die ursprüngliche Forderung und nicht auch für spätere, eventuelle Ersatzansprüche von Bürgen bestellt und können vielleicht, ohne dass dem Parteiwillen und der rechtlichen Gestaltung unnatürlich Zwang angethan wird, ohne jene erstere Forderung auf die letztgenannten Ansprüche kaum übergehen. Und zwar sind diese Erwägungen bezüglich der Hypotheken und Pfandrechte kaum weniger stark als bezüglich des Vorzugsrechts, welches geradezu eine blosse, dem Anspruch inhärierende Eigenschaft ist.

Nach dem Vorgange moderner Gesetzgebungen bestimmt aber das Gesetzbuch viel weitergehend. »Soweit der Bürge den Gläubiger befriedigt, geht die Forderung des Gläubigers gegen den Hauptschuldner auf ihn über«.[1]) Eine unbefangene Auslegung wird sicherlich in dieser Bestimmung zunächst nicht die blosse Fiktion eines Forderungsübergangs ausgesprochen finden. Wir haben es vielmehr nach dem Gesetzeswortlaut mit einem wirklichen Forderungsübergang zu thun, so dass der Bürge für seinen Regress wirklich zwei Ansprüche zur Auswahl neben einander hat.[2]) Es ergiebt sich jedoch schon

---

[1]) § 774, Abs. 1, S. 1 B. G. B.

[2]) Etwas abweichend ist nach Römischem Recht nach konstruieren. Vergl. Anm. 4, S. 127.

aus der Natur der Sache, dass, soweit der Bürge auf einem Wege den ihm gebührenden Rückgriff erzielt, seine Ansprüche überhaupt cessieren und dass der Bürge auch mit dem abgetretenen Anspruch nicht mehr erzielen kann, als er zufolge seines Verhältnisses zum Schuldner verlangen kann.[1]) Freilich entstehen mit der Annahme zweier Konkurrenzansprüche, wie sich gelegentlich schon gezeigt hat und noch zeigen soll, die allergrössten theoretischen Schwierigkeiten. Allein bevor ihretwegen die ganze Konstruktion des B. G. B. als unbrauchbar verworfen werden darf, muss wenigstens der Versuch gemacht werden, die Rechtssätze mit ihr zu erklären.

Die Forderung des Gläubigers gegen den Hauptschuldner geht ohne Abtretungsvertrag auf den Bürgen über, wenn und soweit der Gläubiger vom Bürgen als solchem entweder durch Erfüllung oder durch Hingabe an Erfüllungsstatt, Hinterlegung, Aufrechnung materiell befriedigt wird oder sich verzichtweise z. B. durch schenkweisen Erlass an den Bürgen für formell befriedigt erklärt.[2]) Mit der Hauptforderung gehen auch über die Ersatzansprüche des Gläubigers wegen seiner etwaigen Kosten, für die gemäss § 767, Abs. 2 B. G. B. der Bürge eintreten muss.

War die vom Bürgen getilgte Hauptschuld noch bedingt oder mit Einrede behaftet, also der Bürge selbst auch noch nicht unbedingt verpflichtet, so kann ihm seine Zahlung auch nicht bedingt die Hauptforderung verschaffen; es liegt dann keine Be-

---

1) Denn die übergegangene Forderung soll ja, wie nach Römischem Recht, ausschliesslich dem Zweck besserer, bequemerer und sicherer Durchführung des aus sonstigem Grunde bestehenden Regressanspruchs dienen.

2) Soweit sie nur zu Gunsten des Bürgen gegeben ist, wirkt solche Erklärung in jeder Beziehung wie die materielle Befriedigung. Der Erlass wird oft, aber nicht immer eine solche formelle Befriedigungserklärung enthalten.

friedigung des Gläubigers im Sinne des § 774 B. G. B.[1]) vor. Wird aber der Schuldbetrag vom Bürgen, was im Zweifel nicht anzunehmen ist, mit der Massgabe hingegeben, dass erst bei Eintritt der Fälligkeit diese Hingabe rechtlich zur Zahlung werden solle, so erwirbt er mit Eintritt derselben ohne Weiteres die Hauptforderung.[2])

Es handelt sich hierbei, wie schon erwähnt, nicht um eine blosse Fiktion, ebensowenig beruht der Uebergang etwa auf einer civilrechtlichen Präsumtion der Abtretung. Der beste Beweis dafür ist, dass der Uebergang durch gegenteilige Erklärung des Gläubigers gar nicht gehindert werden kann.[3]) Der Bürgschaftsvertrag ist hiermit auch jeden Scheins der Zweiseitigkeit entkleidet. Das Gesetz knüpft die Subrogation vielmehr aus Billigkeit und Zweckmässigkeit an die Leistung des Bürgen als einen eigenen rechtlichen Thatbestand.[4]) Allein bezüglich der eigenen Schuld des Bürgen hat seine Leistung den Charakter des

---

1) Denn eine eigentliche Verbindlichkeit ist noch nicht vorhanden (Vergl. § 1, Anm. 5, S. 6), also noch nicht die Möglichkeit einer eigentlichen »Befriedigung des Gläubigers.«

2) Die »Erfüllung« einer bedingten Schuld kann als bedingte Erfüllung vorgenommen sein, so dass sofort mit Existenz der Schuld eine eigentliche Erfüllung gegeben ist.

3) Denn das Gesetz lässt den »Uebergang« schlechthin erfolgen und macht ihn nicht vom stillschweigenden Einverständnis des Gläubigers abhängig. Daher empfiehlt es sich hier streng genommen nicht, von »Cession« zu sprechen. (Wenn wir es stellenweise doch thun, so geschieht es nur der Bequemlichkeit und Kürze des Ausdrucks wegen.) Uebereinstimmende Willenserklärungen sind für die »Cession«, »Abtretung« begriffswesentlich. Eine gesetzliche Zwangscession ist eben begrifflich keine Cession. Die Fiktion erklärt auch hier nichts; Die Annahme einer unwiderleglichen Präsumtion empfiehlt sich nicht, denn was ist eine unwiderlegliche Präsumtion anders, als die Bezeichnung für eine gewisse, bisweilen kürzere und bequemere, doch stets ungenaue Ausdrucksweise des Gesetzgebers?

4) Derselbe wirkt als Faktum ohne Rücksicht auf einen geäusserten diesbezüglichen Parteiwillen.

Zahlungsrechtsgeschäfts und wirkt als Tilgungsgrund.[1]) Der Uebergang kann dann folgerichtig dann nicht stattfinden, wenn der Bürge die Hauptforderung nicht erwerben, sondern ebenfalls tilgen will.[2])

Der gesetzliche Uebergang des § 774 B. G. B. ist offenbar ein Fall der sogenannten »Uebertragung der Forderung kraft Gesetzes« im Sinne des § 412 B. G. B.; es finden daher auch die Vorschriften über vertragliche Abtretung nämlich §§ 399—404, 406—410 B. G. B. entsprechende Anwendung. Wichtige Konsequenzen ergeben sich aus dem Umstand, dass ein rein derivativer Erwerb,[3]) und nicht etwa eine Neubegründung in Frage steht.

Besteht die Hauptschuld nicht mehr, ist sie vorher z. B. vom oder für den Hauptschuldner getilgt oder ihm erlassen, so erwirbt der Bürge insoweit keinen Regress aus § 774 B. G. B.

Die Regressforderung des § 774 B. G. B. geht quantitativ und qualitativ auf dieselbe Leistung, wie die ehemalige Hauptforderung, einerlei, womit der Bürge den Gläubiger befriedigt hat. Der getilgte Teilbetrag der Hauptschuld allein bestimmt Inhalt und Umfang des Regressanspruchs.

Die noch nicht fällige Forderung geht als solche auf den Bürgen über.[4])

Alle zur Zeit des Uebergangs der Forderung begründeten Einreden und die Aufrechnungsmög-

---

[1]) Seine Schuld wird ja der Bürge regelmässig tilgen wollen, wie schon hervorgehoben.

[2]) Selbstverständlich will das Gesetz den Bürgen die (verzichtbaren) Gläubigerrechte nicht gegen seinen erklärten Willen aufdrängen und seine natürliche Dispositionsfreiheit beengen. Mit der Ermöglichung der Subrogation sind seine Interessen vom Gesetz bereits genügend gewahrt.

[3]) Der Urtypus für den derivativen Forderungserwerb ist die »Cession.« Hieraus mag sich der Ausdruck »gesetzliche Cession« für Fälle derivativen Forderungserwerbs kraft Gesetzes einigermassen rechtfertigen.

[4]) Sofern der Bürge den Gläubiger vor der Fälligkeit zulässigerweise befriedigt.

lichkeit sind auch gegen die Regressforderung geltend zu machen. (§ 404 B. G. B.)

War ferner die Hauptforderung anfechtbar, so ist es auch diese Regressforderung

Für Beginn und Dauer der Verjährung dieser Regressforderung ist einzig und allein die Natur der Hauptschuld auch fernerhin massgebend.[1])

Mit der Forderung gehen die für sie bestehenden Hypotheken, Pfandrechte, Bürgschaften und Vorzugsrechte auf den Bürgen über (§ 401 B. G. B.), ausser der Forderung gegen den zahlenden Bürgen selbst.[2])

Im Verhältnis zum Schuldner wird der Bürge erst mit des ersteren Kenntnis, nach Gemeinem Recht sogar nur durch Anzeige an denselben als eine Art »Besitzergreifung der Forderung« (Windscheid) eigentlicher Gläubiger.[3]) Das heisst: Vorher weigert ihm der Schuldner ohne Gefahr und Nachteile die Erfüllung. Derselbe kann mit seinen Gegenforderungen gegen den Gläubiger aufrechnen, soweit solche nur vor Kenntnis des Uebergangs erworben sind, ausser wenn sie erst nach Fälligkeit der Hauptschuld fällig wurden. (§ 406 B. G. B.). Hat ferner der Hauptschuldner noch in Unkenntnis des »Uebergangs« den Gläubiger oder einen späteren »Cessionar« derselben ganz oder teilweise befriedigt oder von ihnen Erlass oder Stundung erlangt, so ist er insoweit dem Rück-

---

[1]) Es handelt sich ja noch immer um genau die gleiche Verbindlichkeit. Die Verjährungszeit wird nicht geändert, einerlei ob sie früher oder später abläuft als die des besondern Ersatzanspruchs. So löst sich durch Auseinanderhaltung der beiden konkurrierenden Ansprüche des Bürgen, die scheinbar schwierige Streitfrage nach der Verjährung des Regressanspruchs auf die einfachste Weise.

[2]) Es ist nicht etwa anzunehmen, dass diese Forderung als Accessorium der Hauptforderung gleichfalls auf den zahlenden Bürgen übertragen wird und dann durch Confusion erlischt.

[3]) Mot II, S. 674.

griff des Bürgen aus § 774 B. G. B. gegenüber — dauernd bezw. zeitweilig frei (§§ 407, 408 B. G. B.).

Unrichtig wäre die Annahme, der gesetzliche »Uebergang« geschehe nur, wenn und insoweit der Bürge ohnehin auf Grund eines besonderen Rechtsverhältnisses zum Hauptschuldner rückgriffsberechtigt wäre. Für das Gemeine Recht wurde allerdings — und zwar mit Unrecht — bisweilen für die Pflicht zur Klagencession solche Voraussetzung, bezw. Beschränkung angenommen.[1]) § 774, Abs. 1, S. 1 B.G.B. stellt ein solches Erfordernis für die Subrogation nicht auf und Satz 3 spricht direkt dagegen. Diese Vorschrift steht in engster Beziehung zu den vorhergehenden, die Subrogation betreffenden Bestimmungen und setzt offenbar den Forderungsübergang voraus. Sie erlaubt nämlich dem Schuldner den Gebrauch der aus seinem besonderen Verhältnis zum Bürgen herzuleitenden Einwendungen, welche ja an sich dann und nur dann dem Schuldner zuständen, wenn aus diesem besonderen Verhältnis geklagt wird, auch gegen die Geltendmachung der actio cessa.[2])

Insoweit wenigstens giebt es dann negative Voraussetzungen und Beschränkungen der actio cessa.

---

1) Vergl. oben Anm. 3, S. 125.

2) Dass dem Bürgen, wenn er die Ausübung des Mandats-, Gestionsanspruchs wählt, alle sich aus dem Mandats- und Gestionsverhältnis ergebenden Einwendungen vom Schuldner entgegengehalten werden können, ist selbstverständlich und bedurfte keiner Hervorhebung durch das Gesetz. Stützt sich der Bürge dagegen auf die Subrogation, so würde der Schuldner sich nach gewöhnlichen Rechtsgrundsätzen nicht auf die Einwendungen aus dem »besondern Rechtsverhältnis« berufen können; dieses Letztere ermöglicht ihn nun aber § 773, S. 3 im Anschluss an das Gemeine Recht. Die Wortfassung: »Einwendungen . . . bleiben unberührt« ist danach verfehlt und sinnwidrig und dürfte sich aus folgendem Gedankengang erklären: Wenn der Schuldner nach dem besonderen Verhältnis gegen ein Ersatzbegehren des Bürgen begründete Einwendungen zu erheben vermag, soll ihm trotz der gesetzlichen Subrogation diese günstige Stellung verbleiben.

Im Zweifel kann der Bürge also ohne Weiteres auf den »getilgten« Betrag der Hauptschuld seinen Rückgriff nehmen;[1]) Einwendungen hat der Schuldner vorzubringen und zu beweisen.[2])

Wann hat er nun solche? Zunächst natürlich, wenn die Nichtgeltendmachung durch Vertrag bedungen ist. Aber sonst? Nach Römischen Recht hatte der Schuldner, wie schon bemerkt, jedesmal dann, wenn er in gar keinem Rechtsverhältnis zum Bürgen stand, oder wenn solches zwar bestand, aber keinen Regressanspruch gewährte, eine Einrede (exceptio doli) gegen die actio cessa. Entgegengesetzt ist aber vielleicht für den ersteren Fall nach B. G. B. zu entscheiden. Es ist zwar wohl möglich, dass die Vorschrift des § 774 Abs. 1, S. 3 B. G. B. dasselbe verfügen wollte, wie das Römische Recht. Allein es fragt sich doch, ob die Bestimmung direkt gegen ihren Wortlaut ausgelegt werden darf, weil ein Redaktionsfehler untergelaufen ist. Nach dem Wortlaut kann nur aus einem besonderen Rechtsverhältnis zwischen Bürgen und Hauptschuldner gegen die actio cessa eine Einwendung erhoben werden. Besteht also überhaupt kein besonderes Rechtsverhältnis, so müsste der Bürge die actio cessa ungehindert geltend machen können.[3]) Eine Einwendung gegen

---

1) Auch wenn der Bürge keinen Rückgriff aus sonstigem Grunde hätte. Der Bürge hat nur den Beweis zu führen, dass er an den Gläubiger geleistet hat. Denn wenn der Bürge beweist, dass er dem Gläubiger gezahlt hat, ist ja nun sein Regressrecht durch Cession begründet oder mindestens prima facie als begründet zu vermuten; auf denkbare Anspruchsausschliessungsgründe braucht zunächst billigerweise nicht eingegangen zu werden.

2) Ohne Unterschied, ob rechtshindernde, rechtsaufhebende oder rechtshemmende Thatsachen in Frage stehen.

3) Die Regel ist ja: der übergegangene Anspruch kann soweit geltend gemacht werden, als nicht Ausnahmen besonders begründet sind.

die Geltendmachung der actio cessa dürfte der Bürge nur dann haben, wenn kraft eines besonderen Rechtsverhältnisses der Regress geradezu ausgeschlossen ist, soweit z. B. die Eingehung der Bürgschaft oder die Schulderfüllnng sich als Schenkung oder als Erfüllung einer Verbindlichkeit zwischen Bürgen und Schuldner darstellt, wenn der Bürge materiell selbst Schuldner war u. s. w.[1])

Ferner steht gegen die actio cessa eine Einwendung zu, wenn und soweit ein an sich regressermöglichendes Verhältnis, wie Mandat, Gestio im besonderen Falle ausnahmsweise keinen oder nur einen beschränkteren Regressanspruch gewährt. Beispiele bieten die Fälle, dass die als Beauftragte oder Gestoren handelnden Bürgen die Pflichten der §§ 666, 681 B. G. B. verletzt haben, und so dem Schuldner ihrerseits ersatzpflichtig geworden sind oder dass sie den Gläubiger mit einem geringeren Betrag abgefunden haben.[2]) In letzterem Fall kann anerkanntermassen der Bürge auch mit der actio cessa nur Auslagenersatz verlangen;[3]) er soll sich nicht aus

---

[1]) Windscheid, Pand. § 481, 1 u. Anm. 1 und 2. Es mag ja bisweilen vorkommen, dass der wirklich Beteiligte bei einem Schuldverhältnis oder Geschäft, z. B. der wahre Käufer, der die Ware erhalten soll sich nach aussen in der Gestalt des Bürgen verbirgt, während er einen Unbeteiligten die Hauptschuldnerrolle spielen lässt. Zwischen beiden allein oder zwischen ihnen und dem Gläubiger kann dann doch feststehen, dass der Scheinbürge eigentlicher Schuldner, der Scheinschuldner der eigentliche Bürge, dass also der Scheinbürge nach aussen zunächst und in internen Verhältnis zum Scheinschuldner allein die Schuld soll zu tragen haben.

[2]) Wenn der Bürge also eine Angabe an Erfüllungsstatt leistet, die der Gläubiger annimmt (§ 363 B. G. B.) oder ihn sonst, etwa im Vergleichswege (§ 779 B. G. B.), mit einem geringeren Werte abfindet.

[3]) Der Bürge, der sich dem Anschein des guten Freundes giebt, indem er dem Schuldner Kredit verschafft, muss sich billigerweise mit Ersatz seiner eigenen Vermögensopfer begnügen.

der Bürgschaft auf Kosten des Schuldners bereichern.[1]) Es kann dahingestellt bleiben, ob dieses Ergebnis vielleicht nicht schon aus den Rechtssätzen des Auftrags und der Geschäftsführung hergeleitet werden könnte, der Beauftragte und der Geschäftsführer muss ja Alles, was er aus der Geschäftsbesorgung erlangt, herausgeben, also auch die actio cessa, (ausser wenn dieselbe schenkweise übergegangen wäre) und kann dagegen[2]) nur Ersatz der Auslagen besprechen (§§ 667, 681, 670 B. G. B.).

Endlich gilt, wie billig, noch eine weitere Beschränkung für die Geltendmachung der übergegangenen Forderung: § 744 Abs. 1, S. 2 B. G. B. Die übergegangene Forderung kann nicht zum Nachteil des Gläubigers geltend gemacht werden. Von Bedeutung ist dieser Grundsatz namentlich für zwei Fälle: Erstens kann im Konkurs des Schuldners der Bürge, der nur einen Teil gezahlt hat, nicht die Konkursdividende des Gläubigers durch Geltendmachung dieser Regressforderung beeinträchtigen. Allein, da er sich gewöhnlich mit dem Mandatsanspruch u. s. w. am Konkurs wird beteiligen können, wird dieses fast bedeutungslos sein. Zweitens: Steht dem Gläubiger für die Hauptforderung ein Pfandrecht oder eine weitere Bürgschaft zu, welche ihm auch noch für andere

---

1) Das widerspräche der Billigkeit. Die Bereicherung würde auf Kosten des Schuldners erfolgen, wenigstens sofern auch dieser mit dem geringeren Werte den Gläubiger hätte abfinden können. Gegen den Bürgen darf der Schuldner auch durch die gesetzliche »Cession« nicht schlechter gestellt werden, als wenn ein Dritter zu seinen Gunsten für ihn wahrhaft erfüllt hätte. Ob schon aus § 812 B. G. B. oder anderen Gesetzesbestimmungen dies zu folgen wäre, muss dahingestellt bleiben.

2) Die aus Auftrag oder Geschäftsführung resultierenden Rechte und Pflichten der Parteien sind in gewissem Sinn synallagmatisch. Vergl. v. Tuhr, actio de in rem verso, S. 69 bei Note 105.

Forderungen an den Schuldner haften, so kann der Bürge dieses Pfandrecht oder diese Bürgschaft, obschon er mit der Hauptforderung dieselben gleichfalls erworben hat, für seinen Regress nicht ausüben.

III. Dem Bürgen wird meist aus besonderem Rechtsverhältnis zum Hauptschuldner ein Rückgriff zustehen.[1]) § 774 B. G. B. will natürlich nicht dem Bürgen ausnahmsweise den Ersatzanspruch, den er möglicherweise nach den Regeln z. B. des Auftrags oder der auftraglosen Geschäftsführung schon ohnehin haben könnte, entziehen.[2]) Von dem für das Gemeine und das neue bürgerliche Recht angenommenen Standpunkt muss sich danach nun Folgendes ergeben:

1. Der »Auftrag« zur Bürgschaft enthält den, sich zu verpflichten und als Bürge fortzuhaften. Der beauftragte Bürge wird gerade deshalb nach dem normalen Sinn der Abrede nur in den Ausnahmefällen des § 775 B. G. B. vom Schuldner alsbald Befreiung von der übernommenen Verbindlichkeit verlangen können. An sich liegt im Verbürgungsauftrag noch nicht, wenigstens nicht immer, der Auftrag zur Erfüllung, besonders da ja diese den Schuldner gar nicht befreit.[3]) Der Bürge regrediert somit regelmässig nicht, weil er im Auftrag erfüllt hätte,[4]) sondern, weil er mit seiner Leistung blos seine Verpflichtung gegen den Gläubiger erfüllt hat, welche er im Auftrag des Schudners ein-

---

[1]) Denn praktisch geschieht die Verbürgung meist auf auf Ansuchen und fast nie ohne Wissen des Schuldners. Meist wird dieselbe sogar vorher ausgemacht, damit der Schuldner Kredit erlangt.

[2]) Vergl. Anm. 5, S. 127.

[3]) Der Schuldner somit an der Zahlung des Bürgen gewöhnlich gar kein Interesse haben wird. § 7 Anm. 4, S. 115.

[4]) Für den Bürgen ist die Zahlung ja auch kaum mehr ein Vermögensopfer, da er sich damit von einer Schuld befreit und die Hauptforderung erwirbt.

gegangen war.[1]) Aehnliches gilt im Falle der Geschäftsführung.

Ist die Verbürgung im Auftrag des Schuldners erfolgt oder stellt sie sich als eigentliche Gestion, d. h. als nicht verbotene, auftraglose, nützliche Geschäftsführung zugunsten des Schuldners dar, bei der der Geschäftsführer auf Ersatz rechnete, so muss es für den Ersatzanspruch einflusslos sein, dass der Schuldner später ohne Erbieten eigener Zahlung gegen die — dem Bürgen ja nun (dem Gläubiger gegenüber) schon obliegenden — Erfüllung Widerspruch erhebt[2].)

Der Ersatzanspruch setzt nicht voraus, dass die Hauptschuld noch bestand, als der Bürge leistete.[3]) Nur dann ist er — im Resultat[4]) — ausgeschlossen, wenn der Bürge wusste oder wissen musste, dass die Schuld getilgt war.[5]) Kraft des Auftrags oder

---

1) Der in schuldnerischen Auftrag verpflichtete Bürge setzt mit der Leistung die rechtliche Bedingung für einen Ersatzanspruch. Der vormalige Anspruch auf Befreiung, muss, wenn diese auf Kosten des Bürgen selbst schon erfolgt ist, als gegenstandslos verschwinden; an seine Stelle muss ein Ersatzanspruch treten. Letzterer ist aber nicht auf die Fälle beschränkt, in denen nach § 775 B. G. B. der Bürge einen Liberationsregress gegen den Schuldner hätte erheben können.

2) Der Schuldner darf und kann billigerweise den Bürgen nicht in solcher Weise dolos hindern, sich von der im Auftrag des Schuldners eingegangenen Verbindlichkeit gegen den Gläubiger zu befreien. Anders jedoch, wenn der Schuldner sich erbietet, selbst zu zahlen und den Bürgen zu befreien. Dann hat ja auch der Bürge kein berechtigtes Interesse mehr, darauf zu bestehen, selbst zahlen zu dürfen.

3) Anders bezüglich der actio cessa wie oben ausgeführt.

4) Was die Konstruktion anlangt, so wird in den Fällen des Textes teils eine nützliche übernommene oder aufgetragene Geschäftsbesorgung überhaupt nicht vorliegen, teils der Ersatzanspruch des Bürgen durch den gegen ihn ausgeschlossen sein.

5) Der Bürge braucht jedoch, wenn er vom Gläubiger auf Zahlung in Anspruch genommen wird, die Vorsicht resp. das Mistrauen gegen dem Gläubiger natürlich nicht soweit zu treiben, dass er beim Schuldner vorerst anfrage, ob dieser vielleicht schon gezahlt hat. Der Gläubiger kann ja auch gegen den Bürgen auf sofortiger Zahlung bestehen.

ihm angezeigten Gestionsverhältnisses ist der Schuldner dem Bürgen zur Anzeige seiner Erfüllung billigerweise verpflichtet.[1]) Da nun aber die bereits erloschene Forderung auf den zahlenden Bürgen in solchen Fällen nicht übergehen kann, entbehrt der bestehende Ersatzanspruch hier der Sicherungsmittel der Hauptschuld.[2]) Der regredierende Bürge muss ferner gemäss §§ 667, 681 B.G.B. seine condictio indebiti gegen den Gläubiger dem Schuldner abtreten.[3]) —

Es darf wohl behauptet werden, dass die Annahme, als liege in einer Verbürgung regelmässig eine eigentliche aufgetragene oder übernommene »Geschäftsbesorgung« für den Schuldner im Ganzen ziemlich gekünstelt ist.[4]) Die Römer mussten

---

[1]) Nach dem Rechtsverhältnis darf der Bürge vom Schuldner, dem er Kredit verschafft, dieses geringe Mass der Sorgfalt erwarten. Unterlässt der Schuldner die Anzeige und leidet dann der Bürge, indem er im Sinne des Mandats weiter handelt, Schaden, so ist der Schuldner hierfür ersatzpflichtig. Aehnlich ist es im Falle der Geschäftsführung. Allein hier dürfte m. E. zu entscheiden sein, dass der Schuldner seine Zahlung dann nicht anzuzeigen braucht, wenn der Bürge ihm seine Bürgschaftsübernahme auch nicht angezeigt hatte, selbst wenn etwa der Schuldner ohne Anzeige des Bürgen von der Bürgschaftsübernahme Kenntnis erlangt hätte. Der Schuldner kann dem Bürgen zu keinerlei Rücksichtnahme verpflichtet werden, bevor ihm die Verbürgung authentisch erklärt ist, was ja nach § 681, S. 1 B. G. B. erforderlich; zahlt dann der Bürge, nachdem der Schuldner selbst schon gezahlt, so leidet er seinen Schaden eben infolge willkürlichen Eingreifens in fremde Angelegenheiten und Nichterfüllung der ihm dabei obliegenden Pflichten.

[2]) Weil derjenige Anspruch hier nicht besteht, mit dem allein diese Sicherungsmittel untrennbar verknüpft sind.

[3]) Sonst wäre er auf Kosten des Schuldners bereichert. §§ 667, 681, S. 2 B. G. B. treffen ihrem Sinne nach hier zu. Die condictio indebiti kann »als in Ausführung des Geschäfts erlangt« bezeichnet werden.

[4]) Das Verbürgungsgeschäft kann ebensowohl auch dem interessenkreise des Gläubigers angehören, im Hinblick auf ihn abgeschlossen sein. Ebenso kann es auf dessen Ansuchen

sich zur Ermöglichung des Regresses zu ihr verstehen. Nach der oben vertretenen Ansicht würde der Bürge wohl auch bei Mangel solchen Rechtsverhältnisses die actio cessa haben und dann auch stets Ersatz verlangen können.[1])

Ob sich auf »ungerechtfertigte Bereicherung« nach Gemeinen, oder nach dem diesem nachgebildeten heutigen Recht je eine Regressforderung des Bürgen stützen lässt, ist besonders zweifelhaft dürfte auch allenfalls im § 774 B. G. B. unter »Rechtsverhältnis« in einem weiteren Sinne auch ein Verhältnis der §§ 812 ff. verstanden werden, so kann doch wohl ohne schwer lösbare Widersprüche von einer auf Kosten des Bürgen erfolgten Bereicherung des Schuldners in keinem Falle die Rede sein, insofern doch der erstere, der sich nicht statt des Schuldners, sondern neben demselben verpflichtet hat, nur seine eigene Bürgschaftsschuld getilgt hat und die Forderung gegen den letzteren ja nicht untergegangen sein darf, vielmehr auf den Bürgen übergehen soll. Es ist somit hier schwierig, einerseits eine Bereicherung, andererseits ein Vermögensopfer aufzuweisen. Des Kondiktionsanspruches bedarf der Bürge zu seinem Rückgriff aber auch gar nicht, soweit nach Obigem das Gesetz die actio cessa gewährt.[2])

Dies ist namentlich von Wichtigkeit in Fällen, in denen aus irgend einem Grunde der Anspruch aus Geschäftsführung wegfällt. Besonders hervorzuheben sind zwei derselben. Erstens: tritt der Bürge trotz

---

zustande gekommen sein. Das Verbürgungsbegehren ist »Auftrag« höchstens im weiteren Sinne des Wortes, nicht im eigentlichen Sinne einer unentgeltlichen Geschäftsbesorgung. So mit Recht Dernburg, B. R. II 2, § 285 IV, S. 346.

1) Vergl. Anm. 2 und 3, S. 134.

2) Ueber den inneren Grund des Condiktionsanspruchs: Vergl. z. B. Dernburg, B 2, § 374, II, III, IV, S. 591—592 Planck, vorbem. vor § 812, S. 576. Darauf kann hier nicht eingegangen werden. Jedenfalls ist der Anspruch wohl ein subsidiärer und nie gegeben, wo er entbehrlich ist.

Widerspruchs des Schuldners ein und zahlt er dann ohne die schuldnerische Einwilligung, so hat er wegen der Aufwendungen, wie bemerkt, keinen Regress mittels condictio sine causa; der Schuldner hat hier nicht eine Bereicherung auf seine Kosten erlangt, wie dies § 684 B. G. B. in Verbindung mit § 812 B. G. B. fordert. Sodann: hatte der Bürge bei seinem Eintreten für den Schuldner nicht auf Ersatz gerechnet (§ 685 B. G. B.), z. B. in nicht erklärter oder nicht angenommener Schenkungsabsicht gegen den Schuldner sich verpflichtet und geleistet, so hätte er nach richtiger Ansicht ausserdem auch schon deshalb keinen Regress mit condictio sine causa, weil im Falle des § 685 B. G. B. im Gegensatz zu § 684 B. G. B. dem »Geschäftsführer« überhaupt »ein Anspruch nicht« zusteht.[1])

2. Der Anspruch des Bürgen aus Auftrag oder Geschäftsführung geht auf Ersatz für alle gemachten Aufwendungen, die der Bürge den Umständen nach für erforderlich halten durfte.[2])

Sind andere Gegenstände als Geld aufgewendet worden, so ist natürlich als »Ersatz ihres Wertes«, wie auch wohl schon aus der Fassung des § 256 B. G. B. hervorgeht, ein »Betrag« in Geld zu zahlen,[3]) nicht etwa tantundem eiusdem generis zu leisten. Letzteres würde die Lage beider Teile meist unbillig und willkürlich erschweren.[4]) Auch im Falle

---

[1]) Freilich sollte nach Oertmann, C. zu § 685 u. U. aus § 812 B. G. B. ein Anspruch zustehen, weil eine Schenkung auch nicht indirekt solle aufgedrungen werden können. Allein es würde ja doch eine »Schenkung« im Rechtssinne, d. h. ein Schenkungsvertrag eben gar nicht vorliegen; ferner soll auch stets nur der Bereicherungsanspruch, nie aber die freiwillige Entschädigung verwehrt sein: von »Aufdringen« kann daher doch wohl kaum die Rede sein.

[2]) § 670 B. G. B.

[3]) Mit »Betrag« kann nur ein Geldbetrag gemeint sein.

[4]) Der Schuldner würde u. U. das »genus« vielfach noch beschaffen müssen, der Bürge vielfach keine Verwendung mehr dafür haben.

des § 818 Abs. 2 B. G. B. geht ja, falls die Fungibilien, durch deren Empfang die Bereicherung geschah, nicht mehr herausgegeben werden können, der Anspruch anerkanntermassen stets auf Geld.[1])

Es kann nicht nur der Betrag verlangt werden, mit dessen Hingabe die Hauptschuld getilgt ist, sondern auch z. B. Kosten u. s. w.[2]) Es können Zinsen aus dem ganzen Betrag der Aufwendungen: Kapital, Zinsen der Schuld und Kosten vom Tage ihrer Verauslagung ab gefordert werden.[3]) Für Inhalt und Umfang dieses Ersatzanspruchs ist der Betrag der Hauptschuld insoweit, aber auch nur insoweit von Bedeutung, als der Bürge als den Betrag, mit dem er die Hauptschuld »getilgt« habe, nie mehr als den Betrag der Hauptschuld selbst oder des Schuldteils, wegen dessen »Tilgung« er regrediert, in Anspruch nehmen darf.[4])

Nähme man an, der Regressanspruch des Bürgen könnte auch auf ungerechtfertigte Bereicherung gestützt werden, so müsste der Schuldner, dem der Bürge Befreiung verschafft und so Ausgaben erspart hat, diesem die auf dessen Kosten erlangte »Bereicherung herausgeben«, bezw. gemäss § 818 Abs. 2 B.G.B. ihren Geldwert ersetzen, und zwar billigerweise, entsprechend dem Römischen Recht auch nur insoweit sie auf Kosten des Bürgen erfolgt ist. Letztere Beschränkung ergiebt sich aus § 812 B. G. B. freilich nicht unzweideutig.[5])

Den Ansprüchen des Bürgen aus Auftrag, Geschäftsführung u. s. w. kommen an sich die accesso-

---

1) Gemeinrechtlich bestritten.

2) Denn das Alles sind »Auslagen.« Vergl. Dernburg, B. R. § 289 III (S. 356).

3) § 256 B. G. B.

4) Hat er also, sei es auch in entschuldbaren Irrtum über den Wert, zur Tilgung einer Schuld von 100 einen Gegenstand im Werte von 120 hingegeben und dann noch an Kosten 10 aufgewendet, so kann er 110 und Zinsen fordern, nicht 130 und Zinsen.

5) Es versteht sich aber aus dem dem § 812 B. G. B. zu Grunde liegenden Billigkeitsprinzip von selbst.

rischen Rechte der Hauptschuld nicht zugute. Was die Verjährung dieser Ansprüche anbelangt, so entsteht zunächst bezüglich ihres Beginns ein Zweifel.

Es ist oben ausgeführt, dass für den beauftragten oder geschäftsführenden Bürgen grundsätzlich schon aus der Verbürgung selbst, (die ja seinerseits eine Aufwendung bedeutet) ein Ersatzanspruch gegen den Schuldner (auf Befreiung) entsteht. Daraus könnte gefolgert werden, dass von der Verbürgung ab die Mandats- oder Gestionsklage zu verjähren beginne, auch insoweit sie erst nach der Zahlung des Bürgen event. auf Ersatz zu richten wäre. Man könnte nämlich sagen, wie der Beginn der Verjährung einer sekundären Schadenersatzforderung schon mit der Entstehung der primären Forderung, so trete auch der Beginn der Verjährung des Ersatzanspruchs schon mit der Entstehung des Befreiungsanspruchs, aus dem sich ersterer entwickelt, ein. Allein darauf wäre Folgendes zu erwidern: der Befreiungsanspruch kann ausser in den Ausnahmenfällen des § 775 n. 1–4 B. G. B. nicht geltend gemacht werden, also, wie billig, schon gemäss § 202, Abs. 1 B. G. B. vor Eintritt der Umstände des § 775 nicht zu verjähren beginnen. Durch Annahme eines Verbürgungsauftrags übernimmt man, wie schon bemerkt, übrigens auch die Gefahr der Realisierung der Schuld auf Zeit. Somit wird dann gewöhnlich erst bei Zahlung die Aufwendung gemacht sein, für die der Bürge ex mandato vom Schuldner Ersatz beanspruchen kann; ähnlich steht es bei der Gestio. Der Ersatzanspruch des Bürgen wegen seiner Zahlung wird somit vor Eintritt des neuen Thatbestands, dem er erst seine wirkliche Entstehung verdankt, schwerlich verjähren können.

Die Verjährungsfrist für die Ansprüche des Bürgen aus Auftrag, Geschäftsführung u. s. w. beträgt dreissig Jahre. Sie überdauern also vielfach den

Anspruch aus § 774 B. G. B.[1]) Mit des letzteren Verjährung erlöschen sie natürlich nicht; [2]) dabei kommen aber für den Regress des Bürgen mit der Hauptforderung **nicht** auch zugleich deren Sicherungsmittel in Wegfall (Vergl. § 223 B. G. B.).[3]) Hat der Bürge die ihm seinerseits als Beauftragten oder Geschäftsführer gegen den Schuldner obliegenden Verpflichtungen nicht erfüllt, z. B. denselben nicht gemäss §§ 666, 681 B. G. B. sogleich benachrichtigt, dass er erfüllt habe, so dass dieser in Unkenntniss dem Gläubiger **nochmals** zahlte, oder hat der Bürge dem Schuldner nicht schon von der Uebernahme des Geschäfts gemäss § 681 B. G. B. sofort Anzeige erstattet, so kann solche Pflichtverletzung eine Einrede gegen den Ersatzanspruch begründen.[4]) In dem ersten Beispielsfall wird sie ihn dahin einschränken, dass statt des Betrags, mit dem die Schuld getilgt ist, vom Schuldner nur mehr Abtretung der condictio indebiti gegen den Gläubiger verlangt werden darf.[5])

In keinem Fall steht dem Ersatzanspruch des Bürgen nach Gemeinem oder nach heutigem Recht im Wege, dass er die ihm event. zustehenden Einreden der Vorausklage oder der Teilung nicht vorgeschätzt hat, denn es ist allein **seine** Sache, ob er diese ihm

---

[1]) Denn die praktisch häufigsten Schulden des gewöhnlichen Lebens verjähren ja in viel kürzerer Zeit, meist zwei Jahren. Vergl. §§ 196—197 B. G. B.

[2]) Vergl. Anm. 1, S. 132.

[3]) Vergl. Anm. 2, S. 139.

[4]) Begrifflich liegt auch bei Mangel dieser Anzeige das contraktähnliche Verhältnis des § 677 B. G. B. vor, aber der Gestor ist dem Geschäftsherrn für die Unterlassung schadenersatzpflichtig.

[5]) Denn dies ist ein Vorteil, welchen der Schuldner dem Umstand verdankt, dass der als Geschäftsführer für ihn thätige Bürgen zuerst gezahlt hatte, und muss daher von letzterem dem Bürgen herausgegeben werden. Wenn der Hauptschuldner in Unkenntnis der Verbürgung gezahlt hat, ist der Bürge, wenn er nachher dem Gläubiger nochmals geleistet hat, auf eine condictio indebiti gegen den Letzteren beschränkt und kann vom Schuldner nichts verlangen.

im Verhältnis zum Gläubiger zustehenden Behelfe gebrauchen will und offenbar liegt es ja sogar im Interesse des Schuldners selbst, dass er es nicht thue.[1])

IV. Hat der Bürge die Hauptforderung getilgt, bezw. auf die Subrogation verzichtet, so ist er gegebenenfalls auf den Anspruch aus dem internen Verhältnis beschränkt. Sonst aber bestehen die Ansprüche des Bürgen aus § 774 B. G. B. und aus Auftrag und Geschäftsführung, wie schon berührt, alternativ neben einander. Wird vom Schuldner entweder der Anspruch auf Erfüllung der übergegangenen Hauptschuld oder der auf Ersatz der Verwendungen befriedigt, so erlischt auch der andere.[2]) Der über die Hauptschuld hinausgehende Anspruch des beauftragten oder geschäftsführenden Bürgen auf Ersatz der ihm selbst noch extra erwachsenen Kosten u. s. w. bleibt aber unberührt daneben stehen.[3])

Die Subrogationsidee fördert hier gewöhnlich ein juristisches Curiosum zu Tage, nämlich eine Forderung, die nur geltend gemacht werden kann, soweit dem Gläubiger ohnehin aus Auftrag u. s. w. ein Anspruch zusteht; die neben diesem jeder Selbstständigkeit des Inhalts und Wesens entbehrt und materiell nur einer Sicherung dient. Die eigentliche »Aktionenkonkurrenz«, unser Konstruktionsbehelf, hatte seinen ursprünglichen, guten Sinn, solange es actiones gab: wo es sich um zwei actiones zur Durchsetzung eines und desselben materiellen Anspruchs handelte. Als man die Pfänder u. s. w. der Hauptschuld dem Regress des Bürgen dienstbar machen wollte, ersetzte man aber die Abtretung der actio gleich durch die Abtretung der Forderung nebst ihren sogenannten »Accessorien« und auf diese Weise kam dann das etwas verschwom-

---

[1]) Denn mit dem Gebrauch der Einrede veranlasst er ja den Gläubiger dazu, gleich den Schuldner selbst in Anspruch zu nehmen.

[2]) Vergl. Anm. 1, S. 129 und Anm. 2, S. 128.

[3]) Vergl. Anm. 4, S. 142.

mene und nebelhafte Gebilde der »actio cessa« des Gemeinen Rechts zustande, welches seinen Weg in das B. G. B. gefunden hat. Dass nach dem Wortlaut des § 774, Abs. 1, S. 3, in einem oben erwähnten Fall die actio cessa als selbständige Forderung erscheinen müsste, macht die Sache fast noch sonderbarer.

Wir befürchten keinen Widerspruch, wenn wir den gesetzlichen Forderungsübergang infolge der »Befriedigung« und die eintretende Konkurrenz der Ansprüche als eines der verunglücktesten Institute bezeichnen, das je von einer Gesetzgebung geschaffen, bezw. übernommen wurde.

V. Im Fall der Mitbürgschaft gelten nur zunächst die dargestellten Rechtssätze.

Unter den angegebenen positiven und negativen Voraussetzungen kann der Mitbürge, der die Schuld ganz oder teilweise berichtigt hat, Ersatz der Aufwendungen verlangen oder die Hauptschuldforderung geltend machen. Es kann demnach dann vorkommen, dass für verschiedene Teile der Schuld, die von verschiedenen Bürgen geleistet sind, von letzteren in einem verschiedenen Umfang oder mit verschiedenen Rechtsbehelfen Regress genommen wird. Schwierigkeiten verursacht dieser Fall nicht.[1])

B. Besondere Beachtung verdient nun aber noch speciell der Fall, dass die Schuld oder ein Teil derselben von mehreren der beteiligten Bürgen gezahlt wurde. Es fragt sich dann: welcher Mitbürge hat hier Regressanspruch? Sodann ist auch zu prüfen, ob der Hauptschuldner, wenn er einen an sich nicht

---

[1]) Vergl. auch oben am Anfang des § 8. Z. B.: Der eine Bürge regrediert wegen Tilgung der halben Schuld als Mandatar auf Ersatz seiner (geringeren) Verwendungen hierfür, der andere als »Cessionar« wegen Tilgung der anderen Schuldhälfte auf deren Betrag. Die den beiden zustehenden Regressansprüche kollidieren nicht. Anders wenn sie zusammen mehr als das Ganze geleistet hätten, wenn also ein gewisser Schuldteil zweimal geleistet worden ist. Vergl. hierüber B.

regressberechtigten befriedigt hat, dem wahren Regressberechtigten nochmals leisten muss.[1])

1. Der Regress eines Mitbürgen ist jedenfalls dann ausgeschlossen, wenn er dem Gläubiger zahlt, trotzdem er weiss oder wissen muss, z. B. benachrichtigt ist, dass die Schuld bereits getilgt ist.[2]) Ebenso klar ist, dass, wenn der Hauptschuldner einem Mitbürgen Ersatz leistet, von dem er weiss oder wissen muss, dass er nicht regressberechtigt ist, diese Leistung ihn vor dem Regressanspruch des wahren Berechtigten nicht schützen kann. Den etwaigen Schaden trägt dann der Betreffende durch eigene Schuld.

Im Uebrigen aber braucht der Schuldner nicht die Vorsicht anzuwenden, dass er einen Mitbürgen, der auf Grund eigener Zahlung und daher mit ausreichendem Schein der Berechtigung von ihm Ersatz begehrt, erst hinhält, um ihn erst dann zu befriedigen, wenn durch Umfrage bei den übrigen Bürgen oder gar dem Gläubiger festgestellt ist, dass kein anderer Bürge schon vorher gezahlt hat.[3]) Es haben ja vielmehr von selbst die Bürgen ihre Zahlung dem Hauptschuldner anzuzeigen.[4])

---

[1]) Die beiden Fragen decken sich selbstverständlich ja nicht. Natürlich muss der Schuldner frei werden, wenn er den befriedigt, dem er leisten muss. Zu doppelter Zahlung kann er nicht gezwungen sein. Aber er kann u. U. auch frei werden, wenn er einen zahlt, dem er nicht leisten sollte.

[2]) Nach Tilgung der Schuld zahlt der Mitbürge überhaupt nicht mehr als Bürge, weil die Bürgschaft mit der Hauptschuld erloschen, resp. auf den erstzahlenden Bürgen übergegangen ist. Auch als Mandatar oder Gestor kann er nicht mehr regredieren, weil er nicht infolge des Mandats leisten musste oder weil von Geschäftsführung im Interesse und nach dem Willen des Herrn hier natürlich keine Rede mehr sein kann.

[3]) Der Gläubiger würde auch nicht warten wollen, jedenfalls nicht zu warten brauchen. Vergl. Anm. 5, S. 138.

[4]) Selbst, wenn sie nicht Auftraggeber oder Geschäftsherren sind, aus allgemeinen Billigkeitsrücksichten. Vergl. Oertmann, C. § 774 n. 5, A. M. Planck, C. Vorbem. vor § 765, II. Abs. 1 a, E. Vergl. auch Anm. 1, S. 139.

Wird der Schuldner von zwei Mitbürgen zugleich auf Ersatz in Anspruch genommen, so kann er, wie sich zeigen wird, meistens einen abweisen; sollte sich aber auch ein Grund für solche Abweisung nicht ergeben, so kann sich der Schuldner immer noch dadurch helfen, dass er den Betrag hinterlegt. Denn im internen Verhältnis unter ihnen wird nur einer berechtigt sein: es ist hier dann also ein Fall gegeben, in dem der Schuldner unverschuldeterweise nicht mit Sicherheit einem leisten kann.[1])

1. Der erstzahlende Bürge hat gegebenenfalls auf Grund der gesetzlichen Subrogation Regressrecht.[2]) Der zweitzahlende hat nie als Subrogierter Regress, auch wenn er die Erstzahlung unverschuldet nicht kannte; denn er hat nicht »den Gläubiger befriedigt«.[3]) Die auf einen anderen übergegangene oder erloschene Forderung konnte nicht von dem blos mehr scheinbaren Gläubiger auf ihn übergehen.[4])

2. Als Beauftragter oder Geschäftsführer kann grundsätzlich der Erstzahlende sowohl, als der Zweitzahlende Ersatz der vernünftigerweise gemachten [5]) Auslagen begehren, letz-

---

1) § 372 B. G. B.

2) Er hat als Bürge den Gläubiger der Hauptschuld befriedigt. Wieweit die Subrogation reicht, soll noch später entwickelt werden.

3) Denn dieser war schon befriedigt. Nur die Erstzahlung ist »Befriedigung« die Zweitzahlung ist Zahlung einer Nichtschuld. Der ursprüngliche Gläubiger war gar nicht mehr Gläubiger. Der Zweitzahlende zahlt auch nicht mehr als Bürge, weil ja Hauptschuld und Bürgschaft erloschen sind. Wenn aber die Forderungen noch bestehen und auf den erstzahlenden Bürgen übergegangen sind, dieser Gläubiger ist, hätte der Zweite als Bürge des Drittschuldner eben diesen Mitbürgen für seine Regressrechte zu befriedigen gehabt.

4) Ein derivativer Erwerb des Bürgen ist hier nicht mehr denkbar.

5) D. h. solchen, die er den Umständen nach für erforderlich halten darf. Vergl. § 670 B. G. B.

terer Bürge sogar dann, wenn der Erstzahler schon seine Auslagen ersetzt erhalten hat.[1]) Dabei müsste allerdings der Zweitzahler seine condictio indebiti gegen den Gläubiger dem Schuldner abtreten.[2])

II. Trotzdem aber werden nur in äusserst seltenen Fällen beide Mitbürgen Regressansprüche geltend machen können. Besonders wird auch der Schuldner schon frei sein, wenn er einem Ersatz geleistet hat.

Der Bürge ist als solcher,[3]) besonders aber, wenn er Beauftragter oder Geschäftsführer ist,[4]) billigerweise dazu verpflichtet, von seiner Inanspruchnahme durch den Gläubiger und später von der erfolgten Zahlung dem Schuldner sofort Kenntnis zu geben, um dadurch einer des Letzteren Interessen schädigenden Doppelzahlung vorzubeugen.[5]) Um so mehr, wenn infolge der ihm bekannten Mehrheit der Bürgen die Gefahr der Doppelzahlung um so näher liegt. Zur direkten Anzeige an die ihm bekannten Mitbürgen ist er allerdings dem Schuldner gegenüber wohl nicht verpflichtet. Allein er muss diesem letzteren die Möglichkeit verschaffen, seinerseits jene zu benachrichtigen.

Hat er diese Verpflichtung nicht erfüllt, so hat er das aufgetragene oder übernommene Geschäft so schlecht geführt, dass er keine Rücksicht auf Kosten des Schuldners verdient. Der Schuldner kann dann gegen seinen Regressanspruch einwenden, dass

---

1) Der Erstzahler bekam Ersatz, sei es als Mandatar, Gestor oder als Cessionar des Gläubigers. Der Zweitzahler kann grundsätzlich nur ex mandato oder negotiis gestis, wenn solche Verhältnisse für ihn vorliegen, Ersatz verlangen.

2) Zur Ausgleichung. Vergl. bei Anm. 46, §§ 667, 681 B. G. B.

3) Schon in Rücksicht auf ihr künftiges Rechtsverhältnis sind sich beide eine gewisse Diligenz schuldig.

4) Vergl. Anm. 1, S. 139.

5) Vergl. Anm. 4, S. 147.

er ihm durch diese Pflichtverletzung Schaden zugefügt habe.[1])

Auf unverzügliche Nachricht von der Inanspruchnahme eines der Bürgen hätte der Schuldner vielleicht die anderen in Kenntnis setzen[2]) oder, wenn er auf diese Benachrichtigungen an die anderen von einem derselben erfahren hätte, dass schon geleistet sei, die Zahlung des Angegriffenen selbst noch inhibieren können.[3]) Auf die Nachricht von der Zahlung seitens des einen hätte der Schuldner den andern die Zahlung untersagen können.[4]) Sodann aber hätte er auch möglicherweise einen anderen Bürgen, der auf Grund bereits früher geleisteter Zahlung von ihm Ersatz begehrt mit der

---

1) Wenn dies ausnahmsweise nicht der Fall ist, kann aus den Verstössen gegen §§ 666, 681 B. G. B. ein Einwand gegen den Regressanspruch nicht abgeleitet werden, weil diese Verstösse die Regressansprüche nicht ausschliessen. Sonst ist der auf rechtswidrige Schädigung gegründete Anspruch compensando gegen den Regressanspruch geltend zu machen.

2) Mitbürge A, auf Zahlung belangt, giebt dem Schuldner S Nachricht; dieser benachrichtigt die Bürgen B und C. Entweder zahlen nun diese nicht, oder sie thun es auf ihre Gefahr ohne Ersatzanspruch gegen S.

3) Bürge B wird, nach dem Bürge A schon gezahlt hat, auf Zahlung belangt und teilt seine Belangung dem Schuldner S mit. S ist benachrichtigt, dass A schon gezahlt hat und teilt dies nun dem B mit. B unterlässt daraufhin die noch nicht erfolgte Auszahlung an G. Oder S weiss zwar noch nicht, dass A schon gezahlt hat, dann wird er aber diesem doch die Belangung des B mitteilen; dieser antwortet ihm dann, dass er (A) selbst schon gezahlt habe und daraufhin kann vielleicht S noch immer durch rasche Nachricht an B dessen Zahlung inhibieren.

4) Bürge A hat gezahlt und dies dem S mitgeteilt; dieser benachrichtigt B und C und warnt sie vor nochmaliger Zahlung. Diese Bürgen können hernach dann nicht mehr dadurch, dass sie zahlen, Ersatzansprüche gegen S sich verschaffen.

Begründung abweisen können,[1]) dass derselbe zu spät angezeigt habe.[2])

Der Regressanspruch eines Bürgen bleibt jedoch auch im Falle solchen Verschuldens desselben insoweit bestehen, als sein Betrag den Betrag des nun vom Schuldner einem anderen Bürgen zu leistenden Ersatzes übersteigt.[3])

§ 9. Der Regress zweiter Hand gegen den Schuldner.

Es kann vorkommen, dass ein Bürge, nachdem er den Gläubiger befriedigt hat, sich um Ersatz nicht sofort an den Hauptschuldner, sondern an einen Mitbürgen hält. Es erheben sich dann die Fragen, ob, wann, mit welchen Rechtsbehelfen und in welchem Umfang der letztere Bürge, nachdem er ganz oder teilweise Ersatz geleistet hat, sich seinerseits um Ersatz an den Hauptschuldner wenden kann. Man kann hier von »Regress zweiter Hand« sprechen.[4]) Es liegt gewiss zunächst nicht fern, den Bürgen, der einem Mitbürgen Ersatz leistete, genau so zu behandeln, als ob er direkt den Gläubiger befriedigt hätte.

1. Zunächst wird hier von dem Standpunkt ausgegangen, dass der Bürge, der dem Gläubiger zahlt, nicht nur diesem, sondern auch dem Mitbürgen gegenüber in vollstem Umfang in die Stellung

---

1) Bürge A hat gezahlt, B zahlt nochmals. Zeigt B jetzt dem S seine Zahlung an, so kann S, wenn A sich präsentiert, um Ersatz zu erhalten (als Cessionar), ihm entgegenhalten, er habe durch verspätete Anzeige sein Regressrecht insofern eingebüsst, weil er, S, hierdurch seinem Mandatar B ex mandato Ersatz schuldig geworden sei.

2) An diesen thatsächlichen Fällen soll theoretisch gezeigt werden, wie die Unterlassung der Anzeige als rechtswidrige Schädigung auf die Regressrechtsverhältnisse einwirken kann.

3) Meist aber nicht immer werden sie sich decken.

4) Der Fall ist anscheinend weder für das Gemeine noch das heutige Recht behandelt.

des Gläubigers einrückt. Der zahlende Bürge erwirbt nicht nur, wie in einzelnen früheren Rechten, besonders z. B. Pr. A. L. R. bestimmt war, die Forderung des Gläubigers gegen den Hauptschuldner, sondern auch die solidarischen Forderungen desselben gegen die übrigen Bürgen, und zwar auch diese in vollstem Umfang. Denn, wenn die Hauptforderung gesetzlich übertragen wird, müssen gemäss § 401 B. G. B. auch die Nebenforderungen begrifflich unbeschränkt übergehen, weil die Verfügung über die Hauptforderung das Nebenrecht ebenso ergreift, wie etwa die Verfügung über die Hauptsache die Pertinenz mit umfasst. (Vergl. hierzu § 412 B. G. B.) Der nähere Beweis soll unten [1]) noch versucht werden, wenn im Zusammenhang von dem Regressverhältnis unter den Mitbürgen die Rede sein wird.

2. Soweit nun aber das Angegebene der Fall ist, muss einem zweiten Bürgen, der dem subrogierten Bürgen nun Ersatz leistet, offenbar nach genau denselben Regeln Regress gegen den Hauptschuldner zustehen, wie einem Bürgen, der direkt den Gläubiger befriedigt. Denn abgesehen von dem cessionsartigen Forderungsübergang ist ja nun Alles ganz unverändert geblieben. Die Forderung des subrogierten Bürgen gegen den Schuldner ist identisch mit der Hauptschuldforderung des ehemaligen Gläubigers; die accessorische Bürgschaftsforderung ist völlig unberührt übergegangen; Schuldner und Bürge sind hier sogar dieselben geblieben. § 774 Abs. 1 B. G. B. findet nun aber nach der strengsten (und engsten) wörtlichen Auslegung auch Anwendung, wenn ein Bürge den Cessionargläubiger statt des ursprünglichen Gläubigers befriedigt. Durch die Ersatzleistung eines zweiten Bürgen an den subrogierten Bürgen gehen also dann alle von letzterem erworbenen solidarischen Forderungen, besonders die

[1]) Vergl. unten § 11, II 1.

gegen den Schuldner auf das Ganze in unbeschränkter Weise über.

3. Der Schuldner kann auch in keiner Weise einen Einwand gegen die Ansprüche des zweiten Bürgen daraus erheben, dass dieser die Einrede der Vorausklage oder die Teilungseinrede gehabt habe oder dem ersten (subrogierten) Bürgen im internen Verhältnis nur auf einen Teil verpflichtet war und daher den wirklich geleisteten Ersatz nicht sogleich oder nicht ganz hätte leisten müssen. In jedem Falle ist nämlich der zweite Bürge dem Gläubiger und also auch dessen Rechtsnachfolger, dem ersten Bürgen, gegenüber Nebenschuldner des Ganzen — wenn auch mit einer Haftungsbeschränkung — gewesen.[1]) Es ist seine Sache allein, ob er sich dieser — sein Verhältnis zum Schuldner ja gar nicht betreffenden — Rechtsbehelfe bedienen will oder nicht; eine Pflicht gegen den Schuldner, die Einrede zu gebrauchen, besteht keinesfalls; es hat nämlich offenbar hier auch der Schuldner selbst ein Interesse am Nichtgebrauch solcher Einreden, indem es für ihn jedenfalls weniger lästig und evtl. kostspielig ist, von einem, als von verschiedenen Bürgen auf Ersatz in Anspruch genommen zu werden. Kann doch auch dem Bürgen, der auf Grund direkter vollständiger Schuldzahlung regrediert, nicht der Einwand entgegengesetzt werden, dem betreffenden Bürgen habe die Teilungseinrede zugestanden, so muss dasselbe notwendig auch für den Regress auf Grund einer Ersatzleistung gelten.

4. Neben dem dargestellten Anspruch auf Grund der erworbenen Rechte des Erstsubrogierten kann auch ein zweiter Anspruch des ersatzleistenden Bürgen gegen den Hauptschuldner gegeben sein. Wenn der ersatzleistende Bürge sich im Auftrag

---

[1]) In der Ersatzleistung des zweiten Bürgen liegt danach keine unmotivierte Einmischung in fremde Angelegenheiten.

des Hauptschuldners oder als dessen Geschäftsführer verbürgt hatte, wird er Ansprüche als Beauftragter oder Gestor ebenso haben, als ob er den Gläubiger direkt befriedigt hätte. Denn er hat ja nach unserer Auffassung den durch Subrogation völlig an die Stelle des ursprünglichen Gläubigers Eingetretenen befriedigt. Er hat dann Ansprüche als Beauftragter, auch wenn er nicht beauftragt war, jenem subrogierten ersten Bürgen sich auf Ersatz zu verpflichten oder solchen zu leisten und als Gestor, auch wenn die Ersatzleistung an diesen an sich keine den Schuldner verpflichtende Geschäftsführung wäre. Einen Condiktionsanspruch hat dagegen der ersatzleistende Bürge niemals; denn der Schuldner ist, da er blos einen andern Gläubiger erhalten hat, nicht bereichert und der ersatzleistende Bürge hat, da er durch seine Ersatzleistung eine Forderung erkaufte, kein Vermögensopfer erbracht; es wird ihm auch ohne Condiktion zu seinem Regress verholfen; für diesen subsidiären Rechtsbehelf ist also hier kein Raum.

5. Der übergegangene Anspruch soll den aus Auftrag und Geschäftsführung nur sichern; beide stehen also im Verhältnis der Aktionenkonkurrenz. Mehr als die Auslagen kann also der ersatzleistende Bürge, wenn er Beauftragter oder Geschäftsführer ist, nie verlangen. Diese Auslagen kann er ferner nur soweit als Aufwendung zur Schuldtilgung ersetzt verlangen, als sie den Betrag der wirklich getilgten Schuld nicht überschreiten.

6. Selbstverständlich kann der zweite Bürge bei der Ersatzleistung an den ersten auf die Subrogation in die Rechte gegen den Schuldner und die Mitbürgen etc. verzichten und diese Rechte tilgen. Er ist dann für seinen Weiterregress gegen diese Personen evtl. auf die Ansprüche aus dem internen Verhältnis zu ihnen beschränkt.

7. Unsere ganze Darstellung ist basiert auf dem einstweilen unbewiesen gelassenen Grundsatz des völligen Uebergangs der Forderungen gegen die Mitbürgen auf die zahlenden Bürgen.

Es sind jedoch auch andere Auffassungen möglich.[1]) Nach zwei anderen Ansichten sollen auf den zahlenden Bürgen die Forderungen gegen die Mitbürgen nur anteilsweise übertragen werden, soweit nämlich Regressansprüche des zahlenden Bürgen gegen die übrigen im internen Verhältnis bestehen.

Nach der einen Meinung soll die Forderung gegen jeden Mitbürgen für den Anteil übergehen, zu dem dieser betreffende Mitbürge dem zahlenden ersatzpflichtig ist, also, wenn 3 Mitbürgen vorhanden sind, auf $^1/_3$. Nach einer zweiten sollen die Forderungen gegen jeden als solidarische für den Gesammtbetrag der Schuld, vermindert um den Anteil, der dem zahlenden Bürgen selbst zur Last fiel, also bei 3 Bürgen auf $^2/_3$, übergehen. Später wird der Beweis angetreten, dass beide Ansichten unhaltbar sind.

Prüfen wir aber hier doch einstweilen, zu welchen Konsequenzen wir mit diesen beiden Vorstellungen in der Frage kämen, die uns in diesem Paragraphen beschäftigt. Es wird sich dabei zeigen, dass diese Konsequenzen weniger einfach und natürlich und weniger der Billigkeit entsprechend sind und auch dieses spricht gegen ihre Richtigkeit.

Gesetzt: Der eine (A) von 2 Mitbürgen (A und B) für die Schuld des Schuldners S von 1000 zahle dem Gläubiger G. Nach beiden zu untersuchenden Konstruktionen hätte A gegen S: die Hauptforderung von 1000, gegen B: die ursprüngliche Bürgschaftsforderung des G, aber nur bis zur Höhe von 500 ($^1/_2$) erworben. Zahlt nun B an A mehr als 500 ($^1/_2$) zum Ersatz, so würde er, da er nur für 500 als — dem neuen Gläubiger

[1]) Vergl. § 11. II. 1 a, b.

verpflichteter — Bürge zahlt, aus § 774 B.G.B. nur auf diesen Betrag gegen S einen Regress mit actio cessa mit deren Vorteilen erlangen, nicht für den übersteigenden Rest.

Freilich zum Regress für diesen Rest könnte ihm meist anders — und zwar eventuell mit einem Condiktionsanspruch geholfen werden, mit einem Anspruch aus Auftrag oder Geschäftsführung aber nur in dem Ausnahmefalle, dass die Ersatzleistung selbst ihm aufgetragen war oder sich als Gestio darstellt.[1])

Allein alle diese Ansprüche wären nun durch die etwaigen Sicherungsmittel der Hauptschuld nicht geschützt.

Ein bedeutender Uebelstand ist es, dass nach diesen Theorieen der Regress von demselben ersatzleistenden Bürgen für verschiedene Teile des Schuldbetrags mit verschiedenen Rechtsbehelfen genommen werden muss.

Soweit nach diesen Auffassungen auf den erstzahlenden Bürgen die Forderung des Gläubigers gegen die Mitbürgen überging, wird der ersatzleistende Bürge neben der actio cessa nach Obigem evtl. noch die anderen konkurrierenden Ansprüche zur Verfügung haben.

8. Für den Weiterregress eines ersatzleistenden Bürgen gegen den Schuldner gelten also im Allgemeinen dieselben Rechtssätze, wie sie für den Regress des zahlenden Bürgen gegen den Schuldner im vorigen Paragraphen unter A dargestellt sind.

---

[1]) Es genügt nicht, dass dem ersatzleistenden Bürgen Verbürgungsauftrag erteilt war, oder er sich als Geschäftsführer verbürgt hat, denn solcher Auftrag oder Geschäftsübernahme bezieht sich blos auf eine Haftung für die Hauptschuld gegen den Gläubiger, nicht aber auf eine Haftung für die Regressschuld gegenüber einem Mitbürgen, soweit letztere mit jener nicht identisch ist.

9. Bisher wurde stets ausgegangen von dem Normalfall, dass der zahlende, erste Bürge in die Stelle des Gläubigers eingerückt war.

Wie steht es nun aber mit dem Weiterregress des ersatzleistenden zweiten Bürgen, wenn der zahlende erste auf die Rechte des Gläubigers verzichtet und sie getilgt oder zwar erworben aber vor der Ersatzleistung aufgegeben hatte?

Vorwegzunehmen ist zunächst der nicht seltene Fall, dass etwa der ersatzleistende die Ersatzleistung auf Grund Auftrags, Geschäftsführung oder oder eines andern Rechtsverhältnisses zum Schuldner erbracht hat; hier greifen selbstverständlich die Grundsätze dieses Verhältnisses und der ungerechtfertigten Bereicherung für den Regress Platz.

Sonst wäre zu unterscheiden: Hatte sich der zweite, ohne zum Schuldner in einem Regressrechtsverhältnis zu stehen, etwa in Schenkungsabsicht oder als Geschäftsführer, ohne jedoch gemäss § 681 B.G.B. sofort anzuzeigen, verbürgt, so hat er überhaupt keinen Regress gegen den Hauptschuldner, auch wenn er nicht gewusst hat und ihm nicht angezeigt war, dass dieser befreit war. Er wollte keinen Ersatz, bezw. er hat das Geschäft schuldhaft schlecht geführt und den Schuldner auch nicht bereichert.

War der zweite Bürge jedoch im Auftrage des Schuldners oder als bekannt gegebener Geschäftsführer eingetreten, so kann er für seine ganze Ersatzleistung regredieren, wenn er nicht gewusst hat, dass der Hauptschuldner befreit war und dieser es ihm auch nicht pflichtgemäss angezeigt hatte. Denn er durfte dann annehmen, der zahlende sei gegen den Schuldner subrogiert und er hat nun infolge des Mandats Schaden gelitten. Völlig gleichgültig bleibt hierbei, auf welchen Teil der ersatzleistende im internen Verhältnis zum zahlenden verpflichtet war.

Dagegen kann der beauftragte zweite Bürge, wenn er gewusst hat, oder ihm angezeigt war, dass der Schuldner befreit sei, diesen höchstens insoweit in Anspruch nehmen, als er, der ersatzleistende zweite dem zahlenden zum Ersatz verpflichtet gewesen ist, also normalerweise für einen Kopfteil.

Von diesen allgemeinen Grundzügen wären übrigens doch noch für besonders geartete Fälle kleine Modifikationen zu machen; allein es scheint nicht nötig, auf alle diese Einzelheiten einzugehen.

II. Das Rechtsverhältnis unter den Mitbürgen.

§ 10. 1. Geschichtliches.

Bei Mehrheit der Bürgen entspricht es, wie überhaupt in jedem Falle eines gesamtschuldartigen Verhältnisses[1]) mangels besondern internen Rechtsverhältnisses wie Mandat, Gestio, Societät u. s. w. Der Billigkeit, dass wirtschaftlich jeder einen gleichen Teil der Schuld zu tragen habe, sofern jeder an der Erfüllung gleich sehr interessiert ist.[2]) Wir wollen nun prüfen, wann dieser Gedanke in der Rechtsentwickelung für die Mitbürgschaft zuerst aufgetaucht ist und wie er verwirklicht worden ist. Dabei gehen wir wieder vom Römischen Recht aus, welches gerade hier auch für die praktische Regelung im heutigen Recht von grosser Bedeutung geworden ist.

I. Das Römische Recht kannte richtiger Ansicht nach eine interne Ausgleichungspflicht für Gesamt-

---

[1]) Darüber, dass die Mitbürgschaft trotz der Specialität des benefic. divisionis, auch nach Römischem Recht einen Fall der allgemeinen Gesamtschuld evtl. Correalschuld darstellt, zumal ja letztere auch seit Nov. 98 durch benefic. divisionis gemildert ist, vergl. oben § 2, A II 1.

[2]) Oder doch scheint.

schuldner nicht;[1]) nachdem seit Novelle 99 gewisse Gesamtschuldner (wahrscheinlich alle Correalschuldner[2]) das beneficium divisionis[3]) erlangt hatten, waren ihnen die internen Ausgleichungsansprüche auch weniger notwendig.[4])

Was aber die Mitbürgen speziell angeht, so wurde die Ausgleichung diesen auch im internen Verhältnis ermöglicht, nicht in der Art, dass ein Bürge, der erfüllen wollte oder musste, von den anderen einen Erfüllungsbeitrag verlangen

---

1) Dieser der Billigkeit widerstreitende Standpunkt ist formal-logisch dadurch gerechtfertigt, dass ja zwischen den Schuldnern kein Rechtsverhältnis besteht, das eine Ausgleichungspflicht erzeugen könnte, besonders auch nicht negotiorum gestio, da jeder nur die eigene Schuld tilgt und tilgen will. Mit Verwendung des Begriffs der negotiorum gestio müsste man übrigens auch dazu kommen, dass der zahlende Gesamtschuldner auf das Ganze Regress gegen jeden Mitschuldner hätte. Die Konstruierung eines Regressanspruchs unter den Gesamtschuldnern macht danach einige theoretische Schwierigkeit.

2) Es giebt infolge der Unklarheit der Novelle 99 C 1 (v. Justinian) nicht weniger als vier verschiedene Ansichten darüber, für welche Gruppen von Solidarschuldnern das beneficium divisionis gelte: 1. für alle Correalschuldner, 2. für alle, ausser durch Delikt verpflichtete, Solidarschuldner, 3. für Correalschuldner, die sich für einander verbürgt haben, 4. für Teilschuldner, die sich für einander verbürgten. Vergl. hierüber Windscheid, Pand. § 293, Anm. 10.

Die gemeinrechtliche Geltung der Novelle ist übrigens bestritten gewesen, weil sie eine nach C. P. O. unzulässige Adcitation vorschrieb.

3) Dasselbe verdankte offenbar derselben Billigkeitserwägung seine Entstehung, wie die internen Ausgleichungsansprüche der Gesamtschuldner nach B. G. B.

4) Indem die billige Ausgleichung ja schon auf anderem Wege insofern stattfand, als der Gläubiger von jedem doch nur einen Teil der gemeinsamen Schuld eintreiben konnte. Um so fühlbarer wurde die Härte der römischen Bestimmung bezüglich der Correalschuldner, als allgemein angenommen wurde, die Novelle 99 gelte nicht mehr.

konnte,[1]) — für solchen Rechtssatz fehlte besonders nach Einführung des beneficium divisionis für Mitbürgen das Bedürfnis fast gänzlich,[2]) — aber so, dass der zahlende Mitbürge nachher unter Umständen in gewissem Umfang Ersatzansprüche gegen die übrigen erlangte.[3])

Schon eine ältere lex Appuleia[4]) hatte zwischen mehreren sponsores und fidepromissores ein Genossenschaftsverhältnis eintreten lassen, kraft dessen jeder, der mehr als seinen Kopfteil der Schuld gezahlt hatte, den Mehrbetrag nach Kopfteilen von den übrigen ersetzt verlangen konnte. Nach Ansicht des Gaius (III § 122)[5]) hat jedoch die früher erwähnte,

---

1) Erst, wenn einmal der eine Mitbürge wirklich durch alleinige Zahlung der gemeinsamen Schuld zugunsten der andern eine Vermögenseinbusse gehabt hat, kann er u. U. Rechte, z. B. Ansprüche aus der lex Appuleia ableiten. Somit blieb dem Römischem Recht das etwas komplizierte Verhältnis fremd, dass ein Gesamtschuldner dem Gläubiger die Schuld ganz schuldete und zugleich dem Mitschuldner für einen Teil derselben Schuld auf einen Beitrag berechtigt und zugleich verpflichtet war. Nur der Gläubiger, nicht aber jeder Gesamtschuldner konnte verlangen, dass jeder Mitschuldner seinen Schuldteil leiste.

2) Der Gläubiger musste ja seinen Anspruch auf alle verteilen, was brauchte also der einzelne Gesamtschuldner resp. Mitbürge auch noch das Recht zu haben, von jedem andern zu verlangen, dass er zur Erfüllung anteilig beitrage? Jeder einzelne Gesamtschuldner brauchte, wenn er wollte, nur seinen Teil zu leisten und bedurfte daher des Anspruchs auf verhältnismässige Beiträge gegen die übrigen nicht.

3) Vergl. oben Anm. 1.

4) Ueber die lex Appuleia, vergl. Hasenbalg, Bürgsch. S. 17, Abs. 2 und 3.

5) Nach den uns geläufigen Auslegungsregeln dürfte man die lex Appuleia nicht als durch die lex Furia aufgehoben betrachten können, denn erstere befasste sich mit dem inneren Verhältnis unter den Mitbürgen, letztere mit dem Verhältnis der Mitbürgen nach aussen, zum Gläubiger. Weil letztere zwar einen ähnlichen wirtschaftlichen Zweck (anteilsmässige Belastung der mehreren Verpflichteten), aber diesen mit ganz anderen Mitteln verfolgt, kann sie die erstere nicht aufgehoben haben, zumal selbst cessante legis ratione non cessat lex ipsa!

sie weit überholende lex Furia de sponsu für ihren Geltungsbereich diese lex Appuleia aufgehoben, so dass letztere nur noch in den Provinzen galt.[1])

Die erwähnte lex Furia und später das beneficium ex epistula D. Hadriani hätte, durch Teilung der Haftung im Verhältnis zum Gläubiger, vielfach ja den Mitbürgen genügend schützen können.[2])

Wie stand es aber, wenn der Mitbürge das beneficium vielleicht wegen Verzichts verloren hatte und dann das Ganze hatte zahlen müssen,[3]) oder auch, wenn ein Mitbürge den Gebrauch der ihm zustehenden Wohlthat versäumte und mehr als seinen Anteil bezahlte?[4])

Hier ermöglichte ihm die Jurisprudenz später einen Regress gegen die Mitbürgen[5]) und zwar auf dem Umwege der Klagencession.[6]) Wie schon früher erwähnt, konnte der fideiussor, der den Gläubiger befriedigte, dessen Ansprüche gegen den

1) Hasenbalg, Bürgschaft S. 18.

2) Damit ist nicht immer geholfen; auch in den Fällen, in denen das beneficium divisionis z. B. durch Verzicht der Bürgen ausgeschlossen ist, entspricht es der Billigkeit, dass eine Verteilung der Last unter alle stattfinde. Dazu hatte diese im Verhältnis zum Gläubiger herbeigeführte Ausgleichung zugleich noch andere Bedenken. (Vergl. oben § 2. Anfang A vor I).

3) Vergl. oben § 2, A II 8.

4) Man kann in solchen Fällen nicht folgern, dass deshalb nun eben der betr. Bürge wirtschaftlich das Ganze zu tragen hat und daher von Regress keine Rede sein kann; denn am rechtlichen Verhältnis zwischen den Bürgen und daher an der wirtschaftlichen Lastverteilung unter ihnen ist ja durch die erwähnten Umstände nichts geändert.

5) In einer ebenso seltsamen, als theoretisch und praktisch bedenklichen Weise. Vergl. z. B. auch unten Anm. 6, S. 165.

6) In der Kaiserzeit. Vergl. Hasenbalg, Bürgschaft S. 21, 22, Absatz 3.

Schuldner erwerben.[1]) Mit der Uebertragung der Hauptforderung gingen nun aber auch alle Nebenrechte, also auch die Ansprüche gegen andere Bürgen auf den zahlenden Bürgen über.[2])

1. Freilich wurde vereinzelt[3]) die Behauptung verteidigt, die Rechte gegen die Mitbürgen gingen, zum Unterschied von denen gegen den Hauptschuldner, auf den zahlenden Bürgen nicht über, denn nur dem Schuldner, nicht dem Mitbürgen gegenüber habe der erfüllende Bürge eine wahrhaft fremde Schuld bezahlt. Letzteres ist offenbar nicht richtig.

Nach dieser Ansicht erloschen also die Ansprüche gegen die Bürgen durch Zahlung der Hauptschuld; gleichzeitig ging durch denselben Akt die Forderung gegen den Hauptschuldner infolge eines Quasikaufs über. Man stützte die Ansicht auch auf Quellenstellen[4]). Diese beweisen jedoch, richtig verstanden,

---

1) Vergl. § 8, A II 1, Anm. 5 S. 127 u. Anm. 1 S. 128. Auch hier handelt es sich um eine wirkliche erzwingbare oder gesetzlich vermutete Cession oder vielmehr Uebertragung der Forderung mit allen ihren Folgen, nicht um eine blosse gesetzliche Fiktion!

2) Als Accessorien. Vergl. Hasenbalg Bürgschaft S. 443, Abs. 2 ff. Freilich behauptete Knorr im Arch. f. c. v. Pr. 28, S. 169—175: nur wenn diese Accessorien in Beziehung zur fideiussio ständen, besonders schon vor der Verbürgung begründet wären; dagegen mit Recht Hasenbalg, a. a. O. S. 445, 446/452.

3) Aber von einer Autorität: — v. Savigny, Obligationenrecht I S. 273—278. — Dagegen jedoch: Mühlenbruch Cession S. 412, Girtanner, Bürgschaft S. 538 Note 9, Knorr a. a. O. S. 173 Note 9, Windscheid, Pand. § 481 No. 3 S. 733, Dernburg, Pand. § 81 No. 2, Anm. 14 u. 15, S. 223, Dedekind, de exc. div. (§ 479) S. 129—133, Goldschmidt, Dogm. Jb. XXVI S. 374, Arndts, P. § 355 n. 3, S. 690, Keil, benef. cedend. action., vergl. auch Seufferts Arch. (XX, n. 36) XVII, 144, XXXII, 235, XL, 19).

4) Die fraglichen Stellen sind: l. 17, 36. D. (46, 1), l. 39 D. h. t. (vergl. bei Savigny a. a. o. S. 275), l. 11 C. (8, 41) vergl. bei Savigny a. a. O. S. 276 u. § 47 (IV, 21).

gerade das Gegenteil, wie Hasenbalg[1]) überzeugend dargethan hat.

2. Eine zweite Streitfrage[2]) — ohne erhebliche praktische Bedeutung[3]) — war die, ob der Gläubiger dem zahlenden confideiussor den gesamten Anspruch gegen die übrigen abzutreten habe[4]) oder nur mit Abzug des auf den erfüllenden selbst fallenden Anteils, also etwa bei 3 Bürgen auf je $^2/_3$[5]).

Bekennt man sich zur letzteren, welche die herrschende zu sein scheint, so muss man — freilich auch wieder einmal ohne genügenden positiven Anhalt[6]) — die Anteile hier unter Berücksichtigung aller Verpflichteten, d. h. als Kopfteile, ohne Ausschluss der zahlungsunfähigen und abwesenden bilden.[7]) Hat von 3 confideiussores, A, B und C einer A, während Insolvenz der anderen B und C den Gläubiger befriedigt, so kann dieser letztere die Abtretung der solidarischen Ansprüche gegen B und C auf je $^2/_3$ offenbar nicht etwa aus dem Grunde verweigern, weil A zur Zahlungszeit auf Leistung des Ganzen verpflichtet sei, bezw. gewesen sei. Denn B und C können ja wieder solvent werden und es muss für diesen Fall dem A ein Ersatzanspruch gegen sie ermöglicht bleiben.

Ganz vereinzelt wurde endlich auch neben den besprochenen noch eine dritte Meinung über die gesetzliche Cession der Bürgschaftsforderungen ver-

---

1) Hasenbalg, Bürgsch. S. 427—437, Girtanner, Bürgsch. S. 538 Note 9.

2) Hasenbalg, Bürgsch. S. 438—452.

3) Vergl. unten 4, a. E.

4) Mühlenbruch, Cession, 1. u. 2. Aufl. a. a. O.

5) Mühlenbruch, Cession, 3. Aufl. und Hasenbalg, Bürgsch. S. 438 Anf.

6) Die in dieser Materie dürftigen und unklaren Quellen lassen uns auch hier im Stich, die Natur der Sache muss entscheiden.

7) Vergl. Hasenbalg, Bürgsch. S. 439, Abs. 3.

teidigt,[1]) auf den zahlenden Bürgen seien die Forderungen gegen jeden Mitbürgen blos zu dessen Kopfteil, also bei 3 Bürgen bloss auf $^1/_3$ zu übertragen — und zwar natürlich dann nicht als solidarische.[2])

Welcher der drei Ansichten man auch beitrete, jedenfalls ist klar, dass, wie billig, niemals der zahlende confideiussor von den übrigen auch Ersatz des ihm selbst zur Last fallenden Schuldanteils wird verlangen können.[3]) Ferner ist aber auch zweifellos, dass ihm nicht etwa einer der Mitbürgen zunächst den Gesamtbetrag der Schuldanteile der übrigen ersetzen muss und dieser Ersatzpflichtige dann seinerseits wieder auf den Regress gegen weitere Bürgen angewiesen ist.[4])

Sowohl das beneficium divisionis, das ja dem Mitbürgen auch gegen die actio cessa eines Genossen zustehen muss, als auch eine allgemeine exceptio doli schützen die Mitbürgen gegen solche weitergehenden Regressansprüche genügend.[5]) Mit einem Hinweise auf die praktischen Konsequenzen der drei Ansichten kann also die Streitfrage wohl nicht entschieden werden, wie dies versucht wurde.[6])

Den Vorzug wird man meines Erachtens der ersten Meinung geben müssen, denn mit der Hauptforderung müssen naturgemäss die Accessorien in ihrem vollen Umfang übergehen.

---

1) In mehreren Gerichtsentscheidungen.

2) Wenn die auf den zahlenden Bürgen übergehenden Teilforderungen gegen die übrigen hier solidarische wären, würde ja der zahlende Bürge den Hauptteil der Schuld tragen, die übrigen ihm nur zu geringem Bruchteil ersatzpflichtig sein.

3) Hasenbalg Bürgsch. S. 438.

4) Ebenda.

5) So Hasenbalg Bürgsch. S. 438.

6) Auch Hasenbalg scheint dies a. a. O. zu thun.

Gegen die hier gebilligte Ansicht hat man geltend gemacht,[1]) für den zahlenden fideiussor sei die völlige Abtretung ja ganz ohne Interesse, da er auch bei Abtretung des ganzen Anspruches von den confideiussores, wie bemerkt, doch nur teilweisen Ersatz erlangen könnten. Allein dieser Grund kann als stichhaltig nicht wohl anerkannt werden.[2])

3. Weiter fragt sich, ob auch dann, wenn der confideiussor nicht mehr als den nach der epistula D. Hadriani wirklich auf ihn entfallenden Anteil bezahlt hat, mit dem teilweisen Uebergang der Hauptforderung auch die Ansprüche gegen die Mitbürgen insoweit übergehen.[3])

Die bejahende Antwort erscheint mir logisch notwendig.[4]) Bisweilen wird die Frage deshalb verneint, weil hier der Gläubiger die Ansprüche gegen die übrigen confideiussores selbst noch brauche. Auch diese Frage entbehrt übrigens, wie sich noch zeigen soll, fast jeder praktischen Bedeutung.[5])

4. Die Ansprüche gegen die confideiussores gehen über, so, wie sie dem Gläubiger zustanden.[6])

---

[1]) Hasenbalg Bürgsch. S. 442 Abs. 2.

[2]) Es kommt ja auch nicht auf den praktischen Wert an, den diese Cession für den fideiussor haben kann, sondern es handelt sich um eine theoretische Konstruktionsfrage.

[3]) Eine verneinende Antwort scheint Hasenbalg, Bürgschaft S. 403 anzudeuten.

[4]) Der Uebergang der Forderungen gegen die Mitbürgen auf den zahlenden Bürgen wird ja als notwendige Folge des Uebergangs des Anspruchs gegen den Schuldner aufgefasst. Nun geht aber die Hauptforderung auch dann teilweise auf den Bürgen über, wenn derselbe weniger als einen Kopfteil zahlt.

[5]) Vergl. unten 6.

[6]) Es steht ein rein derivativer Erwerb, eine wirkliche Sondernachfolge in Frage. Der zahlende Bürge steht in der Stellung und den Rechten des Gläubigers. Durch die erzwingbare und gesetzliche Cession wird nicht mehr und nicht

Die confideiussores können daher dem Regressnehmer alle Einreden in demselben Umfang, wie sie es dem Gläubiger gegenüber konnten, entgegensetzen.[1]) Sie können also evtl. mittels Einrede der Vorausklage den Gläubiger für seine Forderung vorerst an den Hauptschuldner verweisen.[2]) Ferner können sie mit Teilungseinrede die Verteilung der Klage auf alle verlangen.[3]) Ferner haben sie einen auch mittels Einrede durchführbaren Anspruch auf Abtretung der Klagen, wenn sie ihrem Genossen Ersatz leisten.[4])

---

weniger erreicht als durch die freiwillige. Der zahlende Bürge kann (unbilligerweise) meist keinen Regress haben, sofern er auf die Wohlthat der Klagabtretung (etwa in Form eines Verzichts auf allen Bürgenwohlthaten) dem Gläubiger gegenüber verzichtet hat, und dann die Forderungen auch nicht erworben hat. Der zahlende Bürge hatte desgleichen insoweit gegen die Mitbürgen keinen Regress, als der Gläubiger ihnen (sei es auch nach der Verpflichtung jenes Bürgen) die Schuld ganz oder teilweise, dauernd oder zeitweise erlassen hatte. Unbillig war letzteres auch in den Fällen, in denen ihm der Schutz der exceptio cedendarum actionum zugestanden hätte (vergl. § 2 Anm. 7 S. 40); vielfach wird ja auch die Unkenntnis jener Verhältnisse ihn am Gebrauch solcher Einrede hindern und die condictio indebiti, die er dann solchenfalls gegen den Gläubiger erlangt hat, schützt ihn ja nicht unbedingt vor Verlusten.

1) Die Lage eines Bürgen, dem besondere Einreden gegen den Gläubiger zustanden, z. B. eine Stundungseinrede, kann dadurch, dass ein anderer zahlt, nicht verschlechtert werden.

2) Der Umstand, dass der zahlende Bürge die Einrede nicht gehabt hatte oder sie nicht gebrauchte, kann ihnen keinen Eintrag thun.

3) Eine Anwendung des Prinzips.

4) Der ersatzleistende Bürge kann vom zahlenden nach einer Ansicht (vergl. 8 A 1 Anm. 1 S. 160), ausser mit Einrede, auch mit Klage Abtretung der Forderung gegen die weiteren Mitbürgen verlangen. Es wird sogar die Cession als erfolgt vermutet, denn der zahlende Bürge ist dem ersatzleistenden gegenüber in der Stellung des ursprünglichen Gläubigers gewesen.

Die Wirkung der Rechtswohlthat der Teilung bemisst sich nach dem Zeitpunkt der Regressnahme unter den Parteien.[1]) Sind also A, B und C Mitbürgen und hat A das Ganze gezahlt, so kann er, wenn C jetzt zahlungsunfähig oder abwesend ist, von B die Hälfte, nicht etwa blos ein Drittel, aber auch nicht zwei Drittel eintreiben, da B ihn jetzt nicht auf C, wohl aber auf ihn, den A, selbst verweisen kann. Etwas Anderes entspräche der Billigkeit nicht. Die abweichende Ansicht von Hasenbalg[2]) verdient daher keine Billigung. Auch wenn die Teilungswohlthat den confideiussores nicht zustände, könnten sie sich durch die exceptio doli dagegen schützen, dass der zahlende Bürge gegen Billigkeit, Treu und Glauben im Verkehr von ihnen mehr als die auf sie fallenden Teile verlangen wollte.

5. Besteht zwischen den confideiussores ein besonderes Rechtsverhältnis, wie Societät, aus dem sich Regressansprüche ergeben, so dient die übergegangene Forderung nur zur Sicherung dieser. Weitergehende Ansprüche kann der zahlende Bürge nicht erheben, auch nicht gestützt auf den Forderungsübergang.[3]) In ähnlicher Weise kann der Bürge, wenn er durch Hingabe an Erfüllungsstatt den Gläubiger befriedigt hat, billigerweise auch nur teilweisen Ersatz für seine wirklichen Auslagen verlangen.

6. Hatte der confideiussor nur seinen eigenen Anteil bezahlt, so kann er Ansprüche gegen die übrigen nicht geltend machen. Auch sonst kann er die actio cessa nicht zum Nachteil des Gläubigers

---

1) Die Teile bestimmen sich hier oft anders als für den Augenblick der Zahlung des ersten Bürgen, für das ursprüngliche benef. divisionis dem Gläubiger gegenüber.

2) Hasenbalg, Bürgschaft S. 439 meint, A könne von B solchenfalls nur 1/3 beanspruchen.

3) Hasenbalg, Bürgsch. S. 421.

ausüben,[1]) es wird gesetzlich nicht vermutet, dass jemand zu eigenem Schaden subrogiere.

Wie solche Fälle etwa zu denken wären, darüber giebt § 8 II letzter Absatz Aufschluss.

II. Der Code civil kennt im Gegensatz zum Römischen Recht eine Ausgleichungspflicht unter den Gesamtschuldnern und zwar kann jeder gegen die anderen für die Anteile, die diesen zur Last fallen, also gewöhnlich je für den Kopfteil des betreffenden, wie ein Bürge, mit actio cessa Regress nehmen, sobald er die Gesamtschuld zahlt.

In formeller Hinsicht gelten aber für die Mitbürgen nicht diese, sondern besondere, allerdings materiell von ihnen nicht abweichende Vorschriften (a. 2023 c. c.) Letztere stellen eine Ausbildung des römischen Instituts der Klagencession dar. Es handelt sich nicht um persönliche Ansprüche des zahlenden Mitbürgen.[3])

1. Der Code gewährt dem Mitbürgen, der mehr als seinen Anteil bezahlt hat,[4]) einen Regressanspruch, aber nur in den besonderen Fällen des a. 2032. Diese Fälle sind: 1) wenn der Bürge auf Zahlung belangt war, 2) wenn der Schuldner in Vermögensverfall geraten war oder als Kaufmann seine Zahlungen eingestellt hatte, 3) wenn sich der Schuldner verpflichtet hatte, dem Bürgen binnen gewisser Frist die Befreiung von der Bürgschaft zu verschaffen, 4) wenn die Hauptschuld durch Eintritt des Verfalltages einklagbar geworden war und 5) wenn die Schuld überhaupt keinen oder keinen bestimmten Verfalltag gehabt hatte, nach Ablauf von zehn Jahren. Der Regress findet nicht etwa nur in den Fällen 1, 2 und 4 statt,

---

[1]) Hasenbalg, Bürgsch. S. 452—459.

[2]) Vergl. Zachariae-Crome, Fr. C. R. (VIII) II § 407.

[3]) Wie Laurent und Guillouard an den von Zachariae-Crome a. a. O. citierten Stellen annehmen.

[4]) Für das Gemeine Recht war der Punkt zweifelhaft.

wie bisweilen behauptet wird,[1]) sondern, da das Gesetz keine Einschränkung macht, auch in denen der Ziffer 3 und 5, natürlich auch hier erst nach wirklich erfolgter Zahlung des Bürgen. Die Entscheidung des Code civil entspricht der Billigkeit insofern, als in den genannten Fällen die Mitbürgen die action en indemnité gegen den Hauptschuldner gehabt hätten und daher das grösste Interesse an der Zahlung hatten. Bezahlt der Mitbürge dagegen die Schuld vor ihrer Fälligkeit, so nimmt das Gesetz an, dass der Schuldner vielleicht doch noch selbst erfüllt und die Mitbürgen, ohne dass sie regresspflichtig wurden, befreit hätte, wenn sich der betr. Bürge nicht über Gebühr mit seiner Zahlung beeilt hätte.[2])

2. Der Regressanspruch geht gegen jeden nur auf einen Teil, auch wenn sich der Bürge die Rechte ausdrücklich hätte cedieren lassen.[3])

Im Falle der confusion zwischen einem Bürgen und dem Gläubiger wird der Gläubiger zugleich als ausgleichspflichtiger Mitbürge betrachtet. Danach bestimmen sich dann gegebenenfalls seine Regressansprüche und Regressverpflichtungen.

Hat sich ein Mitbürge ausbedungen, erst nach Ausklagung der anderen haften zu wollen, so ist der Regress dieser gegen ihn ausgeschlossen.[4])

III. Nach preussischem Recht war ein anteiliger Regress unter den Mitbürgen ex iure cesso, wie nach Römischem Recht nicht möglich, da der zahlende Bürge nur in die Rechte des Gläubigers gegen den Schuldner eintrat.

---

1) Duranton und Ponsot an den bei Zachariae-Crome a. a. O. citierten Orten.

2) Vergl. hierüber Laurent, principes. 28, S. 271.

3) Aubry-Rau, Crome, Guillouard, a. M. Laurent (die Stellen bei Zachariae-Crome a. a. O.)

4) R.O.H.G. 4 S. 325, 5 S. 114, Puchelts Ztschr. 5, 524.

Für die Frage der Regressberechtigung der Mitbürgen war nach ihm[1]) vielmehr die Unterscheidung zu machen, ob sie »gemeinschaftlich« oder »besonders« eingetreten sind.

1. Gemeinschaftliche Verbürgung lag nicht blos dann vor, wenn die Bürgschaft in einem Akt übernommen ist, sondern auch, wenn mehrere zwar gesondert, aber in Kenntnis und in der Voraussetzung des Eintretens anderer sich als Bürgen verpflichtet haben.[2]) In diesem Falle sind die Mitbürgen Correalschuldner und haben als solche Regress. Derselbe setzt nicht voraus, dass der klagende Bürge mehr als seinen Anteil geleistet habe; er findet, wenn weniger geleistet ist, eben nur für diesen Teil statt.[3])

Die Regressberechtigung zwischen Correalschuldnern richtet sich allein nach den Beziehungen der Correalschuldner zu einander.[4])

Es entscheidet zunächst das etwaige Vertragsverhältnis zwischen ihnen, in letzter Linie tritt entsprechend der Billigkeit Haftung zu gleichen Teilen ein.

Soweit für den Fall geleisteter Zahlung der Regressansprüche reichen würden, kann regelmässig jeder, der seinen Anteil berichtigt hat oder auch nur zur Berichtigung bereit ist, von den Genossen auch schon Befreiung von der weiteren Verpflichtung verlangen.

2. Sind die Mitbürgen »besonders« eingetreten, so sind sie blosse Solidarschuldner. Für diese giebt das preussische Gesetzbuch überhaupt keine besonderen Vorschriften, namentlich auch nicht über Regressberechtigungen.

---

1) Dernburg, Pr. Pr. R. II § 246.
2) R. O. H. G. 24. S. 99.
3) R. O. H. G. 24. S. 99.
4) Pr. A. L. R. I 5. § 443 ff.

Ein Rückgriff steht dann unbilligerweise den »besonders« eingetretenen Mitbürgen nicht zu.

Dies war ein Grund dafür, dass dem Bedürfnis entsprechend der Begriff der gemeinschaftlichen Verbürgung möglichst gedehnt wurde.

IV. Nach dem sächsischen Civilgesetzbuch (vergl. § 955) ist die eigentümliche Klagencession des Römischen Rechts nicht angenommen. Ex iure cesso kann der zahlende Mitbürge keinen Regress gegen die Genossen nehmen.

»Gemeinschaftliche Bürgen« haften nach dem Gesetz als Gesamtschuldner.[1]) Wenn, was nach den Regeln der grammatischen, logischen und historischen Auslegung hier gleich zulässig ist, angenommen werden darf, dass diese Bestimmung auch das Verhältnis der Mitbürgen unter einander im Auge hat, so ist die Frage, ob der zahlende Mitbürge die übrigen in Mitleidenschaft ziehen kann, nach den Regeln des Gesamtschuldverhältnisses (§ 1056) zu entscheiden. Das Gesetzbuch gewährt nun aber, völlig doktrinär, den Gesamtschuldnern keinen Regress, falls nicht ein besonderes Verhältnis, wie Auftrag oder Geschäftsführung, Gemeinschaft etc. zwischen ihnen begründet ist, weil jeder Gesamtschuldner nur seine eigene Verpflichtung erfüllt. Ein Gesamtschuldner wird auch nicht, wenn er zahlt, in die Rechte des Gläubigers eingesetzt.

Soweit man aber die obige Bestimmung des § 1458 für das interne Verhältnis der Mitbürgen nicht als massgebend anerkennen wollte, ist für den Regress unter den Mitbürgen jedenfalls keine gesetzliche Grundlage vorhanden. Die Mitbürgen sind übrigens von selbst Gesamtschuldner und es können also von selbst, auch bezüglich des Regresses keine anderen, als die Gesamtschuldregeln gelten.

---

1) § 1458; Siebenhaar, Comm. II S. 368, 208.

V. Das österreichische Gesetzbuch[1]) gewährt den Mitschuldnern und ebenso ausdrücklich auch den Mitbürgen anteiligen Regress und zwar, mangels besonderen Rechtsverhältnisses nach Kopfteilen, wobei der ausfallende Anteil von den übrigen zu tragen ist.

Doch wird angenommen, dass nur solche Bürgen, welche im Einverständnis mit einander eingetreten sind, für den Regress den Mitschuldnern gleichgestellt sind.

Weiter soll ein Regressanspruch auch nur dann begründet sein, wenn ein Bürge mehr als seinen Anteil geleistet hat.

Die ohne Einverständnis eingetretenen Bürgen haben nach herrschender Ansicht keinen Regress, weil sie in keinem Obligationsverhältnis stehen.

Einen Regress ex iure cesso gewährt auch dieses Gesetz nicht.

§ 11. 2. Dogmatisches.

Die Ausgleichung unter den Mitbürgen nach dem B.G.B. (§ 774 Abs. 2).

Wie früher[2]) ausgeführt worden ist, hat das Gesetz die Beziehungen der Mitbürgen zum Gläubiger im § 769 als Gesamtschuldverhältnis gestaltet. Die angezogene Bestimmung hatte dabei natürlich nur die Art der Haftung nach aussen, die einzige, dem Gesamtschuldverhältnis (und der Mitbürgschaft) wesentliche Seite[3]) im Auge. Der Umstand,

---

[1]) §§ 1359, 896.

[2]) Vergl. oben §§ 4 u. 5.

[3]) Nach der Definition des Gesamtschuldverhältnisses im § 421 B.G.B. Viele Gesetzgebungen kannten nur diese Seite. Die Definition hebt auch mit Recht nur diese hervor. Die im § 426 B.G.B. behandelte Seite ist ein accessorisches Element, welches freilich nach dem Gesetz gewöhnlich dem Gesamtschuldverhältnis eigen ist.

dass nach § 769 die Mitbürgen als eigentliche Gesamtschuldner behandelt werden sollen, hatte demnach an sich noch nicht zur Folge, dass auch im internen Ausgleichungsverhältnis unter den Mitbürgen die Gesamtschuldgrundsätze eintraten.

Gerade deshalb war für die zuletzt berührte Seite noch die besondere Bestimmung des § 774 Abs. 2 B.G.B. notwendig. Dieselbe nimmt für das interne Verhältnis der Mitbürgen auf eine diesbetreffende Bestimmung über die Gesamtschuld, § 426, Bezug.

Es darf aber doch wohl nicht ohne weitere Prüfung angenommen werden, dass, wie die praktische Regelung,[1]) so auch die theoretische Konstruktion des Regressverhältnisses für die Mitbürgen genau mit der für die Gesamtschuldner übereinstimmen müsste. Die besondere Natur der Mitbürgschaft kommt hier zur Geltung und kann sehr wohl Abweichungen bedingen. Sogar, wenn das Gesetz bezüglich des Regresses die völlige Gleichstellung der Mitbürgschaft und des allgemeinen Gesamtschuldverhältnisses in jeder Beziehung ausspräche, würde, soweit es sich um die theoretische Konstruktionsfrage handelt, die Auffassung des Gesetzgebers ja für die Wissenschaft noch nicht massgebend, vielmehr auf ihre Richtigkeit hin erst noch zu prüfen sein.[2]) In

---

[1]) Diese ist vom Gesetz allerdings übereinstimmend gestaltet.

[2]) Die praktisch geltenden Gesetzesbestimmungen sollen ja als Konsequenzen von (zu suchenden) Grundsätzen gedacht und so erklärt werden, dass gewissermassen die Grundsätze als Prämissen, die Einzelbestimmungen als Schlusssätze erscheinen und Prinzipien und Einzelbestimmungen als Grund und Folge in eine Gedankenverbindung gebracht werden, wie anderwärts Ursache und Wirkung. Hierin besteht gerade eine charakteristische Aufgabe der Wissenschaft, deren Hauptwert in der Ermöglichung einer systematischen Stoffzusammenfassung und besonders der »Ausfüllung von Lücken« des Gesetzes liegt.

Wahrheit aber deutet, wie gezeigt werden soll,[1]) der Wortlaut des § 774 Abs. 2 B.G.B. keineswegs auf eine unbedingte, völlige Gleichstellung in jeder Hinsicht.

Er soll nun zunächst von dem Ausgleichungsverhältnis unter den Gesamtschuldnern, das ja für die Mitbürgen praktisch im Grossen und Ganzen grundlegend ist, dann von etwaigen geringen Besonderheiten der theoretischen Konstruktion für die Mitbürgen gehandelt werden.

I. Das Gesetz trifft bezüglich des Ausgleichungsverhältnisses unter Solidarschuldnern die zweckmässige und billige Regelung: die ökonomische Last wird geteilt. Und das Gesetz bringt diese Regelung mit den allgemeinen Rechtsprinzipien logisch in Einklang: Der das Gesamtschuldverhältnis aller Schuldner zum Gläubiger begründende Akt ist nach dem Gesetz zugleich ein für die Beziehungen der einzelnen Schuldner untereinander erheblicher Thatbestand.[2]) Er erzeugt nämlich zugleich unter diesen ein internes Gemeinschaftsverhältnis,[3]) aus welchem sich unter ihnen Ausgleichungsansprüche ergeben.[4])

1. Die genannten Ansprüche erwachsen zwischen den Schuldnern, die sich dem Gläubiger gegenüber samtverbindlich verpflichteten.[5])

---

[1]) Vergl. unten II 1 c.

[2]) Das Gemeine Recht hatte, wie gesagt, den Gesamtschuldnern deshalb keinen Regress unter sich gewährt, weil sie zu einander in keiner Rechtsbeziehung standen. Das B. G. B. hat nun ein der Gesellschaft nachgebildetes internes Rechtsverhältnis zwischen den Gesamtschuldnern geschaffen.

[3]) Keine eigentliche »Gemeinschaft«. Jedoch finden die Grundsätze der Gesellschaft im Zweifel analoge Anwendung.

[4]) Jeder steht zu jedem in einem Rechtsverhältnis, aus dem sich besonders z. B. durch die Leistung des einen eine Forderung dieses gegen den anderen entwickelt.

[5]) Wer sich für eine Schuld, für die schon andere haften, verpflichtet, tritt hierdurch also zu jedem der Mitschuldner in ein solches Rechtsverhältnis.

Scheidet infolge eines persönlich wirkenden Befreiungsgrundes, wie Erlass oder privativer Schuldübernahme im Verhältnis zum Gläubiger einer den Solidarschuldner aus, so bleibt er im Verhältnis zu den Mitschuldnern nichtsdestoweniger ausgleichungspflichtig und ausgleichungsberechtigt.[1])

Wer ferner statt eines einzelnen bisherigen Gesamtschuldners z. B. infolge privativer Schuldübernahme dem Gläubiger gegenüber als neuer Schuldner eintritt, tritt deshalb nicht auch in das Gemeinschaftsverhältnis zu den Mitschuldnern ein.

Denn solches Ausscheiden und Eintreten eines Schuldners wirkt nach allgemeinen Rechtsregeln nicht für das Verhältnis zu den dabei gänzlich unbeteiligten Mitschuldnern.

2. Die Ausgleichungsansprüche sollen bewirken, dass wirtschaftlich die Schuldner »im Verhältnis zu einander«, d. h. untereinander die Schuld anteilig tragen. Worauf gehen nun die Forderungen?

In erster Linie kann, sofern die Schuld noch nicht erfüllt ist, jeder Schuldner vom Mitschuldner verlangen, dass derselbe zu seinem Anteil den Gläubiger rechtzeitig befriedige.[2])

Uebernimmt ein Schuldner selbst allein die Erfüllung, so kann er hierzu angemessene Beiträge von den übrigen verlangen.[3]) Der eine Ge-

---

[1]) Nach Römischem Recht konnte sich, wie oben § 10 Anm. 6, S. 165 erwähnt, der Anteil, den ein Mitbürge im internen Verhältnis zu tragen hatte, dadurch vermehren, dass der Gläubiger nach dessen Eintritt anderen Mitbürgen die Schuld erlassen hatte; das war eine Folge davon, dass der Regress nur auf die »Klagencession« gestützt werden konnte. Diese Unbilligkeit ist nunmehr beseitigt; der zahlende Mitbürge kann als Gesamtschuldner auf Grund dieses internen Rechtsverhältnisses auch gegen die nach seinem Eintritt vom Gläubiger durch Erlass befreiten Mitbürgen regredieren.

[2]) Damit er selbst davor bewahrt bleibe, das Ganze zu leisten.

[3]) Anders, wie oben § 10 I vor 1 bei Anm. 1, S. 160 erwähnt, nach Römischem Recht.

samtschuldner und ebenso der Mitbürge braucht also nicht das Ganze einstweilen aus der eigenen Tasche zu leisten gegen die vielleicht trügerische Aussicht der teilweisen Rückerstattung. Bezüglich ihrer Verpflichtungen stehen alle gleich und es ist keiner seinen Genossen gegenüber verpflichtet, vorerst das Ganze zu leisten. Erwägungen der Billigkeit und Zweckmässigkeit rechtfertigen den Standpunkt des neuen Rechts.

In zweiter Linie sind, wenn die Schuld durch einen Schuldner berechtigt ist, ihm die anderen zu verhältnismässiger »Ausgleichung« verbunden.[1])

Man könnte hier einerseits von »Beitrags«- oder »Anteilspflicht«, andererseits von »Ausgleichungs«- oder »Regresspflicht« i. e. S. reden. Beide werden an dieser Stelle nicht getrennt behandelt, weil im Ganzen dieselben Grundsätze für sie gelten.

3. Nach welchen Prinzipien werden nun die Anteile gebildet?

a) Zunächst fragt es sich, welche Summe zur Verteilung zu bringen ist. Die Antwort liegt anscheinend recht nahe. Soweit es sich vor erfolgter Berichtigung der Schuld um die Pflicht der Mitschuldner auf teilweise gemeinsame Erfüllung oder auf Beiträge an den allein erfüllenden Schuldner handelt, ist die zu tilgende Schuld zu teilen.

---

[1]) Das Wort »Ausgleichung« im § 426 Abs. 2 bezeichnet — sprachlich ganz zutreffend — ausschliesslich den Regress nach geleisteter Zahlung; »ausgeglichen« wird eine schon entstandene Ungleichheit in der wirtschaftlichen Lage. Das Wort »Beitrag« kann sprachlich wohl nur von der Mitwirkung zur Erfüllungsleistung verstanden werden. Im weiteren Sinn wurde oben der Kürze und Bequemlichkeit halber unter »Ausgleichungsverhältnis« auch die Beitragspflicht mit verstanden. Das Gesetz selbst hält an dem sprachlich begründeten Unterschied auch nicht streng fest. So redet es z. B. im § 426 Abs. 1, S. 2 einer Bestimmung, die sich offenbar in gleicher Weise auf die eigentliche Beitrags- als auf die Ausgleichungspflicht beziehen muss, im Vordersatz von »Beitrag«, im Nachsatz von »Ausgleichung«!

Wenn dem Gläubiger gegenüber nur eine Teilerfüllung zu machen ist, kommt natürlich hierbei zunächst nur dieser Schuldteil in Frage. — Soweit es sich nach Erfüllung der Schuld durch einen Schuldner um die Pflicht der Mitschuldner zur Ersatzleistung an ihn handelt, ist der Betrag der getilgten Schuld oder, wenn der betreffende Schuldner nicht die ganze Schuld erfüllt hatte, der Betrag zu verteilen, zu welchem die Tilgung erfolgt ist. —

Allein mitunter können im ersten Falle die mehreren Gesamtschuldner, die anteilig gemeinsam erfüllen wollen, bezw. der eine Schuldner, der allein an ihrer Stelle mit ihren Beiträgen erfüllen will, statt dessen eine Hingabe an Erfüllungsstatt vornehmen. — Ebenso kann im zweiten Fall die Schuld von einem Schuldner statt durch Erfüllung durch Hingabe an Erfüllungsstatt berichtigt worden sein.

Unter solchen Umständen haften die Gesamtschuldner immer nur für den Wert des Aufzuwendenden bezw. für das Aufgewendete in Geld, und zwar alle anteilsmässig.[1]) Gesetzt, A, B und C schuldeten solidarisch 120, A tilge die Schuld durch Hingabe eines Wertes von 96, so kann er gegen B und C normalerweise nur auf je 32, nicht auf je 40 Regress nehmen. Diese Aufwendungen zur Schuldtilgung kommen natürlich für die Verteilung nur soweit in Ansatz, als sie sich nicht höher belaufen als die Schuld selbst, oder der Schuldteil selbst, der mit ihnen getilgt werden soll oder getilgt worden ist.[2]) Die Mitbürgen eines in aliam rem

---

[1]) Nach Massgabe von b, unten, gewöhnlich auf einen Kopfteil.

[2]) D. h. wenn ein Gesamtschuldner bezw. Mitbürge eine Hingabe an Erfüllungsstatt gemacht hat, deren Wert grösser ist als der Schuldbetrag, so kann er nur letzteren verlangen und ausserdem nur evtl. nur etwaige sonstige

verpflichteten Bürgen haben ihm danach z. B. den Wert dieser alia res auszugleichen.

Dasselbe, wie im Falle einer Hingabe an Erfüllungsstatt gilt im Falle des Vergleichs oder entgeltlichen Erlassvertrags bezüglich der Gesamtschuld, soweit diese Verträge nicht ausschliesslich zugunsten eines bestimmten Schuldners persönlich abgeschlossen sind.

Als Beweisgründe dafür, dass in solchen Fällen nur der Aufwendungsbetrag zur Ausgleichung zu bringen ist, lassen sich folgende angeben: Die Billigkeit, die ja überhaupt für das fragliche Institut im Ganzen entscheidend ist, verlangt, dass, weil alle Schuldner das gleiche Interesse an dem Erlöschen der gemeinsamen Schuld haben, durch eine vorteilhafte Hingabe an Erfüllungsstatt nicht blos für einen einzigen ein Nutzen entstehe.[1]) Nach dem gesetzlichen Prinzip sollen die Schuldner gleiche Leistungen zur Erfüllung ihrer gemeinsamen Schuld machen.[2])

Kosten (Prozesskosten, Kosten für die Erfüllung) soweit er solche vernünftigerweise im Interesse der anderen gemacht hat. So ist es denn auch zu entscheiden, wenn der betr. Gesamtschuldner z. B. wegen einer augenblicklichen Notlage nicht anders hatte erfüllen können oder sich über den Wert des in solutum Gegebenen in entschuldbarem Irrtum befunden hatte, denn durch diese letztere darf die Lage der übrigen Gesamtschuldner nicht gegen früher verschlechtert werden. Das wertvollere Objekt der datio in solutum kann sich aber der Gesamtschuldner dann voll ersetzen lassen, wenn die übrigen diese verschuldet haben z. B. trotz ihrer Kenntnis von seiner Notlage und trotz Aufforderung zur Beitragsleistung keine Erfüllungsbeiträge geleistet hatten; der leistende Gesamtschuldner kann solchenfalls den Mehrwert als Schadenersatz beanspruchen.

[1]) Der leistende Schuldner tilgt eben die gemeinsame Schuld auch für und statt der anderen, so dass letztere an dem Vorteil partizipieren, der durch eine Hingabe an Erfüllungsstatt erzielt ist.

[2]) Zwar kann man einwenden, durch Hingabe an Erfüllungsstatt wird die Schuld inhältlich nicht geändert. Allein die Gesamtschuldner sind einander eben nicht schlechthin

Ferner müssen die Hingabe an Erfüllungsstatt, der Vergleich und der entgeltliche Erlass, die im Verhältnis zum Gläubiger für alle, nicht blos für einen Schuldner persönlich, wirken, konsequenter Weise und wohl auch nach der mutmasslichen Parteiabsicht auch für das interne Verhältnis der Schuldner massgebend sein.

Die Gesamtschuldner haften sich wohl auch für Zinsen;[1]) es ist weiter anzunehmen, dass sie einander wie Gesellschafter evtl. Ersatz der über den Schuldbetrag, resp. einen Teilbetrag hinausgehenden Kosten, soweit solche nötig erscheinen konnten, schulden.[2])

b) Das Verhältnis, nach dem zu teilen ist, um die Quote zu finden, die einer evtl. dem andern schuldet, ist ein höchst einfaches: Es wird zunächst gleichheitlich, d. h. nach Köpfen geteilt, wobei auf einen Gesamtschuldner, der einem andern succediert ist, zwei Kopfteile zu rechnen sind.

---

zu gleichen Anteilen an der Schuld verpflichtet, sondern sie sollen durch die Schuld gleichmässig belastet sein; sie sind einander also, genauer gesagt, zu gleichen Anteilen an der Erfüllung verpflichtet. Die aus ihrem internen Rechtsverhältnis folgenden Schulden bestimmen sich dem Umfang nach nicht nach der Gesamtschuld. (Anders für die Mitbürgen nach dem Römischen Recht.)

1) Diese gehören zu den Auslagen des Zahlenden (vergl. § 256 B. G. B.) und es ist nicht gerechtfertigt, dass der durch jenen befreite Genosse sie als Gewinn behalte. Schon nach Analogie von §§ 712, 670 B. G. B. sind sie, wie billig, zu ersetzen.

2) Wie steht es mit Prozesskosten? Können die auf Ersatz Belangten bezüglich dieser Kosten nicht entgegenhalten, dass die Kosten von ihnen nicht gemacht worden wären und daher allein durch Verschulden des Regressklägers verursacht seien? Der vom Gläubiger belangte Gesamtschuldner hat ein Mittel, sich für den Fall seines Unterliegens den Anspruch auf die evtl. erwachsenden Prozesskosten an die Genossen zu sichern: die Streitverkündung (§ 72 Abs. 1 C. P. O.). Hiermit lehnt der Verklagte die Verantwortung für alle Kosten ab, soweit er sie nicht frivolerweise macht.

Sind die vollen Quoten von einzelnen bei deren Inanspruchnahme aus ihrem eigenen Vermögen und den für sie bestellten Pfandrechten, Hypotheken, Bürgschaften etc.[1]) nicht zu erlangen, so verteilt sich die Summe der entstandenen, bestimmten Ausfälle anteilig, gleichmässig auf alle übrigen, natürlich unter Mitberücksichtigung des Ausgleichung begehrenden Schuldners selbst.[2]) Sind also in obigem Beispiel bei Regressnahme des A von C statt 32 nur 24 zu erlangen, so hat dann B 4 mehr, also 36 zu leisten. Soweit ein Schuldner aber einen Fehlbetrag z. B. durch Zögerung in der Ausklagung selbst verschuldet hat, wird der Ausfall nicht von den andern zu ersetzen sein. Vielmehr hat der nachlässige Schuldner, der ihn sich zuzuschreiben hat, ihn ganz allein zu tragen, schon weil er ja den übrigen für jede Nachlässigkeit haftet.[3])

---

[1]) So ist der Vordersatz des § 426 Abs. 1 S. 2 B. G. B. auszulegen. Hier können wir die Entscheidung, die das Gemeine Recht für die Schuldteilung im Verhältnis zum Gläubiger gegeben hat, geradezu auf die Verteilung unter den Mitbürgen anwenden. Vergl. oben § 2 A II 3, Abs. 5. Wenn weiterhin von »Solvenz«, »teilweiser oder «völliger Insolvenz« u. s. w. gesprochen wird, so werden die Fälle damit bezeichnet, dass aus dem Vermögen des betr. und diesen Accessorien das Ganze zu erlangen bezw. ein Teil oder alles nicht zu erlangen ist.

[2]) Es haben jetzt alle einen grösseren Schuldteil zu tragen; es darf nicht der Regress verlangende Schuldner von dem durch jenen Ausfall verursachten Verlust für die übrigen allein verschont bleiben, sondern muss billigerweise denselben Teil am Verlust haben, wie sein Genosse.

[3]) Die Gesamtschuldner sind einander billigerweise diligenzpflichtig, sofern sie eben in einem Rechtsverhältnis zu einander stehen, in dem das Handeln oder das Nichthandeln des einen zum Vorteile oder Nachteile des anderen ausschlagen kann, also jeder zugleich die Geschäfte des andern führt und in dessen Vermögenssphäre eingreift. Die Verletzung der Sorgfaltspflicht macht den betr. Gesamtschuldner schadenersatzpflichtig; der regressbeklagte Gesamtschuldner könnte ihm evtl. mit diesem Schadenersatz-

Der gesetzliche Wortlaut scheint aber nicht zu gestatten, dass mit Rücksicht auf einen Ausfall, der sich bei einem Schuldner erweislich künftig ergeben wird, die Haftungsquote der übrigen entsprechend höher berechnet wird, noch bevor ein Versuch gemacht ist, von jenem Schuldner die Quote beizutreiben. Doch dürfte wohl auch dieses zulässig sein. Warum sollte der Regressnehmer, gegen einen notorisch insolventen Mitschuldner erst noch einen vielleicht kostspieligen Beitreibungsversuch machen müssen, um dessen Anteil von den übrigen Mitschuldnern sich ersetzen zu lassen, wenn ja doch jene Beitreibungskosten dann zuletzt auch jenen übrigen Mitschuldnern mit zur Last fallen müssten? Selbstverständlich muss aber der regredierende Mitschuldner, der sich auf solchen zu vermutenden Ausfall beruft, im Streitfall diesen auch genau beweisen, wenn er ihn den übrigen Schuldnern mit auflegen will.[1])

Einige Zweifel könnten entstehen bei Behandlung zweier wichtiger Einzelfälle.

Der erste ist folgender: Nachdem ein regredierender Gesamtschuldner durch Einforderung der Anteile von den einzelnen bereits die Verteilung vorgenommen hat, erleidet er nachträglich ohne sein eigenes Verschulden bei einem derselben einen Ausfall. Hier kann meines Erachtens immer noch von den übrigen anteilsmässiger Ersatz des

---

anspruch aufrechnen. Auch hier lässt sich die Entscheidung des Gemeinen Rechts (vergl. § 2), dass der Gläubiger einen verschuldeten Ausfall bei einem Mitbürgen den übrigen nicht aufbürden konnte, aus gleichen Gründen in anderer Form auf den regressnehmenden Mitbürgen übertragen.

[1]) Jeder Kläger hat eben die Höhe seines Anspruchs zu beweisen. Auch wenn der Ausfall schon entstanden war, hat ihn ja der Kläger zu beweisen. Der Beweis eines künftigen Ausfalls dürfte allerdings praktisch selten möglich sein. Vergl. § 2, A II. Ein weiterer Fall, in dem für den regressnehmenden Schuldner die gemeinrechtliche Entscheidung bezüglich des Gläubigers gilt.

neuen Ausfalls verlangt werden und dies gilt wohl auch für die, welche auf ihren damaligen Anteil durch Urteil oder Anerkenntnis verpflichtet worden sind oder denselben gar schon geleistet haben.

Umgekehrt kann ferner vorkommen, dass bei der Regressverteilung nur einige Schuldner solvent waren und demgemäss durch Anerkenntnis oder Urteil verpflichtet wurden und dass nun nachträglich, bevor noch die Teilungsgenossen ihre Anteile geleistet, einer der wegen damaliger Insolvenz nicht berücksichtigten Gesamtschuldner solvent wird. Hier wird, so scheint uns, der leistende Gesamtschuldner von den solvent gewordenen einen entsprechenden Anteil und von den übrigen (schon früher solventen) nur mehr den nach jetziger Berechnung auf sie fallenden Teil verlangen können, trotzdem die Verpflichtung schon auf einen höheren Betrag festgestellt war. Denn an sich schuldeten alle Gesamtschuldner dem erfüllenden Genossen einen gleichen Anteil und nur, weil und solange der Anteil des einen uneinbringlich war, hatten die übrigen auch noch den vorhandenen Ausfall zu tragen. Die Uneinbringlichkeit und der »Ausfall« sind die Voraussetzungen von Forderung und Schuld, soweit der Ausfallsbetrag in Frage steht. Die frühere Verteilung steht und fällt mit diesen Voraussetzungen, wie sich wohl schon aus dem Gesetzestext ergiebt.[1]) Auf die Thatsache des späteren Solventwerdens eines Mitschuldners kann sich auch der verurteilte Regressschuldner in der Exekutionsinstanz berufen. § 767 C. P. O.

Eine definitive Teilung etwa in einem ähnlichen Sinne, wie im Römischen Recht beim beneficium divisionis giebt es nicht.[2])

---

[1]) § 426, Abs. 1, S. 2, B.G.B. Die Stelle bezieht sich gleichermassen auf die Beitrags- und die Ausgleichungspflicht. Vergl. oben Anm. 1, S. 176.

[2]) Vergl. oben § 2, A II 5. Es tauchen, wie man sieht, gleiche Fragen, wie in der Lehre vom beneficium divisionis auf.

4. Bei jedem Ausgleichungsanspruch ist zur Berechnung der Zeitpunkt des Urteils als Teilungszeitpunkt entscheidend.[1])

5. Die eben dargestellten Grundsätze der internen Verteilung zur Ermittelung der Höhe der Ausgleichungsverbindlichkeiten gelten jedoch, wenn auch praktisch in den meisten Fällen, doch nur subsidiär.[2]) Macht nämlich ein Gesamtschuldner gegen einen anderen Ausgleichungsansprüche geltend, so wird die Frage, ob und in welcher Höhe solche zustehen, zunächst aus dem besonderen Verhältnis zwischen diesen beiden entschieden. Aus besonderer gesetzlicher Vorschrift und ebenso aus besonderm Vertrag zwischen den Parteien kann sich also ergeben, dass der eine dem andern gegenüber statt der Ausgleichung zu einem Kopfteil, volle Ausgleichung oder Ausgleichung zu einem andern Bruchteil oder endlich überhaupt keine Ausgleichung verlangen kann.

So kann ein Gesamtschuldner, der sich im Auftrag oder als auftragloser Geschäftsführer in Verpflichtungsabsicht und entsprechend dem wirklichen oder mutmasslichen Willen des andern verpflichtete,

---

1) Ebenda. Dieser Moment ist der Berechnung, sowohl für die Teilungssumme, als für die Zahl der Genossen, unter denen je nach ihrer Solvenz geteilt werden soll, zu Grunde zu legen. Alle diese Grössen sind ja veränderlich. Zu beachten ist hier gleichfalls das beneficium divisionis, bei dem nach Hasenbalg die litis contestatio mit dem Erstverklagten, nach Windscheid der Richterspruch im Prozesse mit jedem entschied. Vergl. § 2.

2) Es kann eine andere, als die gleichheitliche Teilung angemessen sein; besteht ein besonderes Regressrechtsverhältnis zwischen 2 Gesamtschuldnern, so bedarf es der vom Gesetz künstlich geschaffenen Rechtsverhältnisse nicht. Trotzdem stellen wir die subsidiär geltenden Grundsätze voran, weil sie das eigentliche, durch vertragliche Besonderheiten nicht alterierte gesetzliche Gesamtschuldrecht sind und praktisch am häufigsten eintreten.

von diesem andern volle Ausgleichung für seine Portion verlangen, dagegen kann dieser andere gegen jenen ersten keine Beitrags- oder Ersatzansprüche erheben. Aehnliche Entscheidungen sind zu treffen, wenn ein Gesamtschuldner mit seinem Eintritt dem andern schenkte oder eine eigene Verpflichtung gegen jenen andern erfüllte, wenn er materiell allein der Beteiligte an dem Schuldverhältnis war u. s. w.

Besteht zwischen zwei Gesamtschuldnern ein derartiges Rechtsverhältnis, das für deren Ausgleichungsforderungen von Bedeutung ist, so hat dasselbe natürlich auf die Ausgleichungsverbindlichkeiten, die sich zwischen einem derselben und anderen dritten Gesamtschuldnern ergeben, keinen Einfluss.[1])

6. Für Mitbürgen speziell mag noch auf Folgendes aufmerksam gemacht werden: der besprochene interne Ersatzleistungsanspruch eines zahlenden Bürgen kann besonders durch einen Gegenanspruch des Regressbeklagten auf Schadenersatz praktisch aufgehoben bezw. eingeschränkt sein, sofern der zahlende durch Verzicht auf die ihm mögliche Subrogation in die Rechte des Gläubigers und ihre Accessorien dem Regressbeklagten die Durchführung des weiteren Rückgriffs vereitelt hat, den dieser für die Leistung des beanspruchten Ersatzes an den zahlenden sonst wirksam hätte nehmen können. Letzteres ist besonders der Fall, wenn für die beim Weiterregress an sich in Frage kommenden Insolvenz gegeben ist,

---

1) Ist z. B. Gesamtschuldner A Mandant des B, so kann C, wenn er zahlt, von B $1/3$, von A $1/3$, — wobei Rückgriff des B gegen A vorbehalten bleibt, — B, wenn er zahlt, von A $2/3$, von C $1/3$, A, wenn er zahlt, von B nichts, von C $1/3$ ersetzt verlangen. Das Verhältnis zwischen A und B wirkt nur zwischen diesen beiden, nicht aber auch im Verhältnis von A zu C oder B zu C. Es ist nicht etwa so, dass dem C gegenüber nur A allein, nicht B als Mitschuldner zählt, so dass C $1/2$ zu tragen hätte.

aber ausreichende Sicherheit bestellt ist. Wie der Fall zu denken ist, wird sich nach Besprechung der Subrogation unten ergeben.

II. Wenn ein Gesamtschuldner bezw. Mitbürge den Gläubiger befriedigt hat und nach obigen Regeln gegen die übrigen Schuldner bezw. Mitbürgen Anspruch auf »Ausgleichung« d. h. Ersatz hat, geht ausserdem noch die Forderung des Gläubigers gegen die übrigen über, soweit er nicht auf sie verzichtet und sie tilgt.[1]) Wir werden auch hier wieder annehmen, dass es sich um eine wirkliche Uebertragung der Forderung kraft Gesetzes mit allen Wirkungen und Konsequenzen handelt, nicht um eine blosse Fiktion der Uebertragung oder gar nur einen Uebergang der Accessorien. In dieser Beziehung ist die Regelung der Ausgleichung der des Römischen Rechts ähnlich gestaltet worden. Da aber nach dem B.G.B. neben der übergegangenen Forderung noch ein interner Regressanspruch besteht, tritt diese »actio cessa« in praktischer Beziehung doch sehr in den Hintergrund; das Nähere siehe unten.

Ist die Gesamtschuld nur teilweise getilgt worden, so geht die Forderung auch nur zu diesem Teile über.[2])

1. Betreffend den Umfang des Forderungsübergangs stellt auch hier die gesetzliche Subrogationsidee der Theorie wieder eine Reihe von unfruchtbaren Aufgaben, deren kurze Uebersicht hier zunächst Platz finden möge.

Es geht einerseits gemäss § 774 Abs. 1 B. G. B. auf den zahlenden Bürgen ohne weitere Voraussetzungen die Hauptforderung, und mit ihr also nach §§ 401, 412 B. G. B. auch die Forderung gegen den

---

[1]) Obwohl nur die Uebertragung der Accessorien der Gesamtschuldforderung auf den Regressanspruch Zweck des Gesetzgebers war. Vergl. auch § 8 A 1.

[2]) Die Teilforderung geht bei Teilerfüllung zu einer gewissen Quote über, und zwar auf dieselbe Quote, wie nach dem Folgenden die ganze Forderung bei völliger Tilgung.

Mitbürgen, und zwar begrifflich in vollem Umfang, über. Leugnete man den Totalübergang der Nebenforderung, so wäre zu erklären, wie bei dieser »Cession« die Nebenforderung teilweise untergehen könnte, während die Hauptforderung völlig erhalten bleibt.

Andererseits bestimmt nun § 774 Abs. 2 B.G.B.: »Mitbürgen haften einander nur nach § 426«. Danach sollen sie zunächst »einander im Zweifel zu gleichen Anteilen verpflichtet« sein. Vergl. § 426 Abs. 1 B.G.B. Nach § 426 Ab. 2 B.G.B. sollen aber ferner auf den zahlenden Gesamtschuldner auch die Forderungen gegen die übrigen übergehen, und zwar hier: »soweit der Zahlende von den übrigen Ausgleichung verlangen kann«. § 769 B.G.B. bezeichnet zudem die Mitbürgen als Gesamtschuldner. Der Umfang der Subrogation ist also für die Mitbürgen völlig verschieden, je nachdem für die Subrogation §§ 774 Abs. 1 und 401, 412 oder § 426 Abs. 2 ausschliesslich zugrunde gelegt wird.

Was ist nun das Richtige? Liegt wirklich ein Widerspruch zwischen den genannten Bestimmungen vor, evtl. wie ist er zu lösen? Diese Frage ist offenbar präjudiziell für alle anderen.

Des weiteren erhebt sich folgendes Problem: Der Umfang der Subrogation soll sich nach § 426 Abs. 2 wenigstens für die Gesamtschuldner und, je nach unserer Antwort auf die erste Hauptfrage, vielleicht auch für die Mitbürgen, nach dem Umfang des quantitativ veränderlichen Ausgleichungsanspruchs des Abs. 1 richten. Es ist nun die Möglichkeit einer quantitativen und, im Falle der Hingabe an Erfüllungsstatt, auch qualitativen Abweichung zwischen dem Ersatzanspruch und der übergegangenen Forderung gegeben. Mit Rücksicht hierauf wird in einem andern Zusammenhang auch noch das Konkurrenzverhältnis der beiden Forderungen zu untersuchen sein.

Eine dritte Schwierigkeit kann folgender Punkt bereiten: Die Forderungen des befriedigten Gläubigers sollen teilweise untergehen, teilweise übertragen werden. Sofern nun, wozu der gesetzliche Wortlaut verleitet, die Subrogation des zahlenden Gesamtschuldners gegen jeden Mitschuldner nur für dessen Anteilsquote als erfolgt angesehen wird, muss der Wegfall der Solidarität angenommen werden. Dann ist aber dazu Stellung zu nehmen, ob und evtl. wie dieses der Fall sein könne.

Auch hier soll der Versuch gemacht werden, ohne dass der Konstruktionsstandpunkt des B. G. B. gleich völlig verlassen wird, dieses Wirrsal von Rätseln zu lösen.

Bisher scheint noch kein Zweifel darüber aufgetaucht zu sein, dass eben wegen § 774 Abs. 2 der Umfang der Subrogation bei der Mitbürgschaft genau ebenso wie nach § 426 Abs. 2 für die Gesamtschuld zu bestimmen sei; diese Anschauung ist in der That die naheliegendste. Ohne dass zunächst die Richtigkeit derselben untersucht wird, müssen die aus ihr gefolgerten Lösungen geprüft werden; mit dieser einem Umweg gleichenden Abweichung von der obigen logischen Anordnung der Fragen wird man allein oder doch am bequemsten zu einer möglichst erschöpfenden Aufstellung und Kritik der denkbaren Lösungen und zu dem erstrebten Resultat: der Auffindung einer Konstruktion für alle in Betracht kommenden Fälle gelangen können.

In der Literatur sind bis jetzt ohne nähere Ausführungen für das Gesamtschuldverhältnis im Allgemeinen über den Umfang der Subrogation zwei verschiedene Auffassungen angedeutet. Nach der überwiegenden und in der That naheliegendsten Ansicht[1]) soll der zahlende Gesamtschuldner die

---

[1]) So die Commentare und Lehrbücher, z. B. H. Schollmeyer zu § 426 B. G. B.

Ansprüche gegen die übrigen je zu deren Quote, also bei 3 Schuldnern je auf $^1/_3$, und zwar natürlich als nicht solidarische, nach der andern zum vollen Betrag mit Abzug seiner eigenen Quote, also bei 3 Schuldnern je auf $^2/_3$, und zwar natürlich als solidarische erwerben. Die letztere Ansicht braucht natürlich nun doch nicht zu dem Ergebnis zu gelangen, dass der Subrogierte den ganzen ihm überhaupt gebührenden Ersatz von jedem einzelnen Mitschuldner verlangen kann und es dem letzteren dann überlassen bleibt, seinerseits weiter zu regredieren. (Eine solche praktische Konsequenz würde die Theorie thatsächlich widerlegen.) Denn wenn auch der Umfang der Subrogation für die theoretische Konstruktion streitig ist, so besteht dagegen doch unbestrittenermassen, wie unten, III darzulegen, zwischen dem abgetretenen Anspruch und dem durch ihn gesicherten Ausgleichungsanspruch aus der Gesamtschuldnergemeinschaft notwendig eine sogen. alternative Aktionenkonkurrenz, kraft deren der eine Anspruch durch Erfüllung des anderen erlischt und niemals weiter als der andere geltend zu machen ist. Bei dieser Konstruktionsweise, deren theoretische Rechtfertigung einstweilen vorbehalten bleibt (vergl. III) kann auch nach der zweiten Ansicht der Subrogierte mit der actio cessa praktisch doch gegen jeden Mitschuldner nur für dessen Schuldquote regredieren. Daraus folgt einerseits, dass die theoretisch interessante Streitfrage praktisch ohne grosse, wenn auch durchaus nicht ohne jede,[1]) Bedeutung ist, andererseits, dass die zweitgenannte Theorie durch Hinweis auf angebliche, offenbar misliche Konsequenzen nicht mit Erfolg

---

[1]) Besonders auch für den Weiterregress eines Gesamtschuldners oder Bürgen B, der dem zahlenden Mitschuldner oder Bürgen A Ersatz geleistet hat, gegen einen dritten Mitschuldner oder Bürgen C. Vergl. unten IV. Aber auch beim direkten Regress des zahlenden gegen die Genossen, wie sogleich zu zeigen.

bekämpft werden kann. Letzteres musste hier umso mehr betont werden, als für das Gemeine Recht, welches die vorliegende Streitfrage in der Beschränkung auf die Mitbürgschaft kannte,[1]) die letztere der beiden Ansichten gelegentlich deshalb als die weniger praktische bezeichnet wurde, weil sie zu weitläufigen successiven Regressen eines Mitbürgen gegen die anderen führen könne.[1]) Es ist früher gezeigt, inwiefern das Argument einen gewissen Schein der Berechtigung für die gemeinrechtliche confideiussio hatte, warum es aber doch auch für sie unzutreffend war. Für das Gesamtschuldverhältnis des B. G. B. kann es wegen der alternativen Konkurrenz des Ausgleichungsanspruchs und der abgetretenen Forderung[3]) überhaupt gar nicht mehr in Betracht kommen. Unsere jetzige Frage nach dem Umfang der Subrogation und die nach der Geltendmachung der actio cessa dürfen eben nicht vermengt werden.

Für die erste der beiden angeführten Meinungen pflegt man sich auf den Wortlaut des Gesetzes zu berufen. Allein hiergegen ist zunächst Folgendes zu bemerken: Es handelt sich um eine rein theoretische Konstruktionsfrage; das Gesetz als lediglich praktische Ordnung kann naturgemäss hier nur insoweit entscheidend sein, als sich aus dem zu suchenden theoretischen Prinzip logisch die positiven gesetzlichen Vorschriften müssen ableiten lassen, und das trifft ja, wie bemerkt, auch bei jener andern Ansicht der Minderheit zu.

Sodann aber ist überhaupt zu bestreiten, dass die eben genannte Auffassung dem gesetzlichen Wortlaut geradezu zuwiderlaufe. Das Gesetz sagt: Die Forderung des Gläubigers gegen die übrigen Schuldner, d. h. also gegen jeden einzelnen gehe auf

---

1) Vergl. oben § 10, I 2, bei Anm. 4, S. 164.

2) Unten III.

den erfüllenden Gesamtschuldner über, soweit er »von den übrigen Schuldnern Ausgleichung verlangen« könne. Warum soll dies denn nicht heissen können: soweit er überhaupt von allen übrigen zusammen Ausgleichung verlangen kann? Wenn allerdings zugegeben werden mag, dass diese letztere Auslegung dem Wortlaut weniger entspricht als die der herrschenden Ansicht, so muss auch nachdrücklich darauf aufmerksam gemacht werden, dass die gesetzliche Fassung offenbar eine ungenaue ist und nicht sicher das sagen wollte, was die herrschende Ansicht herauslesen möchte. Uebrigens ist der Wortlaut, wie später zu zeigen, nicht eindeutig und er entspricht bei genauer Prüfung auch nicht durchaus der Mehrheitsansicht.

Mehr Wert als solche Wortauslegungsversuche dürfte aber eine logische Untersuchung haben. Dabei ist nun zu beachten, was bis jetzt wenig oder vielmehr gar nicht geschehen ist, dass jede der beiden Hauptansichten in mehreren Schattierungen denkbar ist, so dass die theoretische Aufgabe auch bei Entscheidung für die eine oder andere der genannten Alternativen keineswegs völlig gelöst wäre; es ist für die Untersuchung unbedingt erforderlich, die verschiedenen Formen zu sondern.

a) Wenn zunächst davon ausgegangen werden sollte, dass der zahlende Gesamtschuldner, während er sich selbst befreit, die Forderungen gegen die übrigen je zu deren Quote erwirbt, so eröffnet sich sofort die weitere Alternative: Uebergang zu der Quote, zu welcher der betr. Gesamtschuldner dem zahlenden in concreto, d. h. nach dem besondern internen Rechtsverhältnis zwischen ihnen und mit Rücksicht auf die Solvenzverhältnisse aller Schuldner regresspflichtig ist (konkrete Quote) oder schlechthin zu einem Kopfteil (abstrakte Quote). Wenn von Uebergang zu einer Quote gesprochen wird, dürfte man allgemein ersterer Ansicht zuneigen. Der gesetzliche Wortlaut spricht auch in der That gegen die abstrakt bestimmende und scheinbar für die konkret bestimmende Theorie. Bei beiden Auffassungen wird ausgegangen von einer Subrogation für eine sogleich fest bestimmte, unveränderliche Quote. Die konkret bestimmende Theorie mutet uns die Annahme zu, dass die sowohl dem Gläubiger als dem zahlenden Gesamtschuldner vielleicht ganz unbekannte Thatsache der Solvenz oder Insolvenz einiger der Gesamtschuldner oder das dem Gläubiger unbekannte interne Rechtsverhältnis der Gesamtschuldner einen Einfluss auf den Umfang der Subrogation haben könne; allenfalls haltbar mag diese Annahme ja noch sein, weil die Subrogation nicht auf dem Parteiwillen beruht. Allein andere überwiegende theoretische und praktische Gründe erweisen beide Ansichten als unhaltbar:

Nach der abstrakt bestimmenden Ansicht kann schon von vornherein der erworbene Quotenanspruch gegen einen Mitschuldner weit zurückbleiben hinter dem Masse des internen Ersatzanspruchs, sofern dieser wegen Insolvenzen, besondern internen Rechtsverhältnisses mehr als einen Kopfteil betragen kann; entsprechend kann durch nachträglich eintretende weitere Insolvenzen der Betrag des Quasisozietätsanspruchs den der Kopfteilforderung überschreiten. Nach der konkret bestimmenden Ansicht kann wenigstens nachträglich der interne Gemeinschaftsanspruch den Quotenanspruch übersteigen, sofern nach der Subrogation weitere Mitschuldner insolvent geworden sind, denn es kann doch nicht daran gedacht werden, dass durch derartige spätere Aenderungen in den Solvenzverhältnissen der Gesamtschuldner der Umfang der bereits erfolgten Subrogation, der Betrag der schon übergegangenen Forderung ex post geändert werden könnte. Hierin liegt aber nicht nur ein theoretischer, sondern auch ein praktischer Uebelstand.

Es würden nämlich in solchen Fällen die internen Ersatzansprüche und die geringeren Quotenforderungen gegen die Mitschuldner alternativ konkurrieren, wie noch auszuführen. Selbst bei der Möglichkeit unbeschränkter Durchsetzung des internen Quasisozietätsanspruchs aber würde der Subrogat in vielen Fällen bei seiner Regressnahme praktisch eine unbillige materielle Einbusse erleiden. Nämlich soweit bei gegenwärtig nicht völlig ausreichender Solvenz der Mitschuldner Ersatz nur von einem Gesamtschuldner und nur deshalb erzielt werden könnte, weil für ihn zur Sicherung der ursprünglichen Gesamtschuldforderung dem ehemaligen Gläubiger eine jetzt ausreichende Sicherheit, etwa durch Bürgschaft, gestellt ist. Für die einfachsten Fälle, an die hier zu denken ist, mögen folgende Beispiele dienen: Die Gesamtschuld des A, B und C an G, welche für den — an sich insolventen — B durch Bürgschaft sicher gestellt ist, wird bei Solvenz des G von A gezahlt. Nun wird C völlig insolvent, so dass A gegen B, wie oben gezeigt, zur Hälfte ersatzberechtigt wird. A kann nun den Bürgen des B aber doch nur auf $^1/_3$ in Anspruch nehmen, weil er nur zu ein Drittel Cessionar des G gegen B ist und weil für den Quasisozietätsanspruch des A gegen B dessen Bürge nicht eingetreten ist; er fällt also mit $^1/_6$ durch. Umgekehrt: Die Gesamtschuld des A, B und C an G wird, während für den insolventen B ein gleichfalls insolventer Bürge gestellt ist, von A bezahlt. Wie nun A Regress nehmen will, ist C völlig insolvent, der Bürge des B dagegen solvent geworden. A hat gegen B also Ersatzanspruch auf die Hälfte. Allein nach der einen Ansicht — so nach der konkret bestimmenden Theorie, wenn sie sich konsequent bleiben will,[1]) — ist der Bürge

[1]) Die etwa denkbare Mittelmeinung, A sei gegen den damals insolventen B auch wenigstens zu $^1/_3$ subrogiert, würde (da A offenbar nicht zu $^1/_2$ und daneben zu $^1/_3$ Ersatz beanspruchen darf, zu einer ganz merkwürdigen, teilweisen

des B dem A überhaupt nicht verpflichtet, denn A ist durch seine Zahlung nur gegen den damals solventen C — und zwar zur Hälfte —, nicht aber gegen den damals insolventen B subrogiert. Nach der andern Ansicht — so ohne Zweifel nach der abstrakt bestimmenden Theorie — ist der Bürge dem A nur zu $^1/_3$ verpflichtet, weil A durch seine Zahlung nur zu $^1/_3$ gegen B subrogiert ist. Für den Quasisozietätsanspruch des A gegen B haftet aber der Bürge natürlich überhaupt nicht. Hier kommt nun A völlig oder teilweise um das ihm Gebührende, trotzdem sowohl zur Zeit seiner Zahlung, als auch zur Zeit der Regressnahme ein an sich oder wenigstens vermöge einer Bürgschaft solventer Mitschuldner vorhanden ist. Man könnte das Gewicht des Arguments abzuschwächen suchen durch den Hinweis, dass die mangelnde Sicherung für den Regressanspruch hier weniger unbillig sei, weil sie nur durch teilweise Befreiung eines lediglich für die Gesamtschuld eingetretenen Fremden geschah. Allein dann muss dagegen bemerkt werden, dass Aehnliches wie bei der Sicherung durch Bürgschaft auch bei der Sicherung durch ein Pfand von schwankendem Wert, und zwar nicht nur eines dritten, sondern auch des Schuldners selbst zutrifft. Der Grundsatz, dass bis zur Erfüllung der ganzen Pfandforderung das Pfandrecht in vollem Umfang ausgeübt werden kann, steht nur scheinbar entgegen. Das Pfandrecht könnte hier nur bis zur geringeren Subrogationsquote geltend gemacht werden; jedenfalls würde es durch Leistung dieses geringeren Betrags völlig erlöschen. Wenn dann auch das Pfand zum Vermögen des Regressschuldners gehört, kann infolge von — nach der Subrogation gesicherten — Zugriffen anderer Gläubiger des Regressschuldners, die gleichzeitig auf das

Solidarität der beiden Forderungen und) im gedachten Fall zu demselben Ergebnis führen, wie die abstrakt bestimmende Ansicht.

Pfandobjekt und das übrige Vermögen des Regressschuldners stattfinden, die völlige Befriedigung des Regressnehmers leicht vereitelt werden. Hier würde dies geschehen, trotzdem aus dem Vermögen des Regressschuldners selbst die Sicherheit für die Gesamtschuld bestellt war.

Das Gesetz, das auf den zahlenden Gesamtschuldner, hier A, die ursprünglichen Ansprüche des Gläubigers, hier gegen B, nur zur Sicherung der Regressforderung gegen die Mitschuldner: gegen B auf $^1/_2$, übergehen liess, kann diese unbillige Konsequenz nicht gewollt haben; sind auch obige Fälle ungewöhnliche, so müssen wir doch wenigstens einer Theorie den Vorzug geben, welche diesen praktischen Uebelstand vermeidet.

Der letztere erklärt sich nun offenbar daraus, dass der Betrag des internen Ersatzanspruchs eben beständig wechseln kann, während der Umfang, zu dem die Forderung übergeht, als fest und unveränderlich angenommen wurde. Hieraus ergiebt sich die Art der Abhilfe: Man könnte mit Hilfe der Annahme einer rechtlichen Pendenz auch dem Umfang der Subrogation die Veränderlichkeit beilegen, also zu folgender Modifikation der eben behandelten Ansichten schreiten: Der Uebergang der Forderungen findet in der Weise statt, dass einstweilen noch nicht bestimmt ist, sondern erst durch spätere Thatsachen, wie Solvenz und Insolvenz im Moment der Regressnahme, es sich herausstellt, ob und zu welchem Teile ein jeder Mitschuldner (oder Mitbürge) dann als Drittschuldner verpflichtet sein werde. Vielleicht mag die herrschende Ansicht auch an diese Bestimmung des Subrogationsumfangs gedacht haben. Auch für diese Ansicht liesse sich allenfalls der Wortlaut des Gesetzes geltend machen: Der Zahlende soll subrogiert sein, soweit er Ausgleichung verlangen kann. Vielleicht mag dies in dem Sinne verstanden werden: soweit er zur massgeblichen Zeit der Regressnahme wird Ausgleichung verlangen können; es läge denn eine kleine Ungenauigkeit der Formulierung vor; diese, den Umfang der Subrogation variabel bestimmende Konstruktion würde den praktischen Anforderungen vielleicht grossenteils und jedenfalls am besten von den bisher besprochenen genügen können. Allein es sprechen gegen sie nicht minder schwerwiegende theoretische und praktische Gründe.

Es liesse sich vielleicht noch ertragen, dass spätere, ungewisse, den Parteien unbekannte Thatsachen schon vorher einen einstweilen noch unbekannten, erst später ersichtlichen, rechtlichen Einfluss übten. Und das ist ja zweifellos rechtlich möglich, dass in gewissen Fällen die Person des Berechtigten oder Verpflichteten und der Teil eines jeden an einer Schuld noch durch ein künftiges Ereignis bestimmt wird. Solche Fälle kommen bekanntlich zum Beispiel im Erbrecht vor. Allein bei der fraglichen Konstruktion würde es sich nicht um eine vorläufige Ungewissheit allein der Personen der Verpflichteten handeln. Es sind ja auch nicht nur die Beträge, welche die Verpflichteten später zu zahlen haben werden, sondern sogar der Gesamtbetrag der Schuld unbestimmt, der sich unter sie alle verteilen wird. Auch dieser wird sich ja erst nach der Zahl der zur massgeblichen Zeit solventen Schuldner bestimmen. Je nachdem 1, 2, 3 Mitschuldner solvent sind, wird der Subrogat im Ganzen $^1/_2$, $^2/_3$, $^3/_4$ der Schuld ersetzt verlangen können. Es käme somit darauf hinaus, dass ein Gläubigerrecht erworben würde, wobei aber der Forderungsumfang selbst unbestimmt und schwankend ist. Die Zulässigkeit einer solchen Forderungsübertragung aber unterliegt den schwersten theoretischen Bedenken. Dasselbe gilt auch von dem dann anzunehmenden teilweisen Erlöschen der Forderungen, wobei unbestimmt und schwankend bleiben soll, welche Schuldner und auf welchen Teil ein jeder und auf welchen Betrag sie insgesamt befreit sein sollen. Wenn man sich ferner für irgend eine der genannten drei Theorien auf den mehrerwähnten gesetzlichen Wortlaut des § 426 Abs. 2 S. 1 berufen hat, so ist doch zu beachten, dass dieser jedenfalls für den Fall einer Hingabe an Erfüllungsstatt nicht ganz passt. Denn der Teil des Werts der Abfindung, den der zahlende von jedem Mitschuldner als »Ausgleichung verlangen kann«, deckt sich ja keineswegs notwendig mit dem entsprechenden Teil der Gesamtschuldforderung, die er gegen die übrigen erwerben soll.[1]) Ebenso tritt eine Divergenz zwischen der übergehenden Forderung und dem internen Ausgleichungsanspruch notwendig dann ein, wenn dieser Kosten umfasst, die dem Zahlenden erwachsen sind.

Gegen alle bisher aufgeführten Theorien wird als weiterer praktischer Grund unten unter IV 2 Abs. 2 eine missliche Konsequenz angeführt, die sich zeigt, wenn dem zahlenden Gesamtschuldner ein Mitschuldner allein Ersatz geleistet hat und dieser nunmehr gegen die Mitschuldner weiter regrediert. In

---

[1]) Wenn z. B. für die Gesamtschuld des A, B und C von 120 A den Gläubiger mit einem Werte von 96 abgefunden und beim Regress gegen C nur 24 erzielt hat, so könnten die genannten Theorien zu einem freilich leicht lösbaren Zweifel über die Berechnungsweise des Umfangs der Subrogation führen. Es darf offenbar nicht nach Abzug der 24 des C, der Restbetrag der ursprünglichen Schuld, also 96, und ebensowenig der Restbetrag des Werts der Abfindung, also 72 auf A und B gleichmässig verteilt werden, sondern auf A und B müssen, wie sie ja nach Obigem, I 3 a, hier je 36, mithin 3/8 der Abfindung zu tragen haben, auch 3/8 der ursprünglichen Schuld, also je 45 treffen, sofern mit dem Betrag von 24, den C ersetzt hat, infolge der Hingabe von 96 statt 120, 4 statt 5, ein Schuldteil von 30 als ausgeglichen zu rechnen ist. Die Frage nach dem Subrogationsumfang wäre relevant mindestens für die oben berührten Fälle, dass A von B nur infolge von für diesen bestellten Pfandrechten u. s. w. Ersatz erzielen könnte.

IV wird die Frage des Weiterregresses für die Mitbürgen speziell behandelt; dasselbe gilt aber für alle Gesamtschuldner.

Endlich sei gegen alle drei Theorien noch auf einen letzten, durchschlagenden theoretischen Grund hingewiesen, welcher sich bei dem Versuche ergiebt, mit den betr. Theorien die Rechtsverhältnisse des näheren zu konstruieren. Es müsste angenommen werden, dass die ursprünglichen Forderungen, die gegen jeden, beispielsweise von 3 andauernd solventen Gesamtschuldnern A, B und C, auf das Ganze gingen, so in — etwa 3 — Teile zerlegt wurden, dass gegen jeden eine Forderung auf einen Teil, etwa $^1/_3$ bestehen blieb, während je für den Rest: $^2/_3$, Tilgung erfolgt ist. Aber diese Erklärung ist unzureichend. Es ist nämlich nicht einzusehen, dass infolge des blossen Wechsels des Gläubigers und teilweiser Erfüllung die beiden bestehen gebliebenen Teilforderungen die Eigenschaft der Solidarität, die früher den drei Forderungen für ihren ganzen Umfang anhaftete, nun verloren haben könnten. Die Forderungen sind ja zu $^2/_3$ getilgt, also müssten die noch verpflichteten Schuldner im Ganzen doch nur mehr $^1/_3$ schulden. Auch nach dem Uebergang müssten wir nach den Regeln der Gesamtschuld wohl solidarische Obligationen vor uns haben; es müsste nicht nur durch die eigene Leistung eines Mitschuldners auch jetzt notwendig die Schuld eines jeden Schuldners herabgesetzt werden. Da die fraglichen Theorien dieses aber nicht annehmen und nicht annehmen können, setzen sie sich in einen m. E. nicht wohl zu lösenden Widerspruch nicht nur zu den Gesamtschuldsätzen, sondern auch zum Rechtssystem überhaupt und zur Logik.

In diesem Sinne mag Hruza, Sächs. Arch. V, S. 296 mit Recht daran Anstoss genommen haben, dass die solidarischen Forderungen auf das Ganze sich bei der Subrogation in nicht solidarische Teilforderungen verwandeln sollten.

Um also nicht in derartige Widersprüche zu geraten, muss offenbar für den Fall, dass noch von einem zweiten Gesamtschuldner C Ersatz verlangt wird, angenommen werden, dass die Forderungen nicht blos zu $^1/_3$ oder $^1/_2$, sondern noch zu einem zweiten Drittel übergegangen sind. Es ist nun nicht wohl denkbar, dass erst zur Zeit der Regressnahme dieser Anspruchsübergang sich verwirkliche, während er vorher in der Schwebe geblieben sei.

b) Es bleibt daher logisch wirklich gar keine andere Möglichkeit, als dass der zahlende Gesamtschuldner die Ansprüche gegen jeden sofort auf den ganzen Betrag mit Abzug einer für ihn selbst anzusetzenden Schuldquote erwerbe, und zwar so, dass an sich alle ihm solidarisch haften, wenn auch jeder mit Leistung eines Teils frei wird (wegen der oft berührten alternativen Aktionenkonkurrenz).[1])

Fraglich kann sein, ob es bei der Berechnung der Schuldquote für den Zahlenden selbst, mit deren Abzug die Forderungen erworben werden, sich um die Kopfteilquote oder um den Anteil handelt, den der Zahlende im Verhältnis zu den Mitschuldnern zur Zeit der Subrogation zu tragen hat oder endlich zur Zeit der Regressnahme selbst zu tragen haben wird. Letztere gekünstelte Ansicht dürfte daran scheitern, dass, wie schon bemerkt, eine Subrogation und Tilgung der Forderung zu unbestimmtem, schwankendem Gesamtbetrag theoretisch nicht wohl möglich ist.

Besonders unrichtig dürfte auch die zweite sein. Der Betrag, zu dem der Zahlende gegen die Mitschuldner subrogiert wird, darf nicht dadurch gemindert werden, dass er infolge von zur Zeit der Zahlung vorhandenen Insolvenzen einen grösseren Anteil als den Kopfteil im internen Verhältnis selbst

---

[1]) So, allerdings ohne weitere Begründung und ohne nähere Präzisierung: Hruza im Sächs. Arch. V, a. a. O.

tragen muss, schon weil ja die insolventen zur Zeit der Regressnahme wieder solvent sein können. Bei gegenteiliger Annahme würde ja konsequenterweise z. B., wenn zur Zeit der Zahlung alle Genossen völlig insolvent sind, der zahlende die Ansprüche des Gläubigers gegen diese durch die Zahlung gar nicht erwerben und könnte sie auch später nicht erlangen, wenn bis zur Regressnahme einige solvent geworden sind. Ein ähnlicher Missstand würde auch eintreten, wenn zur Zeit der Regressnahme die Mehrzahl insolvent ist und von diesen später einige solvent werden. Zu praktischen Unzuträglichkeiten würde dieses führen, soweit die Solvenz nur infolge einer vorher für die Schuld gestellten Sicherheit, etwa durch Bürgschaft begründet ist. Wir denken an ähnliche Fälle, wie die früher erwähnten. Die Gesamtschuld des A, B und C an G, für welche B durch Bürgschaft Sicherheit geleistet hat, wird während Insolvenz von C, B und des letzteren Bürgen durch A gezahlt. A ist nach der bekämpften Ansicht überhaupt nicht subrogiert und, trotzdem er nun später von B nach dem internen Verhältnis Ersatz zur Hälfte zu fordern berechtigt wäre, kann er doch gegen dessen solvent gewordenen Bürgen nicht vorgehen. Aehnliches kann bei einer Sicherung durch Pfandrecht vorkommen. Es bleibt also nur die letzte Möglichkeit: Die Forderungen gehen als solidarische gegen jeden einzelnen Gesamtschuldner auf den ganzen Betrag mit Abzug des nach der Zahl aller Schuldner, (solventer wie insolventer ohne Unterschied,) gebildeten Kopfteils des Regressnehmers selbst. Für die praktischen Konsequenzen ist das unter III anzugebende zu beachten. Subrogation für das Ganze ohne solchen Abzug tritt aber natürlich ein, sofern ein Mitschuldner dem zahlenden kraft des internen Verhältnisses, etwa als Mandant für das Ganze ersatzpflichtig ist. Nach diesem System ist der Regressnehmer also nie auf weniger subrogiert, als was er im günstigsten Fall, bei Solvenz aller an Ersatz würde besprechen können. Das Pfandrecht, die Bürgschaft für den regresspflichtigen decken dann also jedenfalls seinen Ersatzanspruch. Gewöhnlich übertreffen sie ihn sogar, woraus natürlich jedoch nicht folgt, dass sie auch noch weiter geltend gemacht werden können. Missstände, wie alle Formen der herrschenden Auffassung sie hervorrufen, sind hier ausgeschlossen.

Es tritt keinerlei Schwebezustand ein. Der Forderungsübergang vom Gläubiger auf den zahlenden Gesamtschuldner im angegebenen Umfang tritt sofort mit der Zahlung ein und ist auch gleich völlig definitiv und unabänderlich.

Einige theoretische Schwierigkeiten bleiben freilich auch dann zu überwinden, wenn man sich für den Totalübergang mit Abzug der Quote des Subrogierten selbst entscheidet. Man muss annehmen, dass infolge der Zahlung des A genau gleichzeitig zweierlei Rechtsveränderungen eintreten: Die Ansprüche des Gläubigers gegen B und C gehen auf den zahlenden Schuldner A über und der Anspruch des Gläubigers gegen A erlischt gänzlich. Ein Widerspruch zum Soliditaritätsbegriff, wie er früher dargelegt ist, braucht darin nicht gefunden zu werden. Nur, soweit der Gläubiger in Betracht kommt, ist ja mit Tilgung der Schuld des A der Zweck aller solidarischen Verbindlichkeiten erreicht, nicht aber, soweit der zahlende Schuldner A selbst in Betracht kommt. Denn die anderen Ansprüche sollen ihm kraft Gesetzes als Regresssicherung dienen können.

Für die Forderungen gegen B und C kommt nun die Zahlungshandlung des A der juristischen Gestaltung und den Wirkungen nach eben nicht als Zahlung, auch nicht als solche der Forderung gegen A;[1]) für

---

[1]) Die für eine der solidarischen Obligationen eintretenden Thatbestände wirken ja als solche nur dann auch für die anderen, wenn nicht für jene andere ein Thatbestand eintritt, an den von Rechts wegen andere

die Forderung gegen A aber kommt dieser Zahlungsakt nicht als gesetzlicher Uebertragungsgrund zur Geltung. Unter Durchbrechung der solidarischen Verbindung der Forderungen entsteht und wirkt der eine der beiden Thatbestände für die eine und blos für diese, der andere für die andere und nur für sie. Eben dadurch ist für die Forderungen gegen B und C die erweiterte Wirkung des Zahlungsthatbestandes, der für die Forderung gegen A eintritt, ausgeschlossen. Die Forderung gegen A kommt in Wegfall; ihr Erlöschen kann auf die Forderungen gegen B und C nicht einwirken; diese Ansprüche gehen auf den zahlenden Schuldner über.[1])

Uebrigens wird die letztere Schwierigkeit durch die herrschende Ansicht, die die Ansprüche gegen jeden nur für eine Quote übergehen lässt, auch nicht vermieden.

c. Für das Gesamtschuldverhältnis findet also der Forderungsübergang, welcher der eben behandelten Ansichten man sich auch anschliessen möge, nur für einen Teil, z. B. bei 3 Gesamtschuldnern

---

Wirkungen geknüpft sind. So ist es auch in andern Fällen z. B. in den früher erwähnten, wenn einem Gesamtschuldner gegenüber Annahmeverzug begründet, der andere aber gemahnt ist. Daher ist in der That, wie oben gesagt, denkbar, dass eine für die eine Verbindlichkeit eintretende Thatsache nicht als solche auch für die andere wirkt.

[1]) Um der eben behandelten Schwierigkeit aus dem Wege zu gehen, könnte man versucht sein, auch bezüglich der Forderung des Gläubigers gegen den zahlenden keine Tilgung oder eigentliche Zahlung, die auch für die Ansprüche gegen die anderen wirken könnte, sondern bezüglich aller solidarischen Forderungen des Gläubigers gegen die Gesamtschuldner gleichmässig einen gesetzlichen Uebergang anzunehmen, so dass die Forderung gegen den zahlenden selbst erst nachträglich, nach dem Uebergang, durch »Confusion« erlöschen würde. Diese Aufstellung, die übrigens praktisch kaum zu anderen Resultaten, als denen des Textes führen würde, ist aber gekünstelt und nicht notwendig.

auf $^1/_3$ oder auf $^2/_3$, statt. Für die Mitbürgschaft ist die erste herrschende Ansicht in keiner ihrer drei Hauptformen möglich, einerlei ob für die Mitbürgschaft der Umfang der Subrogation prinzipiell nach den für die Gesamtschuld hier massgebenden Sätzen des § 426 Abs. 2 zu bestimmen ist oder nicht. Die oben angeführten Gründe zur Widerlegung dieser Ansicht für die Gesamtschuld müssen ihrer Natur nach wohl auch für die Mitbürgschaft gelten. Aber auch die zweite, für die Gesamtschuld an sich zutreffende Ansicht dürfte für die Mitbürgschaft gewöhnlich nicht richtig sein.

Die oben einstweilen offen gelassene Frage, ob gemäss § 774 Abs. 2 bezüglich des Subrogationsumfangs die für die Gesamtschuldner in § 426 Abs. 2 getroffene Bestimmung auch für die Mitbürgen gelte, ist zu verneinen. Der zahlende Bürge tritt gewöhnlich nicht als Gesamtschuldner der Mitbürgen, nicht nach Massgabe der vom B.G.B. neu getroffenen Bestimmung des § 426 in die Forderungen des Gläubigers gegen die Mitbürgen ein; sondern der Eintritt vollzieht sich vielmehr, wie schon nach dem Römischen Recht, als notwendige Folge seiner Subrogation in die Forderung gegen den Hauptschuldner. Mit der Hauptschuldforderung müssen nach § 401 B.G.B., der ja nach § 412 B.G.B. auch auf Fälle gesetzlicher Uebertragung, wie § 774 Abs. 1, gleichfalls Anwendung findet, alle Nebenrechte schon dem Begriffe nach übergehen und zwar ausnahmslos und ohne Einschränkung. Es wäre auffallend, wenn dieser regelmässig stattfindende Uebergang der Nebenrechte, um dessentwillen doch gerade die Bestimmung des § 774 Abs. 1 B.G.B. getroffen ist, hier ausnahmsweise eingeschränkt sein sollte. Es ist mit dem Bürgschaftsbegriff kaum vereinbar, dass die Bürgschaftsschuld infolge von Zahlung teilweise untergehen soll, während daneben die Hauptschuld in ihrem ganzen Umfang ohne Hemmung ihrer Wirksamkeit fortbesteht.

Den Totalübergang der Nebenforderungen setzt auch § 774 Abs. 2 B.G.B. in der That voraus. Die Bestimmung ist schon der Fassung nach offenbar eine Abs. 1 nicht teilweise aufhebende, sondern nur modifizierende und eng zu interpretieren. Sie will offenbar, wie billig, festsetzen, dass der zahlende Bürge von seinen Mitbürgen nicht, wie man aus Abs. 1 schliessen könnte, das Ganze ersetzt verlangen könne. Während nun der Umfang der Subrogation, wie bemerkt, ausschliesslich in Abs. 1 geregelt ist, bestimmt Abs. 2 — für seinen angegebenen Zweck völlig ausreichend — nur den Umfang der Haftung einschränkend: »Mitbürgen haften einander nur nach § 426«. Er sagt, was mit der übergegangenen Forderung zu erreichen ist. Die solidarischen Forderungen gegen jeden auf das Ganze sind eben durch Einwände teilweise aufgehoben bezw. gehemmt. Jeder Mitbürge wird frei durch Leistung seines Teils. Die Forderung auf das Ganze hat nur Bedeutung, sofern sie eine höhere Sicherheit gewährt. Das rührt von dem sub III zu besprechenden eigentümlichen Konkurrenzverhältnis zwischen der actio cessa und dem internen Ersatzanspruch her. Die theoretische Rechtfertigung der letzteren Konstruktionsweise soll unten erfolgen. (Vergl. namentlich III, 7.)

Ausserdem kann als weiteres Argument für die vertretene Ansicht für die Mitbürgschaft endlich noch auf gewisse unpraktische Ergebnisse der gegnerischen herrschenden Auffassungen bezüglich des Weiterregresses, den ein Bürge B gegen den Hauptschuldner auf Grund Ersatzleistung an den Mitbürgen A, der dem Gläubiger gezahlt hat, nimmt, hingewiesen werden. Davon war im § 9 die Rede.[1]

[1] Unter 7.

2. Für den Forderungsübergang kommen gemäss § 412 B.G.B. die Vorschriften der §§ 399—404, 406—410 B.G.B. zur Anwendung. Hieraus ergeben sich wichtige Konsequenzen, wie sie schon im § 8, A, II aufgeführt sind.

3. Die übergegangene Forderung kann nicht zum Nachteile des Gläubigers geltend gemacht werden.[1]) Das bedeutet Folgendes:

a. Der Mitbürge und ebenso der Gesamtschuldner, welcher den Gläubiger nicht für das Ganze befriedigt hat, kann im Konkurs eines Mitbürgen, resp. Mitschuldners nicht durch Geltendmachung der actio cessa die Konkursdividende des Gläubigers für die Restschuld beeinträchtigen. Von Bedeutung wird diese Anwendung des Prinzips aber kaum je werden, zunächst dann nicht, wenn, was gewöhnlich der Fall sein wird, hier noch solvente Bürgen, resp. Schuldner vorhanden sind, an die sich der Gläubiger für die Restschuld noch halten kann. Aber auch für den Fall, dass keine solventen Bürgen oder Schuldner vorhanden sind, wird dem Gläubiger die Berufung auf diese Beschränkung für die actio cessa nicht viel nützen, weil sich ja der regressbegehrende Gesamtschuldner auch mit dem internen Ersatzanspruch am Konkurs beteiligen kann.

Nach Römischem Recht hatte für den letzterwähnten Fall die Anwendung unseres Prinzips eine gewisse praktische Bedeutung, sofern ein interner Ersatzanspruch neben der actio cessa eben nicht bestand.

---

1) B.G.B. § 426, Abs. 2, S. 2. Solche billige Berücksichtigung des Interesses des Gläubigers lag für das Gesetz um so näher, weil es bei der ganzen Gestaltung des Regressverhältnisses vom römischen Gedanken einer gesetzlich präsumierten Subrogation ursprünglich ausgegangen war. Niemand wird zu seinem Nachteil subrogieren. Gleichwohl ist aber der Uebergang selbst nicht ein beschränkter; nur die Durchführung der übergegangenen Forderung ist durch Einrede gehemmt.

b. Von praktischer Bedeutung ist unser Grundsatz aber zweifellos in folgender Anwendung: Wenn für die Schuld eines Gesamtschuldners oder Mitbürgen eine Hypothek, Bürgschaft oder ein Pfandrecht bestellt ist, die dem Gläubiger auch noch für einen andern Anspruch haften, so kann der zahlende Gesamtschuldner oder Mitbürge dies Nebenrecht zur Befriedigung seines Regressanspruchs gegen jenen Genossen nicht ausüben, trotzdem es auf ihn übergegangen ist. Es leuchtet ein, dass dieser Fall praktisch sehr selten sein wird.

Weiter kann die Untersuchung über Anwendungsfälle unserer Regel nicht ausgedehnt werden.

III. Die ursprünglichen Forderungen des Gläubigers gehen nur zur Sicherung von ohnehin bestehenden Ausgleichungsansprüchen über. Letztere bezeichnen auch jedenfalls den Maximalbetrag der Regressansprüche.[1]) Auch hier haben wir es wieder mit jener wesen- und inhaltslosen actio cessa zu thun, die selber eigentlich nichts als eine accessorische Sicherheitsleistung ist; auch hier bedürfen wir des Notbehelfes der Aktionenkonkurrenz.

1. Beim Gesamtschuldverhältnis im Allgemeinen findet, wenn keine solchen internen Ausgleichungsansprüche vorhanden sind, überhaupt auch kein Uebergang der Forderungen gegen die übrigen Gesamtschuldner statt, denn § 426 Abs. 2 B.G.B. lässt den Uebergang nur stattfinden, soweit ein Gesamtschuldner von den übrigen Schuldnern Ausgleichung erlangen kann. Etwas Abweichendes dürfte auch hier wieder für den Regress unter Mitbürgen gelten, sofern hier die gesetzliche Cession nicht auf § 426 Abs. 2 beruht. Der zahlende Bürge erwirbt die Forderungen gegen die Mitbürgen, wie

---

[1]) Die Konstruktion des § 426, Abs. 2, wie die des § 774 Abs. 1 und 2 bezweckt lediglich Uebertragung der Accessorien der ursprünglichen Schuld. (Oben § 8, A, IV u. I.)

oben zu zeigen versucht, gewöhnlich gemäss § 401 als Accessorium der Hauptforderung; für den Uebergang der letzteren ist aber nach § 774 Abs. 1 B.G.B. die Befriedigung des Gläubigers die einzige Voraussetzung. Freilich kann jedenfalls der zahlende Bürge seine Forderungen gegen die Mitbürgen insoweit nicht geltend machen, als ihm aus seinem internen Rechtsverhältnis zu ihnen ein Ersatzanspruch nicht zusteht, weil die actio cessa eben gemäss § 774 (Abs. 2) nur zur Sicherung eines Ersatzanspruchs nach § 426 Abs. 2 zu dienen hat.

2. Weiter folgt aus dem an die Spitze gestellten Satz, dass der Anspruch der Gesamtschuldner bezw. Mitbürgen aus dem internen Gemeinschaftsverhältnis und die übergegangene Forderung im Verhältnis der sogenannten Aktionenkonkurrenz stehen, d. h. dass beide Ansprüche zusammen erlöschen, wenn der Schuldner einen derselben befriedigt.

Wollen wir dieses Rechtsgebilde mit anderen bekannten vergleichen, so können wir mit dem Vorbehalt, dass alle Gleichnisse hinken, sagen, es erinnere einerseits an solidarische Obligationen, sofern eine Erfüllung beide Ansprüche tilgt, andrerseits an eine Wahlschuld oder besser facultas alternativa, sofern jeder der Ansprüche durch Angabe des Objekts des andern, statt der Erfüllung getilgt werden kann.

Es ist hier also auch noch der Gedanke zur Verwendung gekommen, der im gemeinen Recht beim Regress des Bürgen gegen den Hauptschuldner eine Rolle spielte. Aus diesem Verhältnis ergeben sich des Weiteren wieder folgende Konsequenzen:

3. Mehr als den teilweisen Ersatz seiner wirklichen Aufwendungen kann der regressnehmende Gesamtschuldner auch mit Hilfe der übergegangenen Rechte nicht erlangen.

4. Ferner, wenn also auch auf den zahlenden Gesamtschuldner die Forderung gegen jeden Mitschuldner auf das Ganze mit Abzug des eigenen

Kopfteils des Regressnehmers selbst geht, so kann doch nur von jedem Schuldner sein nach I zu bestimmender Anteil begehrt werden.[1]) Trotzdem der zahlende Bürge sogar bezüglich der ganzen Forderung gegen die Mitbürgen subrogiert ist, kann er von jedem nur den nach den obigen Regeln zu bestimmenden Anteil beanspruchen.[2])

5. Der Schuldner kann eben durch Erbringung der geschuldeten Beitragsquote die übergegangene Forderung auch mit zur Erlöschung bringen.[3]) Jedenfalls müsste er einen Einwand haben, wenn, was dem internen Gemeinschaftsverhältnis und der Billigkeit zuwiderliefe, der erfüllende Gesamtschuldner oder Mitbürge auf Kosten seines Mitschuldners oder Mitbürgen einen Profit machen und sich bereichern wollte,[4]) ebenso auch, wenn er mehr als den eigenen Anteil des Regresspflichtigen von diesem in Anspruch nehmen wollte.

Bezüglich der »Behauptungslast« und Beweislast im Falle der Ersatzklage des zahlenden Gesamtschuldners oder Mitbürgen gegen seinen Mitschuldner oder Mitbürgen dürfte sich im Wesentlichen Folgendes aufstellen lassen: Je nachdem sich nicht schon aus dem Klagevortrag oder aus Behauptungen des Be-

---

[1]) Deshalb ist es, wie bemerkt, normalerweise praktisch gleichgültig, in welchem Umfang unter Gesamtschuldnern Subrogation stattfinde.

[2]) Das in voriger Note Bemerkte gilt auch für Mitbürgen.

[3]) Es steht dem Schuldner frei, ob er den internen Regressanspruch oder die actio cessa befriedigen will. Leistet er nun nur einen Wert, der zur Befriedigung des ersteren ausreicht, so beabsichtigt er offenbar ersteren zu tilgen, wenn ersterer geringer ist.

[4]) Das widerspräche der Natur des nach Billigkeitsgrundsätzen geordneten Verhältnisses unter den Gesamtschuldnern und enthielte den Genossen gegenüber ungerechtfertigte Bevorteilung des zahlenden.

klagten ergiebt, dass mehr als zwei, drei etc. Gesamtschuldner oder Mitbürgen vorhanden sind, ist ein Anspruch auf Ersatz der Hälfte, bezw. des Drittels u. s. w. des Schuldbetrags, bezw. der gemachten Aufwendungen offenbar ohne Weiteres begründet, so also auch evtl. bei Totalsäumnis des Beklagten, denn soweit nicht aus einem Rechtsverhältnis der Parteien etwas Anderes ersichtlich wird, sind sie zu gleichen Anteilen verpflichtet. Der Beklagte müsste dagegen behaupten, evtl. beweisen, dass er nach dem besonderen internen Rechtsverhältnis auf weniger oder z. B. etwa als klägerischer Mandatar auf nichts verpflichtet sei. Will hingegen der Kläger mehr verlangen, als er bei gleichheitlicher Verteilung unter die dem Richter ersichtliche Mitschuldnerzahl vom Beklagten begehren könnte, so muss er behaupten und beweisen, dass er nach dem internen Verhältnis zum Beklagten mehr verlangen kann oder dass von einigen der Mitschuldner nichts zu holen ist oder war. Zu diesem, wie mir scheint, nicht unpraktischen Resultat führt wohl jede der besprochenen Theorien.

6. Da mit Tilgung des internen Ersatzanspruches auch die übergegangene Forderung völlig erledigt ist, können auch die für letztere bestehenden Pfandrechte, Hypotheken, Bürgschaften, Vorzugsrechte aus denselben Gründen nicht weiter als bis zum Betrag jenes Anspruchs geltend gemacht werden.

7. Man würde fehl gehen, wenn man gegen die unter III hier dargestellte Ansicht den Vorwurf erheben wollte, sie sei gekünstelt. Die Sicherung der Ausgleichungsansprüche sollte der Subrogation offenbar dienen und dieser Gedanke führte eben zu der dargestellten rechtlichen Struktur. Einerseits ist ferner der Fall der »Aktionenkonkurrenz« als besonderes rechtliches Gebilde durchaus anerkannt und ist z. B. beim Bürgenregress gegen den Hauptschuldner, wie in § 8 ausgeführt, zweifellos anzu-

nehmen. Andererseits kann die von der Billigkeit geforderte und daher unbezweifelt richtige Entscheidung, dass im Falle der Hingabe an Erfüllungsstatt der zahlende Schuldner bezw. Mitbürge nur seine Auslagen teilweise ersetzt erhält, auf keinem andern Wege als auf dem der Aktionenkonkurrenz erklärt werden, welcher Ansicht über den Umfang der Subrogation man auch beipflichte.[1])

IV. Zum Schlusse erübrigt uns, in diesem Teile anhangsweise noch eine weitere Frage zu berühren. Wenn ein Bürge A den Gläubiger G befriedigt hat und von einem Mitbürgen B dafür ganz oder teilweise Ersatz erhalten hat, fragt es sich, ob und wie dieser zweite Bürge B gegen weitere Bürgen, z. B. C, Regress nehmen könne.

1. Hier scheinen uns im Allgemeinen folgende Regeln festzustehen:

Ein Ersatzanspruch des ersatzleistenden Bürgen B gegen den Mitbürgen C kann offenbar nur insoweit zustehen, als diesem C im internen Verhältnis die Ersatzleistung selbst zur Last gefallen wäre. Leistet der Bürge B an A nur die ihm, dem B, selbst obliegende Quote oder gar weniger, so wird er damit wohl nur sich selbst ganz oder teilweise von den gegen ihn gerichteten Ansprüchen befreien, aber nicht den andern, C, und wird dann gegen diesen deshalb auch keinen Regress haben. Leistet B dagegen mehr als seine Regressquote, so kann er für den Ueberschuss gegen einen Mitbürgen C soweit regredieren, als derselbe im internen Verhältnis diesen Ueberschuss zu tragen gehabt hätte. Hat B auf Grund eines besondern Rechtsverhältnisses, wie Geschäftsführung, Auftrag, Gesellschaft u. s. w., zu einem der Mitbürgen C oder ausdrücklich nur zur

---

[1]) Der eingangs erwähnte möglicherweise zu erhebende Vorwurf würde, wenn er gerechtfertigt wäre, daher auch gegen die gegnerischen Ansichten zutreffen.

Befreiung eines bestimmten Mitbürgen von dessen Regressschuld dem A geleistet, so hat er, B, auf Grund dieses Verhältnisses, bezw. nach den Vorschriften über Herausgabe einer ungerechtfertigten Bereicherung für seine Ersatzleistung gegen den betr. Mitbürgen C, Regressanspruch, jedoch natürlich nicht über den Betrag hinaus, zu dem C vorher dem A regresspflichtig gewesen war.

Soweit der Bürge A durch seine Zahlung den Mitbürgen gegenüber in die Stellung des Gläubigers eingerückt war, muss offenbar der Mitbürge B, wenn er dem A Ersatz gewährt, nach genau denselben Grundsätzen Ersatz von C u. s. w. begehren können, als ob er den Gläubiger direkt befriedigt hätte. Es handelt sich um einen wirklichen Forderungsübergang mit allen seinen Wirkungen und aus diesem Umstand müssen alle Konsequenzen ohne Bedenken gezogen werden. Wenn B gleichmässig zur Entlastung aller regresspflichtigen Mitbürgen an A leistet — und der Ueberschuss, den B über den Betrag seiner eigenen Regressschuld hinaus leistet, wird ja im Zweifel in diesem Sinne geleistet sein — so hat er gewöhnlich gegen jeden zu einem verhältnismässigen Anteil Regress, der aufrechnungsweise ausgeschlossen sein kann, etwa soweit der Ersatzleister B dem belangten Mitbürgen C durch einen Verzicht auf Subrogation einen an sich möglichen und durchführbaren Weiterregress gegen weitere Bürgen vereitelt hätte. Besonders steht auch dem ersatzleistenden Bürgen B, soweit der zahlende A ihm und den Mitbürgen gegenüber in die Gläubigerstellung eingerückt war, die ursprüngliche Forderung des Gläubigers gegen den Mitbürgen C zur Sicherheit seines erwähnten internen Ersatzanspruches zu, ausser wenn etwa er, B, auf die Subrogation gegen die weiteren Bürgen verzichtete.

Soweit dagegen der Bürge A durch seine Zahlung den Mitbürgen gegenüber nicht in die Gläubigerstelle eingesetzt war, — also etwa bei Verzicht auf die Subrogation, — kann dagegen Mitbürge B, wenn er A Ersatz leistet, nach den Vorschriften über Herausgabe einer ungerechtfertigten Bereicherung Ersatz von C begehren, als Geschäftsführer oder Beauftragter aber nur dann, wenn er den Ersatz als Beauftragter oder Geschäftsführer des C geleistet hat. Insoweit erwirbt dann auch B für seinen Regressanspruch die Forderung des Gläubigers gegen C nicht, da dann für ihn weder § 426, noch § 774 zuträfe.

2. Nach diesen Grundsätzen ist die aufgeworfene, etwas verwickelt scheinende Frage leicht zu beantworten. Nach der von uns für richtig erachteten Theorie über den Umfang des Einrückens eines zahlenden Mitbürgen in die Gläubigerstelle weicht der Regress des ersatzleistenden B gegen C von demjenigen nicht sehr wesentlich ab, welchen der zahlende A gegen den Mitbürgen C nehmen könnte. Es besteht eine interne Regressforderung des B für einen Anteil nach § 774 Abs. 2 und 426, — denn B und C waren ja der actio cessa des A gegenüber Mitbürgen des regresspflichtigen Hauptschuldners und Gesamtschuldner — und zu ihrer Sicherung eine actio cessa zum ganzen Betrag der Ersatzleistung des B an A. Weniger natürlich und weniger der Billigkeit entsprechend gestalten sich die Verhältnisse nach der Theorie vom Uebergang der Bürgschaftsforderungen gegen jeden nach Anteilen. Bürge A soll nach ihr durch seine Zahlung an den Gläubiger gegen B und C je eine selbständige Forderung auf $^1/_3$ erworben haben. Leistet nun also B dem A Ersatz, so hat B nicht als Gesamtschuldner des C gezahlt, hat also gegen diesen nicht den internen Ersatzanspruch des Gesamtschuldners, sondern nur evtl. einen Anspruch aus ungerechtfertigter Bereicherung oder aus Geschäftsführung, bezw. Auftrag, aber letzteres nur, wenn er wirklich als Beauftragter oder Geschäftsführer des C dessen Regressschuld an A bezahlt hat. Aus dem

gleichen Grunde ist er auch in die Forderung auf ein Drittel, die A durch Zahlung an G gegen C erworben hatte, überhaupt nicht eingesetzt.[1]) Die Hauptforderung gegen C, die A durch Zahlung an G erworben hat, geht ja allerdings auf den ersatzleistenden B über. Dies kann aber nach der jetzt in Frage stehenden Theorie nicht bewirken, dass dieser B deshalb auch eine Nebenforderung auf $^1/_3$ an C erwerbe, weil der Erwerb der Forderung gegen einen Mitbürgen sich nach dieser Theorie nur auf Grund einer Zahlung als Gesamtschuldner vollziehen kann. Gegenüber dem Regressanspruch des zahlenden A gegen B und C auf je $^1/_3$ sind aber B und C nicht mehr Gesamtschuldner. Nach der andern Theorie soll Bürge A durch Zahlung der ganzen Schuld gegen B und C die ursprünglichen Bürgschaftsforderungen des Gläubigers als solidarische bis zu $^2/_3$ erwerben. Ersetzt hier B dem A mehr als $^1/_3$, so hat er für zwei Dritteile als Gesamtschuldner des C gezahlt und also für die Hälfte dieses Betrags, d. h. $^1/_3$, den internen Ersatzanspruch des Gesamtschuldners gegen C. Zur Sicherung dieses Anspruchs erwirbt er die Forderung zur Hälfte des von ihm als Gesamtschuldner des C gezahlten Betrags, also auf $^1/_3$.

Die Resultate dieser letzteren Theorie weichen dann wohl nicht wesentlich von denen ab, zu denen die von uns gebilligte Anschauungsweise führt.

---

[1]) So natürlich es scheinen muss, dass der Mitbürge bezw. Gesamtschuldner, welcher dem zahlenden Genossen Ersatz leistet, ebenso wie wenn er den Gläubiger direkt befriedigt hätte, auch der Wohlthat des gesetzlichen Forderungsübergangs nach § 774 bezw. 426 B. G. B. teilhaftig wird, so unmöglich ist es, für dieses Resultat vom Standpunkt der von uns bekämpften Theorie über den Umfang der Subrogation eine Grundlage zu finden. —

Druckfehler.

Berichtigt seien von denselben nur die folgenden sinnstörenden:

S. 8, Z. 6 v. o.	lies: rechtlich	statt: recht,	
S. 33, Z. 4 v. u.	lies: gestaltet	statt: gestellt,	
S. 50, Z. 5 v. o.	setze: 2) zu »Ersatz« (Z. 4)	statt nach »Feststellungsklage«,	
S. 54, Z. 8 v. o.	lies: ausserdeutsches	statt: ausserordentliches,	
S. 60, Z. 7 v. o.	lies: aber	statt: und,	
S. 66, Z. 12	lies: widerspricht	statt: entspricht,	
S. 69, Z. 5 v. u.	lies: unabhängig	statt: abhängig,	
S. 71, Z. 1 v. o.	lies: Befristungen	statt: Belastungen,	
S. 73, Z. 12 v. o.	lies: verfolgte	statt: erfolgte,	
S. 78, Z. 9, 10 v. o.	lies: nicht, soweit sie	statt: soweit sie nicht,	
S. 86, Z. 7 v. o.	lies: dem	statt: dem —,	
S. 100, Z. 14 v. o.	lies: Verzugs	statt: Vorzugs,	
S. 126, Z. 4 v. u.	lies: erkauft	statt: verkauft,	
S. 131, Anm. 2, Z. 1	lies: dem	statt: der,	
S. 147, Anm. 3, Z. 1	lies: Regressgläubiger	statt: Gläubiger,	
S. 174, Z. 5 v. o.	lies: Es	statt: Er,	
S. 175, Z. 4 v. o.	lies: der	statt: den,	
S. 176, Z. 11 v. o.	lies: berichtigt	statt: berechtigt,	
S. 176, Z. 4 v. u.	lies: teilweise, gemeinsame	statt: teilweise gemeinsame,	
S. 192, Z. 16 v. u.	lies: C	statt: G,	
S. 197, Z. 12 v. u.	zwischen ‚Leistung‘ und ‚eines‘ einzufügen: ‚sondern auch durch Leistung‘.		

FSC
www.fsc.org
MIX
Papier | Fördert gute Waldnutzung
FSC® C083411

Kolibri 360 GmbH
Ferdinand-Jühlke-Straße 7
99095 Erfurt, Deutschland
produktsicherheit@kolibri360.de